新世纪高等学校教材

U0652372

历史学基础课系列教材

历史教学概论

LISHI JIAOXUE GAILUN

马卫东　主　编

北京师范大学出版集团
BEIJING NORMAL UNIVERSITY PUBLISHING GROUP
北京师范大学出版社

图书在版编目(CIP)数据

历史教学概论／马卫东主编.—北京：北京师范大学出版社，2010.8（2013.1重印）
（历史学基础课系列教材）
ISBN 978-7-303-11303-3

Ⅰ．①历… Ⅱ．①马… Ⅲ．①历史课－教学研究－中学
Ⅳ．① G635.512

中国版本图书馆 CIP 数据核字（2010）第 140314 号

营 销 中 心 电 话　010-58802181 58805532
北师大出版社高等教育分社网　http://gaojiao.bnup.com.cn
电 子 信 箱　beishida168@126.com

出版发行：北京师范大学出版社 www.bnup.com.cn
　　　　　北京新街口外大街 19 号
　　　　　邮政编码：100875
印　　刷：北京京师印务有限公司
经　　销：全国新华书店
开　　本：170 mm × 230 mm
印　　张：15.5
字　　数：234 千字
版　　次：2010 年 8 月第 1 版
印　　次：2013 年 2 月第 2 次印刷
定　　价：28.00 元

策划编辑：李雪洁　　　责任编辑：李雪洁
美术编辑：毛　佳　　　装帧设计：毛　佳
责任校对：李　菌　　　责任印制：孙文凯

修订说明

  在北京师范大学的百年发展历程中，历史学科一直占有重要地位。经过几代人的不懈努力，今天的北师大历史学系业已成为国内历史教学和科研的重要基地，不仅学术上出精品，而且注重教学改革，更新教学内容与课程体系，完善课程结构。

  历史学系的教学改革前后历时 20 年，启动于 20 世纪80 年代，深化于 20 世纪 90 年代。20 世纪 80 年代的教学改革由著名历史学家白寿彝先生主持，重点放在教学内容和课程体系方面，因具开创性而获得 1989 年国家级优秀教学成果一等奖。进入 20 世纪 90 年代后，教学改革继续深化。为了加强基础课教学，完善学生的知识结构，并与历史学系进入"国家文科基础学科人才培养和科学研究基地"的教学需求相配合，我系组织教师编写并出版了一套历史学专业基础课教材。这套教材涵盖了历史学科各门主干课程的内容，基本满足了本科阶段历史学专业学生的学习需要，在系内的多轮使用中，得到学生的广泛好评。同时，由于具有精审谨严、结构合理、分量得当、适应面广的优势与特色，这套教材在各高校历史学科受到普遍欢迎。

  时至今日，伴随着改革开放步伐的加快，历史学系又在调整自己的战略目标，根据自己的学科优势与特色设计发展之路。按照学校的部署，组建了新世纪历史学教材编辑委员会，在北京师范大学出版社的大力支持与配合下，首先着手对 20 世纪 90 年代编写出版的历史学基础课教材进行修订，力求通过高水平教材的修订与使用，促进教学质量的提高和新的人才培养目标的实现。这次修订，仍坚持以历史唯物主义作为指导思想的原则，结合学术发展与教学改革的需求，加入新的学术成果与教学理念，以顺应当今高等教育和历史学科教育教学的发展趋势，为21世纪的大学历史教育提供一套较为新颖、完善且适用面广的基础课教材。考虑到这套教材已具备的特色与优势，所以总体框架上不拟作过多更动。具体而言，原有章、节、目结构大体不变，正文中根据内容需要附插图、地图，每章之后附有若干思考题，全书后附大事年表、中英文译名对照表和参考书目。根据学校新的教学计划，个别书名作了调整，《历史学概说》改为《历史学理论与方法》，《世界现代史（1914—1945）》与《世界当代史》合为《世界现代史（1900—2000）》，《中华人民共和国史》改为《中国当代史》。按照高等院校历史学科现行的课程设置，并考虑到教学上的实际需求，《中国近代史》仍仅包含从鸦片战争到五四运动这80年的历史。《中国当代史》则在原有基础上作了较大改动，主要是增加了20世纪90年代至今中国社会发展变化的诸多新内容。

本次修订，虽作了部分更动，一些方面得以完善，但疏漏之处仍在所难免，还望方家不吝赐教。

北京师范大学新世纪历史学教材编辑委员会

2004 年 **5** 月

目 录

第一章
中学历史教师的
基本素养

　　在中学历史教学过程中，教师始终处于重要的地位。作为一名合格的历史教师，不仅要有高尚的职业道德，还需要具备多方面的素养。与其他学科的教师相比较，历史教师所要具备的教师素养，既有一般性又有特殊性，应是二者的有机结合。

　　历史教师的基本素养主要包括：历史教师的社会责任感，历史教师的知识结构，历史教师的教学能力等。本章即着重从这几个方面探讨和证明如何做一名当代合格的历史教师。

第一节　历史教师的社会责任感

基础教育历史课程的特点和任务，决定了作为一名历史教师，是否具有强烈的社会责任感是十分重要的。历史教师的社会责任感，主要包括如下内容。

一、历史教师对自身工作的社会价值的自觉追求和认识

英国的一位历史学家爱德华·霍列特·卡尔在他的一本名叫《历史是什么?》的书中，谈到历史学家，他是这样说的："他既是他所属的那个社会的产物，同时又是那个社会的自觉或不自觉的代言人；他正是以这样的资格去接触过去的历史事实的。"因为"历史学家是单独的个人，同时又是历史和社会的产物。"一个历史教师的教学工作和一个历史学家的研究工作，无论是性质，还是内容都有许多相通之处，并且二者之间又有着千丝万缕的联系。因此，作为"社会的自觉或不自觉的代言人"的，不仅有历史学家，还应该包括历史教师。

历史教学和历史学同样具有重要的社会价值，这种价值是客观的。历史教师对自己工作的这一价值的认识，与历史学家对自己工作的这一价值的认识一样，都会在他们的实践中以不同的形式反映出来。在我国历史上的春秋后期，"孔子成《春秋》，而乱臣贼子惧"，他的目的是想通过历史的撰述去改变"世道衰微，邪说暴行有作"的现实社会。孔子同时又是一位历史教育家，他教授的科目中，就有《春秋》；《春秋》一书还是他教授学生的历史教科书，因而改变"世道衰微，邪说暴行有作"的现实社会也是他教授历史的目的。战国时，社会的变革急剧发展，在学术界、教育界出现的"百家争鸣"局面中，历史学和历史教学处于重要的地位。儒、墨、道、名、法等各个学派，都重视历史。他们无论在著述还是教学中，都运用历史作为依据和武器，阐述自己对现实社会的观点，同对手论争。在这里，我们可以强烈地感受到历史教学与历史学社会价值的那种一致性，和历史教育家、历史学家对历史教学、历史学社会价值体现的执著追求。春秋、战国以后，中国社会进入一个新的漫长发展时期。这一时期中，历代的历史教育家和历史学家无不将历史教育和历史学的社会价值的体现，作为自己工作的最高追求。汉代著名史学家司马迁，将"网罗天下放失旧闻，略考其行事，综其终始，稽其成败兴坏之纪"作为其撰著《史记》的目的。

宋代的司马光编修《资治通鉴》，"专取关国家盛衰，系生民休戚，善可为法，恶可为戒者"。该书是供帝王于日理万机之暇，取而披览，以"监（鉴）前世之兴衰，考当今之得失，嘉善矜恶，取是舍非"的，因此，也体现出了很强的社会价值。到了近现代，由于各种复杂的原因，中国社会急剧变化，处于这种变化中的环境的许多历史教育家和历史学家，都把自己的工作自觉地与民族、国家的命运和前途联系起来，通过这种联系，我们可以明显地感受到这些历史教育家和历史学家所怀有的强烈社会责任感。20世纪20年代末，郭沫若写成了《中国古代社会研究》一书。在该书的《自序》中，他写道："对于未来社会的待望逼迫着我们不能不生出清算过往社会的要求。古人说'前事不忘，后世之师。'认清楚过往的来程也正好决定我们未来的去向。""目前虽然是'风雨如晦'之时，然而也正是我们'鸡鸣不已'的时候。"在轰轰烈烈的国民革命运动失败后的黑暗年代，郭沫若写作这部书的目的非常明确，就是要作为"社会的自觉的代言人"。原北京师范大学校长、著名历史学家、历史教育家陈垣先生，在抗战期间，居于沦陷后的北平。当时敌伪政府妄图利用他的声望，多次逼迫他出任伪职，都遭到他的严词拒绝。他闭门谢客，埋头研究历史，以史为鉴，写出了《明季滇黔佛教考》、《通鉴胡注表微》等书，阐述"亡国之耻""臣妾之辱"，痛斥汉奸卖国贼，用以激励国人的爱国之情和抗战必胜的信念。在那个时代，一批历史教育工作者也正是本着对自身工作的社会价值的自觉认识和深刻理解，带着一种崇高的责任感和使命感，投身于历史教育的。

【资料链接与拓展】

1937年北平沦陷后，援庵先生著《明季滇黔佛教考》、《清初僧诤记》、《南宋初河北新道教考》和《通鉴胡注表微》。他在这里流露了深沉的爱国思想。这时候，援庵先生的史学思想显然进入了新的意境。他探讨了两宋之际和明清之际佛道两教在宗教活动背后的政治环境，探讨了民族斗争在宗教内部宗派斗争上的反映。……《表微》二十篇代表了援庵先生后期著作中的丰满的成就。他自称："前十篇言史法，后十篇言史事"。其实，无论是言史法或言史事，都要对《胡注》进行"隐藏在文字里的思想的探索"，而且这种探索总是结合着《胡注》的议论和所表述的史事而发挥援庵先生自己的政治思想和社会思想。

——引自白寿彝：《要继承这份遗产》，《人民日报》，1980年12月30日原北京东直门中学的宋毓真老师，抗日战争前，是燕京大学历史系的研究生，毕业后她选择了历史教师的职业，在以后几十年的教学生涯中，始终如一地在自己的教学中，自觉地对学生进行潜移默化的热爱祖国、热爱人民的教育；帮助学生树立为祖国的建设事业而献身的责任感。原北京165中学的特级历史教师时宗本，出生于河北农村，自幼年起，饱经忧患，经历过在日本帝国主义奴役下无家可归、无学可上的痛苦生活。1945年，他毅然报考燕京大学历史系。当翁独健教授问他为什么要学习历史时，他对先生说："为了将来搞教育，搞宣传，激发起中国人民的爱国心和自信心，摆脱贫苦落后的状态。"① 在以后的教学中，每当讲到"九·一八"事变、华北事变时，他都会联系自己的亲身经历，娓娓道来，往往催人泪下。原北京28中的陈毓秀老师在谈到自己多年教学的体会时说："在课堂上，当教师向学生讲述一百七十万年前的'元谋人'就劳动、生息、繁衍在今天的祖国大地上，四千多年前的夏朝已经开始进入奴隶社会，三千多年前的商朝已经有了文字记载的历史，公元前475年起始的战国时期就已经进入了封建社会时，祖国历史悠久的概念，自然会植根于学生头脑之中。实事求是地摆出史实，在对比中进行教育，激发学生对祖国的自尊心和自豪感，坚定学生对祖国前途的信心，这是每一个历史教师最本分的职责。"②

一个美国的历史学家曾经说过：历史学家"是写过去，而不是为写过去而写，他是为了今天和明天的公众而写的。"历史学家是这样，历史教育家亦是如此，他们教过去，何尝不是为了今天和明天的公众而教的呢？关于这一点，古今中外的历史教育家都有着相同或相似的认识。

二、历史教师对自身工作的科学价值的自觉追求和认识

然而，历史教育的社会价值的真正实现，是与历史教育的科学价值分不开的。历史教育的科学价值，一般包括两个基本要素，一是历史教育工作必须遵循教育的基本规律；二是向学生传递人类已获得的有关对历史发展进程的逐步接近于科学的认识。历史教育的科学价值的实现又是与历史教育工作者自身的科学素养分不开的。一个合格的历史教师不仅要了解和掌握历史教育的基本规律，还要深入了解和掌握史学发展的各个环节，并

---

① 北师大历史教学法教研室等编：《时宗本中学历史课堂教学》，5页，北京，北京师范大学出版社，1986。

② 陈毓秀：《怎样教好历史课》，2页，北京，北京师范学院出版社，1985。

通过对这种发展的具体理解，从教育的角度，形成对历史本身的一种不断接近于客观的认识。在这点上，20 世纪 50 年代以后的史学发展已为历史教育提供了坚实的基础。英国当代著名的历史学家杰弗里·巴勒克拉夫在《当代史学主要趋势》一书中是这样说的：

> 在这个比 1940 年以前的任何时候都更加自觉地依赖科学的世界上，历史研究之所以会出现革命性的进步，根本原因是科学的宇宙观对新一代历史学家产生的影响。……另一个原因是，历史学家对待自己工作的态度无疑受到现代世界上流行的科学思想体系的深刻影响。新一代历史学家具备更加完整的基本科学的基础，他们与老一辈历史学家完全不同，愿意用科学的范畴进行思维。

【资料链接与拓展】

有人说地理学和民族学是历史学的两只眼睛。我也有这样的体会。世界史教学一开始就会碰到"古埃及"。学生在学完这一节以后可能会产生疑问：埃及人是非洲人，是否就是黑人？古埃及人是否就是现在的埃及人——阿拉伯人？创造古代文明的埃及人究竟是怎样的一种人？古代的达罗毗荼人和雅利安人又都是些什么人？……在整个中国古代史上，江南地区走过一条在经济和文化逐渐赶上并超过北方的道路。我国今天的汉族和历史上的汉族既有联系又有区别……这些问题的来龙去脉，不是应该引导学生搞清楚吗？

——北师大历史系教学法组等编：《时宗本中学历史课堂教学》，8 页

在史学向更高层次迈进的过程中，历史教育工作者必须对自己的工作作出必要的反思和调整，以跟上史学发展的步伐。

长期以来，不少历史教育工作者在这方面已作出了卓有成效的努力。中华人民共和国成立后，我国的历史教育进入一个关键的发展转折期。根据中国人民政治协商会议第一次全体会议通过的《中国人民政治协商会议共同纲领》所规定的"应以提高人民文化水平，培养国家建设人才，肃清封建的、买办的、法西斯主义的思想，发展为人民服务的思想为主要任务"的要求，在很长的一段时间里，虽然受到种种干扰，广大历史教育工作者仍然在认真学习马克思主义、毛泽东思想和辩证唯物史观、在教学中，自觉地教授科学的历史知识，引导学生正确认识人类社会的发展规律，帮助

学生逐步形成科学的历史观、价值观和世界观方面取得了可观的成绩。20世纪 70 年代末 80 年代初，我国的历史教育在经历了十年浩劫之后，进入又一个重要的发展转折期。广大历史教育工作者对"十年历史教学"的教训进行了全面、深刻的反省，对历史教学是否应该以马克思主义为指导，教学中如何正确处理历史与现实的关系，教学中如何处理史与论的关系等诸多基本问题，进行了深入的探讨和认识，并通过大量艰辛的工作，使历史教育重新走上了正常发展的轨道。当时，教师在教学中常常遇到许多具体的教学内容问题，如果教师缺乏应有的对自身工作科学价值的追求和认识，就不能很好地解决这些问题。一次，宋毓真老师和一位初二老师共同备课，对于《中俄尼布楚条约》中提出的格尔必齐河的地理位置，当时有关的教学参考地图上都未标明，那位老师查了几幅地图均未查实，就打算含混处理，说：格尔必齐河大概是额尔古纳河西边的一条小河，是黑龙江的一条支流。宋老师却不同意这样处理，她亲自查阅了各种地图，终于找到格尔必齐河的准确位置，它原是黑龙江的支流——石勒格河的一条更小的支流，发源于外兴安岭，自东北向西南在格尔必齐城附近流入石勒格河。这样不仅找到了格尔必齐河的准确位置，同时加深了老师对当时中俄两国为什么以两河为界的理解。

三、历史教师在教学中要实事求是，坚持真理

一名历史教育工作者是否具有强烈的社会责任感，不仅表现在他能否对自己工作的社会价值和科学价值进行自觉追求和认识，还体现在他在教学中是否实事求是，坚持真理。这一点也是中国历代史家治史的一条优良传统。《左传·襄公二十五年》记载了一个为人们所熟悉的故事：春秋时期，齐国太史及其弟不惜生命，忠实记录下"崔杼（齐大夫）弑其君。"《汉书·司马迁传》记载：汉代学者刘向、扬雄"博及群书，皆称迁有良史之材"，称赞"其文直，其事核，不虚美，不隐恶"。近代学者梁启超也在《中国历史研究法》中评价说："其怀抱深远之目的，而又忠勤于事实者，惟迁为兼之。"新中国成立后，郭沫若在他的早期名著《中国古代社会研究》一书重新出版时，即本着实事求是的态度，公开承认并及时修改了他认为该书中的不当之处。在"1954 年新版引言"中他这样写道：

> 它在中国古代的社会机构和意识形态的分析和批判上虽然贡献了一些新的见解，但主要由于材料的时代性未能划分清楚，却轻率地提

出了好些错误的结论。这些本质的错误，二十几年来我在逐步地加以清算。……但从今天所有的材料看来，殷代已进入奴隶社会是不成问题的。这已明确地改正了本书中的一个大错误——认为殷代为原始公社制的末期。其次，我在《奴隶制时代》中，已把奴隶制的下限定在春秋与战国之交，这也是比较可靠的。这又明确地改正了本书中的另一个大错误——只认西周为奴隶社会。

station在今天的角度，我们对文中涉及的观点当然还可以讨论，但这种实事求是的学风和科学的态度仍然需要继承和发扬。

历史教学中，教师是否实事求是，坚持真理，关系到历史教育的目的能否真正全面落实。在"影射史学"盛行的年代，宋毓真老师就曾坚持不讲儒法斗争，而是按照历史的本来面目对学生进行通史教育。在讲秦末农民起义的原因时，当时"影射史学"的重要喉舌"罗思鼎"极力鼓吹农民起义是反对赵高篡权复辟奴隶制，宋老师认为当时社会的主要矛盾是农民与封建地主阶级的矛盾，农民起义是反对秦统治者的暴政。在后来讲授"郑和下西洋"时，课本把郑和远航与达·伽马、哥伦布的远航作了比较，说明郑和远航比他们要早半个多世纪；在明朝前期我国的经济文化与科学技术还是走在世界的前列。以此对学生进行爱国主义教育。宋老师也赞成这样讲，但她认为只比较时间和规模还不够，还应该比较远航产生的社会后果。15、16世纪，西欧的航海事业，促成了新航路的开辟、殖民掠夺和资本的原始积累，加速了欧洲资本主义的发展。郑和的远航虽然在客观上扩大了我国同亚非许多国家的经济文化交流，增强了我国人民同这些国家人民的友谊，但由于历史条件的不同，并没有产生像西欧那样巨大的社会影响。对于郑和远航的主观动机与客观后果，宋老师也主张加以区别。郑和远航主观上并不是为了寻求友谊，扩大经济文化交流，而是为了执行明成祖的政治使命。

在历史教学中，怎样才能做到实事求是，坚持真理呢？我国老一代历史学家、历史教育家荣孟源先生，20世纪80年代初，在《历史教学》杂志上发表的《谈谈历史教员的备课》一文中是这样说的："材料搜集到手，要用马列主义基本观点来分析，做到'去粗取精，去伪存真，由此及彼，由表及里，'从中找出无可争辩的材料来。不然，就会陷于材料的汪洋大海，不知如何是好。根据可靠的材料，才能分析历史事实；弄清事实，才能评论。各种记载莫衷一是，各种议论也莫衷一是，这就要用马列主义基本观点来分析，才能做到实事求是，得出科学的结论。今天跟着张三说，明天跟着李四讲，张三和李四的说法彼此矛盾，历史教学也就陷于自相矛盾；或者遇到各种意见分歧，无所适从，教学时语言颠三倒四，使学生越听越糊涂，对教师失去信任。历史教员不是按照某人的意见来教学，而是根据历史事实，按照马列主义的原则来教学。"

【资料链接与拓展】

章学诚的《文史通义·史德》中针对刘知几作史必须具才、学、识的观点，又提出了所谓"史德"，认为"欲为良史者，当慎辨于天人之际，尽其天而不益以人。"就是说，历史的著作，必须力求表达客观的真实性，不可夹杂个人的偏见。要忠于客观的实践，"传人适如其人，述事适如其事"，对人和事的评论，也要做到"善恶褒贬，务求公正"。……历史要成为一门科学，首先必须坚持历史事实的真实性，讲史或写史都要力求反映历史的客观面貌。

——赵恒烈著：《历史教材教法举要》，济南，山东教育出版社，1983

第二节　历史教师的知识结构

历史教师必须具备丰富的历史知识，这是自古以来中外历史教育对教师的基本要求。《隋书·经籍志》史部总论中说："夫史官者，必求博闻强识，疏通知远之士"，"是故前言往行，无不识也；天文地理，无不察也；人事之纪，无不达也。"这是中国古代对史家也是对历史教育家的要求。

作为一名现代教育中的历史教师，其所具备的知识，必须符合现代社会、现代科学和现代教育发展的基本要求，这是不断提高历史教学水平和质量的重要前提条件。

现代社会、现代科学和现代教育的发展，对历史教师所具备的知识结构的要求很高，主要体现在以下几个方面：

一、历史教师要"博闻强识"

站在今天的角度来看，"博闻强识"所包含的第一个重要意思，就是要贯通古今中外的历史内容。这一要求中的某些具体内容可能已经过时或发生了变化，但其精神无论是对治史者还是对历史教育者来说，仍然具有重要的现实意义。

作为一名历史教师要做到"博闻强识"，首先要具备广博、丰富的历史知识。在教育界，许多年前就流行一句俗语："教师要给学生一杯水，必须自己先有一桶水。"这句话虽然带有明显的片面性，不能全面地揭示教与学关系的全部内涵，但它仍从量的角度告诉我们一个教学的最基本道理，教师必须具备渊博的知识和丰富的经验，才能有效地指导学生学习。

宋毓真老师常常对年轻教师讲："无论我教课不教课，我对积累资料的兴趣极大。""平时注意积累资料，丰富自己的知识领域，到讲课时就不会有困难。不然，讲课前临时再查找资料就事倍功半了。"[1] 她在这方面也是身体力行的。为了适应教学的需要，她在古稀之年，仍然坚持学习有关亚、非、拉一些国家的国别史。在数十年的教学过程中，她通过各种方法积累了大量的历史资料。时宗本老师担任中学历史教师后，在繁忙的教学工作的同时，利用一切时间孜孜不倦地学习，不断补充自己。因此，时老师的知识渊博，古今中外的历史课都能拿得起来，教得很好。原北京东直门中学历史组的李青萍老师，在谈到她几十年的教学体会时说："作为一名历史教师，必须具有广博的知识，中学历史课内容包括古今中外的历史，知识范围广、涉及面很多，包含了各个时期的政治、经济、军事和文化，等等。这些知识只有靠平时的积累，平时多看些与教材有关的书籍，扩大自己的知识领域。"李老师就曾在教学工作之余，读《左传》、《史记》、《资治通鉴》和《中国通史简编》、《简明中国通史》、《世界通史》及各种版本的中国断代史、世界国别史、中外历史人物传记、历史学、考古学、历史理论诸多方面的学术论文，以"不断充实自己"。

【资料链接与拓展】

从中学历史教师的业务特点来说，要提倡首先是对古今中外的历史都有相当深度、广度的造诣。……中学历史教师首先应该是历史的"通才"。但是，"学贵博而能约"，在"广博"的基础上，又要"精专"。要提倡有条件的深钻或精通某一断代史、国别史或专门史。这个"专"，能够反转来提高教师整个的业务水平，对中学历史教师能力的提高是完全必要的。

——北师大历史教学法教研室等编：《中学历史教学法概论》，362 页

还有许多历史老师，他们的课之所以上的好，能够对学生产生极大的

---

[1] 《宋毓真的中学历史教学》，4 页。

吸引力，也无不是首先在于他们历史知识的渊博，并在教学中，能够运用自如，融会贯通。

二、历史教师要旁通各学科知识

"博闻强识"的第二个重要意思，是要求史家和历史教师对其他学科知识的旁通。这首先是由于历史研究和教学的对象本身就是包罗万象、纷繁复杂的人类社会，其涉及的内容非常广泛。同时，在今天，"任何一门科学和任何一门学科，都依靠着其他科学和学科，都在'自觉或不自觉地从中汲取生命力，并且在很大程度上从中获得自己进步的机会'"。① 历史学也是如此。因此，作为从事现代历史教育的教师，在其知识结构中，其他学科的知识应占有一定的比重。在这方面，许多前辈历史教师也给我们留下了十分珍贵的教学遗产。

【资料链接与拓展】

（李大钊）认为"学问虽贵乎专，却尤贵乎通。"李大钊所说的"专"和"通"，已不同于古代史学家所说的"博"、"通"、"专"、"精"，而带有明确的现代含义。他列举出史学与六类相关学问有密切的联系：第一类，言语学、文学；第二类，哲学、心理学、论理学、伦理学、美学、教育学、宗教学；第三类，政治学、经济学、法律学、社会学、统计学；第四类，人类学、人种学、土俗学、考古学、金石学、古书学、古文书学；第五类，关于自然现象的诸种科学，及其应用诸科学（包含医学、工学等）；第六类，地理学。

——姜义华、瞿林东、赵吉惠著：《史学导论》，272～273 页

时宗本老师曾经写过一篇题为《历史教师应该广泛地积累知识》的文章。在文中，他这样写道："学科之间的关系是十分密切的，其他学科的知识也是历史教学内容的必要组成部分，而扩大知识领域，积累广泛的知识则是中学历史教师业务修养的必要内容。"② 时老师在文中不仅从一般的角度谈到地理学、民族学、文学和自然科学等与历史教学有着密切的关系，

---

① 杰弗里·巴勒克拉夫著：《当代史学主要趋势》，70 页，上海，上海译文出版社，1987。

② 北师大历史教学法教研室等编：《时宗本中学历史课堂教学》，18 页。

而且对这些关系的具体认识形成了一定的见解。如，在谈到地理与历史的关系时，他认为："作为一个历史教师，不仅要具备地理常识，而且应该对某些国家、地区的文化传统、语言风尚、宗教信仰、政治经济现状和与我国的关系等具备一定的知识"。① 在谈到文学作品的运用时，他说："文学作品不同于历史著作，参考性的材料也不一定直接拿到课堂；但从一个历史教师修养的角度来看，广泛涉猎文学作品却是有益的和必要的"②。在自然科学方面，时老师提出："历史教师也要懂一些自然科学，要读一些科普读物，要了解重要科学家的生平"③。时老师认为，作为中学历史教师应该"旁及涉猎"的知识有很多，除其他学科的知识外，还应该了解电影艺术、戏剧艺术，从中汲取教学需要的"营养"。时老师不仅有这样的认识，他在教学中也确实达到了这样的境界。有的学者是这样评价时老师的教学的："他地理知识丰富，讲历史课时铺叙地理位置与地理环境是那样的翔实而生动。他懂得不少自然科学知识，讲课中对于天文、历法、子午线、医学、建筑都可以从其学科本身进行必要的介绍。他具有相当深的文学艺术修养，从达·芬奇《最后的晚餐》的创作过程到吴道子的绘画风格，从《神曲》、希腊神话、日本古代神话传说到唐诗和京剧，他都非常熟悉，甚至能够不费力地背诵出其内容……他外文水平很高，能够在课堂上信手拈来，引用英文、拉丁文的词汇，从语言的形成角度，丰富历史内容。④"李青萍老师也认为："作为历史教师不但要具有丰富的历史知识，还要有一定的文学修养和理论水平"。

三、历史教师要具备一定的"研究能力"

"博闻强识"的第三个重要意思，包括着对历史的认识能力。中国古代治史有着优良的传统，唐代的史家刘知几提出："史有三长：才、学、识"，其中，"识"是"三长"的核心，"才"、"学"都离不开它。但是，"史识"具体应该包括哪些内容呢？有学者总结刘知几对史识的认识，认为有三点："第一，他注重'博采'和'善择'，认为史家应当'博闻旧事，多识其物'，而'博闻'的目的'盖在择之而已'。第二，他提出'兼善'和'忘

---

① 北师大历史教学法教研室等编：《时宗本中学历史课堂教学》，19页。
② 同上。
③ 同上书，21页。
④ 同上书，15页。

私'。'兼善'指兼取各家之长，不要拘泥于一家的偏见；'忘私'指不蔽于个人情感的爱憎，片面地肯定或否定，要爱而知其丑，憎而知其善。第三，刘知几提出'探赜'，即探求众论的繁言，实事求是，反对臆说。①"当然，这是历史上史家应具备的史识要求。在今天，作为当代史学工作者的"史识"，无论是深度和广度都有了新的要求和新的标准。历史教师的"史识"要求应与史家有所区别，但更多的是量的不同、侧重点不同而已。

【资料链接与拓展】

从历史学家的现代素养来看，所谓"史识"，仅仅视为对于历史的认识是不够的。现代社会的发展和现代科学的进步，节奏之快，变化之大，都是前所未有的。与此相适应的是，人们的观念如价值观念、道德观念以至历史观念，等等，都在发生转换、更新。为了确立新的史识，历史学家应当自觉地、适时地转换和更新自己的观念，使自己的工作跟上历史前进的步伐。

——姜义华、瞿林东、赵吉惠著：《史学导论》，279 页

一名合格的历史教师获得知识的途径，不能是消极被动地等着别人给予，而应该靠自己积极主动地去收集、获取。在人类社会进入 21 世纪的今天，历史学已经有了长足的进步和发展，表现为新的研究领域不断被开辟出来，人们对各种具体历史问题的认识，不断变换角度，新的观点、看法不断形成。如前所引，中学历史教师在教学中，一定要及时吸收新的成果，但不能简单地"今天跟着张三说，明天跟着李四讲，张三和李四的说法彼此矛盾，历史教学也就陷于自相矛盾；或遇到各种意见分歧，无所适从，教学时语言颠三倒四，使学生越听越糊涂，对教师失去信任。""历史教员不是按照某人的意见来教学，而是根据历史事实，按照马列主义的原则来教学。②"在历史教学中，历史教师"在众说纷纭中应有自己的意见"。要做到这一点，历史教师就需要在详尽占有材料的基础上，运用基本的史学理论进行实事求是的分析，"做到'去粗取精，去伪存真，由此及彼，由表及里'，从中找出无可争辩的材料来。不然，就会陷于材料的汪洋大海，不

---

① 白寿彝主编：《史学概论》，418～419 页，银川，宁夏人民出版社，1983。
② 荣孟源：《谈谈历史教员的备课》，《历史教学》，1981 年第 8 期。

知如何是好。根据可靠的材料，才能分析历史事实；弄清事实，才能评论。"①

作为一名能够适应现代基础教育需要的历史教师，其必备的"史识"应具体包括以下内容。

（一）扎实的理论基础

在历史教学中，教师对教学内容的处理和运用，离不开历史科学的理论指导。作为从事现代历史基础教育工作的教师，应当具备的历史学理论，是以科学唯物史观为核心的。作为历史教师在教学中必须自觉坚持唯物史观的指导，这是历史教学的一个基本原则。但是坚持科学唯物史观不等于在教学中僵化地照搬，随意地把经典作家的话当做套语、公式和标签，任意套用，到处乱贴。而应在掌握科学唯物史观的基本原理、基本方法的基础上，灵活运用，解决问题。因此，衡量历史教师历史科学理论水平的高低，不是看其能背诵多少科学唯物史观的文字表述，而是看其是否掌握了科学唯物史观的基本原理和基本方法，并自觉运用于教学中。

在科学唯物史观原理的指导下，历史教师还需要了解和掌握一些有关史学理论的新发展，以便在教学中不断提升自己。

在这方面，许多老师给我们留下了宝贵的经验。时宗本老师上历史课，不是单纯地摆史实，讲故事，而是具有很强的理论性和思想性。他"讲敦煌莫高窟，深入浅出地讲出它的地理位置对它成为佛教艺术圣地的影响，从而很好地贯穿了历史发展与地理环境交互作用的辩证思想。讲欧洲资产阶级文化的兴起、美国内战原因和唐代诗歌的发达，都是注意从其经济发展或政治制度去寻根溯源，体现了经济决定政治，文化现象植根于时代的历史唯物主义的基本观点。在讲述希腊文化的繁荣、美国南北战争局势的扭转和中国隋唐时期雕版印刷术的发明时，更是字里行间闪烁着人民群众是历史创造者的光辉"②。

（二）了解和掌握史学方法

在历史教学中，历史教师仅仅使用一般教学论所阐述的教学方法是远远不够的，还应该了解和掌握必要的史学方法，并在教学中将二者有机地

---

① 荣孟源：《谈谈历史教员的备课》，《历史教学》，1981 年第 8 期。
② 北师大历史教学法教研室等编：《时宗本中学历史课堂教学》，10 页。

结合在一起运用。这是一个历史教师历史认识能力的具体体现。

在当代史学研究领域里，史学方法的发展与变化越来越快，并逐步构成一个日臻完善的科学化体系，这一点普遍受到学者们的关注，有的学者甚至将其提到了这样一个高度：即"对这些新方法进行试验是历史学进一步发展的前提，也许还确实是历史学的未来所系 ①"。

历史教师在教学中要真正实现教育的目的，使自己的教学工作不落后于历史科学的发展，在广泛地搜集史学信息，及时了解和汲取新的史学成果的同时，还必须注重适时、适度地对史学方法的了解和运用。在这方面，不少老师创造了许多成功的教学范例。如，陈毓秀老师"较早地把比较史学的研究方法贯彻到教学中去。她在讲'唐朝的衰落'一节中，通过对安史之乱前后的国势，对玄宗朝前期、后期的朝政，对唐代前期和中期以后的土地、赋税制度所作的鲜明比较，深刻地展示了这一节教材的主题，帮助学生在比较中看到差别，在对差别的分析中加深记忆"②。有的老师在课堂上分析历史人物时，运用心理史学的分析方法，注意依据材料揭示历史人物的心理活动，使学生所要了解的人物活起来。

（三）　自主调整和更新历史知识结构

随着历史学的进步和发展，一名历史教师仅仅把掌握历史知识的量的多少，作为衡量自身专业水平高低的标准是远远不够的。在基础教育课程改革中，历史新课程给学生提供了认识历史的不同视角。全日制义务教育历史课程分为中国古代史、中国近代史、中国现代史、世界古代史、世界近代史、世界现代史六个学习板块，每个学习板块又分为若干学习主题。普通高中历史课程分为必修课和选修课。其中必修课分为历史（Ⅰ）、历史（Ⅱ）、历史（Ⅲ）三个学习模块，包括 25 个古今贯通、中外关联的学习专题，分别反映人类社会政治、经济、思想文化、科学技术等领域的重要历史内容；选修课分为历史上重大改革回眸、近代社会的民主思想与实践、20 世纪的战争与和平、中外历史人物评说、探索历史的奥秘、世界文化遗产荟萃六个模块。通过以上的课程编订，历史课程要使学生获得基本的历史知识和能力，培养良好的品德和健全的人格；学会从不同角度认识历史发展中全局与局部的关系，辩证地认识历史与现实、中国与世界的内在联

---

①　杰弗里·巴勒克拉夫著：《当代史学主要趋势》，69 页。

②　陈毓秀：《怎样教好历史课》，241 页。

系；培养从不同视角发现、分析和解决问题的能力；培养健康的情感和高尚的情操，弘扬民族精神，进一步提高人文素养，形成正确的世界观、人生观和价值观；进一步激发学生的学习兴趣，拓展学生的历史视野，促进学生个性化发展。

在历史新课程教学中，教师要有效地引领学生学习，圆满完成上述任务、真正实现课程目标，必须建构自身新的历史知识结构，这一结构应具有以下特点：

第一个特点，该结构是动态的，不是静态的；是活化的，不是僵化的。

第二个特点，该结构有利于教师在历史教学过程中引领学生实现自主思维的需要。

第三个特点，该结构有利于教师实现专业的自我调整和自我更新。

作为一名现代教育实践中的历史教师，能否自主实现专业知识结构的调整和更新，是评价其教师工作能力和水平的重要标志。

【资料链接与拓展】

长期以来，历史教师的知识结构存在着明显的缺陷，其中相对固定的"史实"和"结论"过多，与其他科学知识的有机联系欠缺。更为重要的是，这种知识结构具有一种静态的特质，过于固定化，具有这种知识结构的教师，其历史专业知识的获得和更新，大都依赖于比较消极的外部给予。……在更新专业知识结构的过程中，需要注意：一是不断完善以历史专业知识为主体的跨学科专业知识体系；二是注意保持历史专业知识结构的活跃状态，避免僵化；三是改进获取历史专业知识的方式，从单纯接受式转变为多途径的自主获取式。

——马卫东：《面对新课程历史课教师的四种缺失》，《中国教育报读书周刊》，2003 年 4 月 3 日第 8 版

第三节　历史教师的基本教学能力

教学是教师的日常工作，因此一名教师需要具备扎实的基本教学能力。作为一名合格历史教师的基本教学能力除了具有教师一般性教学能力之外，还应具有历史教学能力的特点。

一、历史教师运用语言的能力

语言是人类发展到一定阶段的产物。语言产生之后，即对人类社会的发展产生了不可替代的作用。它成为"人类最重要的交际工具"，而且是独立存在的交际工具，其后产生的各种人类交际工具，如电报代码、数学符号、化学公式、计算机语言等，无不是在不同程度上建立在一定语言基础上的。在许多情况下，它们只是语言的辅助工具。

历史教师对语言素养，运用语言技能水平的要求非常高，这是由历史教学内容本身的特点所决定的。作为教学内容的历史，具有"一度性"，即一去不返的特点。因此，历史教学不能像自然科学课程教学那样，可以通过实验的方法使某一现象相当准确地再现出来，而是需要历史教师充分地运用语言工具与学生实现交流，以便在交流的过程中，实现历史知识的传递。

对历史教师的语言有哪些基本要求呢？

首先，历史教师的语言要具有历史感。由于历史是过去时代里发生的事情，一切历史上的事件也好，现象也好，人物的活动也好，都离不开特定的时间和空间，因而就具有明显的时代特征。历史教师在教学中，必须恰当地使用符合当时人们生活特点、能准确"再现"当时情境的语言表述，以给学生提供一个可能相对准确"感受"历史和"复原"历史的重要前提和条件。在历史教学中，教师进行语言表达时，切忌满口的现代名词、语句；表述似是而非，缺乏必要的依据；为了所谓的语言通俗易懂，过分地修饰词句，以至"以文害意"。

其次，历史教师的语言要生动、形象。由于历史具有"一度性"的特点，作为学生所要学习的历史的绝大部分，都已是过去了的事情，都已远离了学生和现实的生活，要想让他们真正认识过去人们的活动，就必须先让他们进入一个历史的情境。正如一位美国的历史学者所说："对多数美国儿童，甚至许多成年人来说，过去不是活生生的现实。"而"若要使他们关心，就必须让他们先同历史有过某种印象深刻的接触，致使死亡的过去复活。"① 要"复活"历史，有许多手段和方法，但是就基础教育历史课程的实施而言，因为目的、内容、条件等诸多因素的制约，许多手段和方法在教学中不能充分运用，而语言的运用所受制约相对最少。在历史课堂上，

———————————

① 《美国历史教学》，《交流》，1998 年第 3 期。

历史教师在讲授一个具体的历史内容时,可以充分运用生动、形象的历史语言,帮助学生"再现"历史的风貌,而不是只给学生一些枯燥无趣的所谓"过程"和抽象无味的结论、答案。

再次,历史教师的语言要富有感染力。历史是人类成长的记录和总结。历史教师在教学中,不仅只是为了让学生了解、记忆一些人类生活记录和总结中的片段,更重要的是通过对人类各个时期主要生活记录和总结的学习,使学生感受人类的祖先在曲折、艰辛的生活过程中,所经历的无数的心灵上的锻炼和升华,从而自觉接受并完成"历史"的熏陶。因此,历史教师在讲授时,运用的语言是否能够感染学生十分重要。具有历史感染力的语言,应该是富有感情,爱憎分明,能够打动学生的心灵,调动学生的情绪。

【资料链接与拓展】

精心设计的、闪耀着智慧火花的教学语言,是把语言家的用词准确、数学家的逻辑严密、演说家的论证雄辩、艺术家的情感丰富都集于一身而加以综合的表达,它能把模糊的事理讲清晰,能把枯燥的道理讲生动,能把静态的现象讲得活起来,启发学生去探索,去追问,去挖掘,使学生的思维经常处于活跃的状态,从而大大地提高学习效率。

——魏授章:《论历史教学语言艺术》,《面向 21 世纪历史教材和历史教学》(论文集),290 页,北京,人民教育出版社,1997

在历史教学中,教师语言的历史感、生动形象和感染力,不是各自孤立的,它们是一个有机的整体,不能为了单纯追求历史感而忽略了生动形象或感染力,亦不能为了强调生动形象或感染力而舍弃历史感。一名优秀的历史教师,其语言应该是既有历史感,又富有感染力。

二、历史教师综合运用教学手段、方法的能力

历史内容本身的特点,决定了在历史教学中,教师和学生不仅没有直接接触过绝大部分作为教学对象的历史内容,而且也不能够通过任何技术手段和方法对这些对象进行"复原"。因而,在教学过程中教师和学生都无法实现直接面对作为教学对象的历史内容。在教学中,要真正落实历史课程目标的要求,历史教师必须具备很强的综合运用教学手段和方法的能力。只有具备了这样的能力,才能在教学过程中,真正引领学生学习、感悟历史。

历史教师综合运用教学手段和方法的能力主要包括以下方面:

(一) 在教学中,恰当运用各种教学手段和方法帮助学生提高多途径获得历史材料的能力

在历史学习中,针对具体的学习问题,学生能否获取充分的相关材料十分重要。受历史的特点所决定,历史材料的来源和途径以及材料本身的价值有着明显的不同。例如,历史文献、史迹遗存、口传史料同是历史材料的重要组成部分:历史文献主要是历代通过文字遗留下来的人们对各种事物的记述;史迹遗存大都是考古发掘或地面遗留的实物;口传史料则是人们口头的追忆和传诵。这些历史材料虽然内容丰富,但是其来源和途径各异,并且无一例外地都具有明显的局限。在教学中,就需要教师恰当地综合运用各种手段和方法,帮助学生获取相对可靠、充实的材料。因为获取历史材料这一环节本身就是学生历史学习的重要组成部分,没有这一学习环节,完整意义上的历史学习就无法实现。作为历史教师必须熟知各种教学手段和方法的性能和作用,并且在帮助学生获取材料的过程中运用自如。

(二) 在教学中,合理运用各种教学手段和方法帮助学生提高建构历史情境的能力

在学生的历史学习过程中,获取了必需的历史材料以后,就需要依据材料,合理建构"真实"的历史情境,即"复活"历史。因为这是形成历史认识所必备的关键条件。由于历史的"一度性"特点,和历史材料局限性的制约,建构历史情境是一个非常复杂、难度极高的过程,单凭学生是无法实现的,这一过程从始至终需要教师的参与和必要的引领。因此,历史教师必须具备综合运用各种教学手段和方法帮助学生建构历史情境的能力。

(三) 在教学中,科学运用各种教学手段和方法帮助学生提高自主展开历史思维的能力

在历史学习过程中,形成科学的历史认识是历史学习目标的高层次要求,而科学历史认识的形成,需要以科学的历史思维为前提条件。在历史学习过程中,学生能否对一个个历史问题真正自主展开思维是关键所在。一个优秀历史教师的教学工作,不仅仅在于他能给予学生很多的"历史知

识"，而且在于他在给予学生真正的历史知识过程中，能够充分调动学生的历史思维，从而使学生在自主学习的过程中，形成真正的历史认识。要做到这一点，教师必须具有根据教学的进展情况和学生学习的状况，科学运用各种教学手段和方法的能力。

【资料链接与拓展】

历史课程倡导学生多样化地主动学习，这对历史教师如何科学运用教学方法提出了更高的要求。但是，在以往的教学模式中，历史教师选择教学方法，大都凭借习惯和经验，特别是在教学方法的运用上，很容易随大流，缺乏真正的创新，因而，在新课程实施过程中，教师的教，并不能真正有助于学生多样化的主动学习局面的形成。……新课程实施过程中，历史教师选择、运用教学方法，必须贯彻"启发"、"发现"的原则，灵活选择具体教学方法，进行合理组合，并在教学中科学运用，而不能简单地为了方法而方法，不能片面追求形式，而要讲求实效，力求在教学中，通过对教学方法的创新运用，真正形成带有自己特点的教学风格。

——马卫东：《面对新课程历史课教师的四种缺失》

思 考 与 练 习

1. 请概要谈一谈你对历史教师社会责任感的理解和认识。
2. 谈一谈你对历史教师知识结构的认识和见解。
3. 你准备怎样在学习过程中提升自身的教学基本功？
4. 设计、实施一节以语言导入新课为主的微型历史课，并演讲。

第二章
中学历史课程的设置和编订

　　课程问题是学校教育的核心问题。中学历史课程是学校课程体系中的重要组成部分。历史课程的设置与编订关系到如何落实课程目标、怎样组织内容、设计什么活动，如何安排进程等问题。各国的历史课程设置与编订既有相同之处，也有差异，了解各国历史课程设置与编订概况，有助于不断改进和完善我国的历史课程建设。"历史课程标准"是教育部颁布的说明历史课程的标准文本，是指导历史课程实施工作的重要文件之一。本章着重探讨有关历史课程设置与编订的主要问题。

第一节　历史课程概说

进入 21 世纪，中国基础教育的各个领域发生了重大变化，其中最引人注目的就是在新的基础教育体系中，课程成为这一体系中的核心环节，因此，作为一名历史教师，有必要首先了解与认识一些必要的历史课程原理。

一、课程是什么

当前，在各国的基础教育中，使用的最多，也是人们议论最多的概念，就是课程。但是，在诸多的关于课程概念的诠释中，至今也没有一个是为大多数人所公认的。

在西方，关于课程的形形色色的定义，在各种有关教育的著述中很多，有学者统计，超过百余种。在欧美国家中，关于课程的定义，归纳起来，大致有以下三种不同含义：

第一，学校要求的不限于在学校的一切学习活动。

第二，在学校获得的全部经验。

第三，为了从学校毕业取得学分而修完的"学程"。

近年来，中国研究课程的学者逐渐增多，关于课程的定义也有不同认识，归纳起来，大致有以下几种观点：

1. "学科"、"内容"说。

这类观点中有代表性的表述主要包括："课程有广义狭义之分，广义指为了实现学校培养目标而规定的所有学科（即教学科目）的总和，或指学生在教师指导下各种活动的总和。如中学课程，小学课程。狭义指某一门学科。如数学课程，历史课程等"[1]；"课程是教学内容和进程的总和"[2]；"为实现学校教育目标而选择的教育内容的总和"[3]。

2. "总和"说。

对这类观点的表述，主要有"课程可以理解为为了实现各级学校的教育目标而规定的教学科目及其目的、内容、范围、分量和进程的总和"[4]。

---

① 王道俊、王汉澜主编：《教育学》，156 页，北京，人民教育出版社，1988。
② 王策三：《教学论稿》，202 页，北京，人民教育出版社，1985。
③ 顾明远主编：《教育大辞典》，第 1 卷，257 页，上海，上海教育出版社，1990。
④ 陈侠：《课程论》，13 页，北京，人民教育出版社，1989。

3．"计划"说。

这类观点的表述主要有："指导学生获得全部教育性经验（含种族经验和个体经验）的计划"①。

4．"方案"说。

这类观点的表述为："课程是在一定学校的培养目标指引下，由具体的育人目标、学习内容及学习活动方式组成的，具有多层组织结构和育人计划性能、育人信息性能的，用以指导学校教育、教学活动的育人方案，是学校教育活动的一个组成部分"②。

上述国内外学者对课程定义的表述，虽然都各不相同，但是其立论的依据大致可以分为这样几种，即从教学活动的角度、从教育目标的角度、从教育过程的角度、从课程论的角度和从教育看课程的角度。③

【资料链接与拓展】

"课程"一词在我国始见于唐、宋年间。如唐朝孔颖达在《五经正义》里注疏《诗经·小雅》时就使用过"课程"一词，说"教护课程，必君子监之，乃得依法制也"。南宋朱熹在《朱子全书·论学》中有"宽着期限，紧着课程""小立课程，大作工夫"等论述。在西方国家，"课程"（curric-ulum）一词来源于拉丁文词根，原指跑道。1859 年，英国教育家斯宾塞在其出版的《什么知识最有价值》一文中，首先使用了这个概念。

——白月桥：《历史教学问题探讨》，11 页，北京，教育科学出版社，2001

课程是教育科学中的基本概念之一，其定义必须是能够揭示这一概念的自然含义，而不能是可以人为加以引申的。对课程进行定义时，必须处理好两个相关条件因素。一是课程在教育学概念中的位置。教育学的诸多基本概念，大致可以分为三个层次：教育为第一层次，智育、德育、体育、美育、课程、教学等为第二层次，课堂教学、教学手段、教学方法等为第三层次。二是课程在整个教育链中所处的位置。一般来说，教育链的基本环节主要包括教育目的、课程、课程实施（相当于教学的环节）、课程评价等。这样，我们就明确了两个定义课程的重要问题，即

---

① 李臣：《活动课程研究》，52 页，北京，教育科学出版社，1998。

② 廖哲勋、田慧生主编：《课程新论》，43 页，北京，教育科学出版社，2003。

③ 同上书，38～43 页。

在教育学的基本概念中，课程处于第二层次的位置，它是教育概念下一位的概念，是与教学同处一个层次的概念；在教育链中课程作为一个环节，它的位置比教学靠前，是连接教育目的和教学的一个关节点。明确了课程在教育中的定位，我们就不难发现，诸多关于课程的定义或失之于泛泛，或失之于片面。

因此，我们可以对课程下一个这样的定义：课程是教育的一个重要环节，它是依据教育目的，围绕教育内容和教育实施预设的教育活动的结构。具体来说，它包括以下含义：

第一，课程不等于教育活动，它是教育活动的一个重要环节，它不能是其他教育环节的某一方面。

第二，课程是具体落实教育目的的一定的教育运行结构。在实践中，这一结构主要是通过课程编订、课程方案表现出来的。

第三，这一结构主要是围绕教育目的、教育内容和教育实施形成的。

长期以来，在我国的基础教育中很少使用完整意义上的课程概念，这是因为我们的教育体系基本上是以教学为核心而建构的，与课程相关的内容被分解成各个部分，如教学计划、教学大纲、教科书等。在教育实践中，其局限日益显露，特别是受各种复杂的客观和主观因素的影响，教学为核心的教育体系在强调间接知识、强调教师中心、教育环境和方式过于封闭和僵化等方面，走向极端的倾向日益增强。在课程为核心的教育体系中，课程取代了教学在教育体系中的位置，而课程从目标、内容到实施方式都比教学有不同程度的扩展。如，教学内容往往等同于教科书内容，因此有很大的缺漏；而教学目标又往往是从教科书的教与学出发制定的，容易窄化，这就使得教学目标与教育目的之间出现了明显的脱节。由于目标和内容的制约，教学环境和教学方式也就显得封闭和僵化；而课程内容与教学内容相比较，有了很大的扩展，完整的课程内容应该包括文本的、非文本的，间接的、直接的，比较全面。以这样的课程内容为依托的课程目标易于实现与教育目的之间的衔接，教学环境和教学方式也就可以适当开放、灵活多样了。

综上所述，课程是教育体系中的一个重要环节，能否建立起更科学、合理的以课程为核心的教育体系，是我国基础教育改革是否全面实现目标的重要标志之一。

二、课程类型的划分

由于人们的价值观、哲学观、教育观、知识观等的不同，导致了不同的课程理论，设计出不同的"教育活动结构"来，因而也就出现了不同的课程类型划分。由于认识和方法的差异，到目前为止，对课程类型的划分，也很难作出一个科学的归纳。如，《云五社会科学大辞典·教育学》将课程分类法归纳为三种：（1）六分法；（2）四分法；（3）三分法。《简明国际教育百科全书·课程》将课程分类法归纳为四种：（1）"以有组织的学科内容作为材料依据"的课程设计，且已有四种变化形式，为独立学科形式、多学科形式、跨学科形式、综合学科形式；（2）"以学生作为材料依据"的课程设计；（3）"以社会作为材料依据"的课程设计；（4）"其他课程设计"主要包括："具体能力的设计"、"过程技能的设计""类似于以学生为基础的设计""核心课程"。《课程新论》将课程分类归纳为"两个层次，三种类型分类法"。第一个层次：显性课程，包括三个类型：第一类，学科课程。第二类，经验课程。第三类，核心课程；第二个层次：隐性课程。其他的国内外学者关于课程的分类法归纳还有许多。

但是，在我国的基础教育课程改革实践中，许多教师由于对与课程及分类相关的种种理论不甚了解，因而对诸多学者关于课程的分类及课程分类的归纳难以理解和把握，往往在阅读教育和课程类书籍，学习教育课程理论的过程中，望文生义，从而在课程实践中，衍生出一些有明显缺失的认识和做法，这在很大程度上影响了基础教育课程改革的进程和方向。

因此，采用一种最为简便、明了的课程类型划分和归纳的方法，使教师在教学中易于理解和掌握，十分重要。如果从实践和操作的角度来看，我们可以对课程类型的划分作如下归纳：

1. 从课程内容的角度划分。

通过这种划分方法，可以将课程划分为学科课程和活动课程。这两种课程类型划分的依据，从理论上说，分别来自于"传统教育"理论和"进步教育"理论。从内容上说，一个直接的依据，则是分别来自于教育内容的间接经验和直接经验。学科课程的基本特点，是以各门科学为基础，由各种间接知识组成的；随着发展，学科课程又分为分科课程和综合课程。活动课程的基本特点，是以儿童的活动为基础，由直接经验组成的。

2. 从课程在教育实践中地位的角度划分。

通过这种划分方法，可以将课程划分为核心课程和非核心课程。其划分的一个重要依据，是随着科学技术的发展，知识积累的速度与量明显加快、加大，这样一来，大大增加了的教育内容及与此相关联的教育社会职能与学生负担之间的矛盾日益尖锐。为了解决这一矛盾，各国相继采用了选修课和必修课制度，并在此基础上，生成了核心课程和非核心课程。核心课程主要是指选择对学习者有直接意义的学习内容，并且有给学习者足够时间对所选内容进行充分学习的计划。非核心课程则是指在核心课程以外，可以使学习者有选择余地的、扩展的学习内容。

3. 从课程表现形式的角度划分。

通过这种划分方法，可以将课程划分为显性课程和隐性课程。显性课程是指将学习内容以教学的形式组合在一起，形成教学科目。将其列入课程方案和计划，通过教学进行。隐性课程是指课程方案和计划以外的、将学习内容以各种非教学的教育方式组合起来的教育活动。

【资料链接与拓展】

（第一，）课程设计是多样的，而且在不断发展变化。不必推行单一的课程类型、反对另外的类型。各种类型之间不是互相排斥而是互相补充、互相交叉的。……第二，课程设计应对不同的教育内容采用不同的类型，未必一刀切，追求整齐划一。……第三，无论哪种课程类型，都应切实保证教学质量，保证共同基础知识。这正是核心课程的指导思想。……第四，重视教学内容组成问题的同时，重视各种非教学的教育活动的目的性，加强对隐性课程可控性的研究，发挥它隐蔽、分散的教育作用。

——毕恩材、王克强：《课程问题论》，212～213 页，沈阳，辽宁教育出版社，1992

三、历史课程的界定

课程作为教育结构，它是由许多部分组成的。对组成课程的这些部分，人们通常也用"课程"来表述，如数学课程、语文课程、体育与健康课程等，其中也包括历史课程。

历史课程是现代学科课程体系中的重要组成部分。其内容的选择、体系结构的编排要以历史学为依托，要能够充分体现当代历史学的发展与成果。

在现代学科课程体系中，如何确定历史课程的地位是界定历史课程的关键问题。在不同国家，由于对历史学的属性认识不同、教育的传统和课程结构不同，导致历史课程的地位也有所不同。如，在美国的一些州，历史课程是社会学科综合课的核心课程；在英国，历史课程属于非核心基础学科；在俄罗斯，历史课程是社会学科必修课程中的主要科目。要合理确定历史课程的地位，需要研究和明确历史课程的属性和其在学科课程体系中的作用。在现代学科课程体系中，历史课程属于人文社会学科范畴，是人文社会学科课程的基础。

【资料链接与拓展】

　　《全日制义务教育历史课程》的总体思路是：面向全体学生，使所有学生都能达到课程标准所规定的目标；高度尊重学生的个性，充分发挥学生自身的能力和特长，为其主动适应未来社会打好基础。

——《全日制义务教育历史课程标准》（实验稿）

　　在初中历史课程的基础上，根据普通高中教育的性质、任务以及课程目标和基本要求，遵循时代性、基础性、多样性和选择性的原则，规定适合高中学生学习的课程目标和学习内容，为其进入社会和高一级学校奠定基础。

——《普通高中历史课程标准》（实验稿）

第二节　新中国历史课程的设置

一、20 世纪后半期历史课程设置的简要回顾

　　古老中国的历史教育踏上现代化进程的坎坷之路，始于 1902—1904 年。这期间，清政府先后颁布了《钦定学堂章程》（又称壬寅学制）《奏定学堂章程》（又称癸卯学制），它们的颁布，标志着中国教育界在接受西方现代教育理论的基础上，制定并实施了体系完备的现代学制，并且从开始就将历史课程纳入了中国现代学校的课程体系之中。在中华民国成立以后的历史岁月中，历史课程的发展和变化，始终受到国内外各种教育外部和教育内部复杂因素直接或间接的制约及影响。

【资料链接与拓展】

中华民国成立以后，1922 年，进行学制改革，中学试行三三制，初中三年，高中三年，各年级都开设历史课。国民政府时期，先后于 1929、1932、1936、1941、1948 年几次修订历史课程，中学历史课程几经局部变动；同时，在国内存在的各解放区的教育中，也十分重视历史教育，一些解放区的中小学开设了历史课。

——根据相关材料整理

中华人民共和国成立后，在历史教育半个世纪的发展历程中，对历史课的设置进行了多次改革和探索，为中国基础教育历史课的发展留下了宝贵的经验和教训。

1950—1956 年，中国基础教育历史教学完成了由"旧"向"新"的转变。这一阶段，我国中学的历史课设置有前后两个方案：

其一：

内容　年级 课　时	初　一	初　二	初　三	高　一	高　二	高　三
各年级均为每周 3 课时	中国古代史	中国近代史	外国历史	中国古代史	中国近代史和新民主主义革命史	外国历史

（根据 1950 年 8 月教育部颁发的《中学暂行教学计划》[草案]制作）

其二：

内容　年级 课　时	初一、初二上学期	初二下学期、初三	高一、高二上学期	高二下学期、高三
各年级均为每周 3 课时	世界古代史	中国古代史	世界近代史	中国近现代史

（根据 1953 年 7 月教育部颁发的《中学暂行教学计划》[修订草案]制作）

在六年的时间里，通过以上两个教学计划方案的编订与实施，我国基本上完成了中学历史教学由"旧"向"新"的过渡，为以后相当长的一段时期中，中学历史课的设置和教学内容的编排，确定了基本走向和框架。

1956－1963 年，中国基础教育历史课设置在完成过渡之后，进入定型阶段，其具体编排如下：

内容 年级 课 时	初一	初二上学期	初二下学期	初三	高一上学期	高一下学期	高二	高三上学期	高三下学期
各年级均为每周3课时；1958 年 3月起，初二、初三和高中各年级每周减为2课时	中国古代史	中国近代史	中国现代史	世界历史	世界近代史	世界现代史	中国古代史	中国近代史	中国现代史

（根据 1956 年教育部颁发的《中学各年段历史教学大纲》［草案］制作）

这套大纲的编订与实施，标志着我国中学历史课设置完成了定型，从此走上了一条带有自己发展特色的坎坷之路。

1963－1966 年，中国基础教育历史课设置进入了探索与改革的阶段。其具体设置如下：

内容 年级 课 时	初 二	初三上学期	初三下学期	高 三
初二、初三年级均为每周2课时；高三年级每周3课时。	中国古代史	中国近代史	中国现代史	世界历史

（根据 1963 年教育部颁发的《全日制中学历史教学大纲》［草案］制作）

在新中国基础教育发展的十多年中，各种问题也不断显现出来。这些问题的成因，既有历史的，也有现实的。为了探索解决问题的路径和方法，基础教育改革势在必行。历史教学也不例外。为了实现减轻学生学业负担的目的，历史课与其他课一起进行了削减。

1976－1992 年，中国基础教育历史课在历经十年破坏以后，进入逐步恢复和发展的阶段。这一阶段的历史课设置在发展过程中，不断调整、变化，其具体状况如下：

内容　　年级 课　　时	初　二	初三上学期	初三下学期	高　一
初二、初三年级均为每周2课时；高一年级上学期每周2课时，下学期每周3课时	中国古代史	中国近代史	中国现代史	世界历史

（根据1978年教育部颁发的《全日制十年制学校中学历史教学大纲》[试行草案] 制作）

内容　　年级 课　　时	初　一	初　二	高　一
初一年级为每周3课时；初二年级每周2课时，高一年级每周3课时	中国古代史	中国近现代史	世界历史

（根据1981年教育部制定的全日制六年制重点中学教学计划和五年制中学教学计划制作）

内容　　年级 课　　时	初一、初二上学期	初二下学期	高　一
初一年级为每周3课时；初二年级每周2课时，高一年级每周3课时	中国历史（古代、近现代史）	世界历史	世界历史

（根据1987年9月施行的"过渡性"教学计划制作）

内容 年级 课时	初一、初二 上学期	初二 下学期	高 一	高 二	高 三
初一年级每周3课时，初二年级每周2课时；高一年级每周3课时，高二年级每周1课时，高三年级每周6课时	中国历史 （古代、近现代史）	世界历史	世界历史	中国近现代史	中国古代史 （文科选修）

（高中阶段根据 1990 年国家教委《现行普通高中教学计划的调整意见》制成）

1992—2001 年，中国开始实施九年义务教育，历史课的改革进入新的阶段。其具体设置如下：

内容 年级 课时	初一、初二	初 三	高 一	高 二	高 三
初一年级每周2课时；初二年级每周3课时（后改为2课时）；初三年级每周2课时；高一、高二每周2课时；高三每周6课时	中国历史	世界历史	世界近现代史	中国近现代史	中国古代史 （文科选修）

（根据 1988 年《九年义务教育全日制初级中学历史教学大纲》和高中教学计划调整方案制成）

内容　　年级　　课时	初一初二	初　三	高　一	高　二	高　三
初中不变；高一年级每周3课时；高二年级每周2课时；高三年级每周3课时。同时在高一年级开设中国文化史任意选修课，高二年级开设世界文化史任意选修课	中国历史	世界历史	中国近现代史（必修）	世界近现代史（文科选修）	中国古代史（文科选修）

（高中阶段，根据1996年国家教委《全日制普通高级中学历史教学大纲［供实验用］》制成）

内容　　年级　　课时	初一、初二	初　三	高　一	高　二	高　三
初中不变。高一年级每周3课时；高二年级每周2课时；高三年级每周2.5课时	中国历史	世界历史	中国近现代史	世界近现代史（文科选修）	中国古代史（文科选修）

（高中阶段，根据2002年《全日制普通高级中学历史教学大纲》制成）

　　新中国成立后半个世纪的中学历史课设置，在几经坎坷的探索中，逐步发展起来，取得了成绩。

　　首先，在50年的运作和探索的过程中，初步建构了我国中学历史课的体系。虽然由于各种因素的制约和影响，各个阶段历史课的具体编排损益不同，但是其地位不断得到增强，基本适应了我国基础教育体系发展的需求。

其次，新中国中学历史课的设置，在很大程度上保证了历史课的功能在教育实践中得以发挥。虽然在不同阶段受到各种复杂因素的干扰和制约，但是新中国成立后的50年中，国家公民的整体历史素养有明显提高。

最后，半个世纪以来，中国中学历史课设置的运作和探索，为以后的中学历史课程改革与发展搭建了一个平台，奠定了坚实的基础。

在取得成绩的同时，历史课的设置也受到了种种因素的制约和影响，归纳起来，大致可以分为两类：一类是教育外部因素的干扰与影响；另一类是教育内部因素的制约。

教育作为社会重要活动的组成部分，必然要受到社会其他方面的各种影响。归结起来，在新中国成立以后的一段相当长的时期中，其突出表现便是"左"的思潮的干扰。1957年以后，由于极其复杂的国内和国外原因，我国政治生活中"左"的思潮不断向社会各个领域渗透和蔓延。在这一过程中教育受到了严重的冲击。在"教育要为无产阶级政治服务"的方针指导下，历次政治运动都对历史课产生了重大影响，体现为历史课的设置直接为政治运动的目标服务。这一过程中，最为突出的表现，当属"文化大革命"十年中历史课程的境遇了。1966年6月，中共中央在教育部《关于一九六六一一九六七年度中学政治、语文、历史教材处理意见的请示报告》中明确批示："历史课暂停开设"。之后，被恢复的历史课完全成为为当时政治运动全面服务的工具。

1949年10月以后，新中国教育的实践和研究，长期接受"传统教育"理论的指导，并以苏联教育的模式为蓝本，逐步建构了以教学为核心的教育体系，由此导致了在长期的教育实践中，我们既缺乏对课程的系统研究和深入认识，又缺少对课程运作的实际经验。因此，很少从课程的角度研究和运作历史课的设置。这就使得历史课的设置很难实现真正意义上的突破和发展。

由于上述因素的制约和影响，在这段时期中，历史课的设置产生了一些问题，其中最值得回味和思考的有以下两点：

一是，历史课的设置采用螺旋式还是直线式。概括地说，螺旋式设课即是在初、高中两个阶段，交叉、重复设置历史课，如，初中讲中国历史、世界历史，高中仍然讲中国历史、世界历史；直线式即是初、高中两个阶段，历史课的设置前后连接、没有交叉，如，初中讲中国历史，高中讲世界历史。20世纪后半程，在我国历史课设置的实践中，始终是螺旋式和直线式两种方式并存，交替运用。从中可以看出，在采用螺旋式还是直线式设课的问题上，我们始终处于探索阶段。螺旋式设置历史课确实具有明显的优点：第一，螺旋式设置历史课，具有扎实的儿童心理学基础。认知规律决定了儿童对事物的认识不可能是一次完成，而是需要通过一定的反复逐渐加深认识。但是，这种反复不是简单重复前一个阶段、前一个内容，而是在更高水平上的重复。第二，受新中国基础教育发展水平的制约，在相当长的时期中，我国的基础教育适龄儿童，有相当部分不能完整接受全部阶段的基础教育，在初中以后，有的升入高中、有的转入其他类型教育、有的直接进入社会工作岗位。螺旋式设课可以相对保证学生受到较完整的学科教育。第三，螺旋式设课可以在一定程度上弱化历史"一度性"特点本身所带来的认识上的缺陷，通过"重复"加深学生在学习过程中对历史的理解和认识。但是，螺旋式设课也带有与生俱来的缺陷，即重复，特别是历史课。在实际运作过程中，简单的重复很难避免，而螺旋式上升的重复又很难实现。特别是在很长的时期中，我国历史课内容编排一直采用通史体例，这也在很大程度上，制约了螺旋式设课优点的发挥。

【资料链接与拓展】

　　布鲁纳从早期教育思想出发，想把科学概念在儿童早期就教给他们，因而重新强调螺旋式排列方法；而赞可夫从发展教学的思想出发，主张以广度求深度，不主张教材重复，近乎重申直线法的主张。

——王策三：《教学论稿》，221 页，北京，人民教育出版社，1985

　　二是，在历史课编订和设置过程中，怎样合理选择和运用课程类型。随着教育科学的发展，教育实践中如何选用课程类型是一个越来越受到关注的问题。但是，长期以来，在我国历史课的编订和设置中，遇到了两个难题。一个难题是，在以教学为中心的教育体系的运作过程中，课程是明显缺环，因此就很难实现课程类型的选择；另一个难题是，课程类型的发展与我国基础教育的发展之间始终存在较大的差异，其中涉及一系列复杂的认识和技术问题。如，历史课程建设问题、我国基础教育体系的转变问题、课程类型的发展与建设问题，等等。因此，在实践中很难有所作为。例如，新中国成立后的不同阶段，在历史课的设置上，试图运用选修课类型，解决一些实际问题。但是，由于长期以来我国基础教育的教育目标定位不准、过于注重选拔功能，在实践中，存在着对历史学科的选修课和必修课的认识不足，对选修课和必修课的比重把握不好，对选修课和必修课内容的选择不当等缺陷，这就使得历史选修课的运用始终没有到位。

【资料链接与拓展】

自 20 世纪初期至今日，学者们对社会科的定义有着很大的差异和分歧。例如，巴尔（Barr）等人把社会科定义为"旨在进行公民教育的有关人际关系的经验和知识的综合"。也有人规定：社会学科这个术语用来指称有关处理人际关系的学校课程。关于社会科的核心内容，美国的韦斯利和亚当斯在 1946 年时就曾指出：社会科是"一个学习领域，一些科目的组合，全部课程中的一部分……这种组合是松散的，并不否认地理学、历史学或公民学的独立存在"，这就是说社会科的体系结构是松散的。尽管对社会学的定义学者们有"异"见，但大都认为，历史学科的内容是社会科的核心内容之一。

——白月桥：《历史教学问题探讨》，32～33 页

此外，在半个世纪历史课设置的实践中，诸如分科还是综合、间接知识与直接知识的关系处理、课程科学化与生活化的关系、课程实施方式的选择等与课程设置相关的问题，一再显现出来，越来越成为我国历史课程建设中亟待深入研讨的问题。

二、进入 21 世纪历史课程设置的新探索

随着人类社会的加速发展，教育的问题日益受到人们的关注，各国越来越重视教育的变革。经过了近 30 年改革开放历程之后，中学教育的变革日益紧迫。实际上，在 20 世纪最后一个十年前后，中国就已经启动了基础教育的改革。从 20 世纪 80 年代后期到 90 年代，中国政府制定、颁布的一系列教育文件，确定了中国基础教育改革的方向、方针和基调。明确了在这一轮教育改革中，要确立提高全民素质以为创新型人才培养奠定坚实基础的目标，探索并建立带有中国特色的以课程为核心的基础教育新体系。

到 2001 年 9 月前，基础教育义务阶段的课程设置基本完成，9 月以后开始进入实验阶段。其中，7－9 年级阶段分别编订了"分科"和"综合"两套课程，具体编排如下：

年级	国家课程门类									
七年级	政治思想 2	综合实践 3	语文 4	数学 4	社会 3	科学 4	外语 4	体育与健康 2	艺术 2	地方与学校自主设置的课程和活动（各年级平均 4 课时/周）
					地理 2 历史 2	生物 3				
八年级	政治思想 2	综合实践 3	语文 4	数学 4	社会 3	科学 4	外语 4	体育与健康 2	艺术 2	
					地理 1 历史 2	生物 2 物理 2				
九年级	政治思想 2	综合实践 3	语文 4	数学 4	社会 3	科学 4	外语 4	体育与健康 2	艺术 2	
					历史 2	物理 2 化学 3				

（此表包括义务教育 7—9 年级的两套课程方案。实验过程中，各地具体实施方案会根据当地具体情况制定，与此表有所出入）

在其中的分科课程编订中，历史课程采用了主题式通史体例，共分为中国古代史、中国近代史、中国现代史、世界古代史、世界近代史、世界现代史六个学习模块，每个模块又分为若干学习主题。力求减轻课程负担、有利于学生学习兴趣的提高，以达到实现课程目标的目的。

普通高中新课程于 2004 年 9 月开始在部分省市展开实验。其具体方案如下：

学习领域	科 目	模 块
语言文学	语 文	语文（1—5）＋系列（1—5）
	外 语（英语）	英语（1—5）＋系列Ⅰ（6—11）＋系列Ⅱ
数学	数 学	数学（1—5）＋系列（1—4）
人文与社会	思想政治	
	历 史	必修（Ⅰ—Ⅲ）＋6 个选修模块
	地 理	必修（1—3）＋7 个选修模块

续　表

学习领域	科　目	模　块
科　学	物　理	必修（1—2）＋系列（1—3）
	化　学	必修（1—2）＋6个选修模块
	生　物	必修（1—3）＋3个选修模块
技　术	信息技术	信息技术基础＋5个选修模块
	通用技术	技术与设计（1—2）＋7个选修模块
艺　术	艺术或音乐、美术	4个系列6个模块中任选6个模块
		音乐欣赏（2学分）＋5个模块中选1
		美术欣赏（1学分）＋4个模块中选2
体育与健康	体育与健康	6个运动技能系列＋健康1
综合实践活动	研究性学习活动、社区服务、社会实践		

其中，历史课程由必修课和选修课构成。必修课分为必修（Ⅰ）、必修（Ⅱ）、必修（Ⅲ）三个学习模块。必修（Ⅰ）包括9个专题，"着重反映人类社会政治领域发展进程中的重要内容"；必修（Ⅱ）包括8个专题，"着重反映人类社会经济和社会生活领域发展进程中的重要内容"；必修（Ⅲ）包括8个专题，"着重反映人类社会思想文化和科学技术领域的发展进程及其重要内容"。选修课分为6个模块，包括：历史上重大改革回眸、近代社会的民主思想与实践、20世纪的战争与和平、中外历史人物评说、探索历史的奥秘、世界文化遗产荟萃。必修课每个模块为36学时、2学分，共108学时、36学分；选修课每个模块为36学时、2学分。学生可以根据自身的兴趣，任选若干模块，建议在人文社会科学方向发展的学生，至少选修3个模块。

这一轮基础教育课程改革，无论是从深度还是从广度来说，都是新中国教育体系建立并运作后历次教育改革所不能比拟的。其中，历史课程建设，出现了许多意义深远的新内容、新探索。

在义务教育7—9年级阶段的课程编订中，首次采用了综合课程类型，将历史与思想政治、人文地理等人文社会科学的内容整合在一起，构成了"历史与社会"综合文科课程，以实现相近学科知识的融合，更好地满足学生全面发展的需求。

普通高中阶段的课程编订，着重关注变革课程结构。设计了学习领域——科目——模块三级结构；采用了必修与选修类型；在学习领域下的科目之间的一定整合。其中，历史课程采用必修与选修类型，以实现学生在达到基础性、统一性的历史素养要求的同时，具有进一步自主选择历史学习内容和拓展历史视野的空间；在课程内容编订上，新课程首次突破了沿用几十年的通史体例，采用了专题体例，而这一做法，首次突破了长期以来在历史课程的编订中，初、高中两轮通史循环所造成的不可避免的"重复"，以及由此带来的一系列缺陷，为螺旋式循环设课提供了很有意义的实践案例和积极探索。

但是，随着新课程实验的逐渐展开，改革中的问题也不断显露出来。如，在历史课程中采用必修和选修模式，与目前教育所能提供的条件相距较远、与教育实践的现状明显脱节，因而在实践中必修和选修制度不能真正落实；再如，由于设计问题，在一定程度上，造成了九年义务教育7－9年级的历史课程"通史不通"、普通高中的历史课程"专题不专"，使得7－9年级阶段的历史课程实际水平降低、高中历史课程的分量和难度增大，从而导致了两者不能合理衔接，等等。究其原因，既有改革过程中设计不完备的人为因素，也有改革属于探索、创新，因而会带来与生俱来缺陷的客观因素。但是我们也应该看到，改革中随时出现的问题恰好正是改革得以不断深入、逐渐成熟的重要推动力之一。

第三节　国外历史课程设置概览

历史课程设置，是各国基础教育历来重视的一个领域。但是，由于各地区、各民族、各个国家的社会发展经历既有相同又有不同，给后人留下的历史亦有相同也有不同，长期形成的生活方式、思维方式、价值观等方面也既有相同又有不同，由此所产生的历史教育视角、内容、课程编订等亦会有所相同和不同。这样就形成了当代各国风格各异的历史课程设置。

一、俄罗斯历史课程的设置

自20世纪80年代中期以后，苏联教育科学研究人员提出了关于历史课程新结构的设想：即，依据学生的年龄和心理特征，确定不同年级的历史课程。其中，五年级的历史教程，按照结合附近材料的原则编写整个国家的历史；六至七年级，学习世界古代史和中世纪史时，不仅应注意重要的历史事件，而且还应注意历史人物的生活方式，各民族文化和文明的发展及所作出的贡献，更要培养学生的道德和美学的观念；八至九年级学习近代史时，全面评价社会的历史发展，揭示当代社会所存在的各种社会现象和过程的历史根源；十至十一年级，像高年级其他课程一样，历史课程在不同专业（人文科学类、自然科学类和数学类等），就教学的内容、范围和特点，可以有所区别。其主要形式是公共课（基础课）、提高课和选修课。进行有区别的历史教学，以满足不同类型学生的需求。

苏联历史课程采用直线式排列。在教学计划中，本国史和世界史是作为两门独立的课程开设的。独立设置历史课程，是苏联历史课程的特点之一。同时，在苏联从五年级至十一年级均开设历史课，显示出苏联对基础教育中历史学科的重视程度。

1985年，苏联教育部制定了《中等普通教育学校标准教学计划》。这个计划具体体现了苏联在这一时期课程改革的思路和某些特点：开设新的教学科目，增加选修课的时数，规定各年级的标准授课时数等。

苏联解体后。俄罗斯继续推行基础教育课程改革。1992年颁行的《俄罗斯联邦教育法》规定，俄罗斯普通教育各级学校在教学过程中，采用多种教学计划，苏联的"标准教学计划"改为"基础教学计划"。为了实现普通教育学校课程的多样化，俄罗斯实行中央、地区、学校三级课程管理制度。其中，中央级基础教学计划规定了全俄统一的整体化的教学科目有俄语、语言和文学、艺术、社会科学等8类整体化学科，其中每一类课程大都包括若干具体的科目。俄国历史、世界通史等属于"社会学科"，是俄罗斯各级学校统一学习的、不变教学科目。莫斯科地区基础教学计划，在保留传统课程"俄国历史"和"世界通史"的同时，又增设"莫斯科地方志"，反映了这一地区和民族文化的特点。

俄罗斯改变了苏联一直长期坚持的分科编订课程原则，代之以综合与分科相结合的课程编订。如，莫斯科基础教学计划规定了"社会知识"等8大类综合化课程，又细化出具体的、课时多少不等的教学科目，其中包括可变课时部分的各种科目，多达七八十种。课程的多样化或微型化，是现代课程改革趋势之一。课程的细化，可以改变僵化的、千篇一律的教学内容，满足学生的不同兴趣和个性差异。

俄罗斯的基础教学计划还规定了学生学习负担的最高限度，超过最高学习负担是不允许的。其中规定：五至九年级历史课要达到每周2课时；高级学校的十至十一年级历史课要达到每周3～4课时，偏重人文学科的学校要达到每周4课时。

俄罗斯的历史课程设置，试图兼顾升学和就业的双重任务；历史课程改革既要提高教学内容的科学理论水平，又不能加重学生负担，历史课程设置既要有统一性，又要有灵活性。

【资料链接与拓展】

基于不断自我反省，不断调整课程设置使之最优化的理念，俄罗斯人在短短的十几年对课程设置进行了三次大的调整，可见课程改革的决心和力度。俄罗斯的三次改革，各有侧重，第一次的改革侧重于课程设置的灵活性；第二次改革中设置了可变部分与不可变部分，尝试课程分权管理体制；第三次改革考虑到适应改革后的学制需要，将一些较难的科目调整至高年级。

——冯生尧主编：《课程改革：世界与中国》，36 页

二、美国历史课程的设置

美国是一个执行多元教育的国家，其中学历史课程设置通过不断改革，形成了自身的特色。

自 20 世纪 50 年代至 80 年代，美国中学历史课程确立了综合化课程的地位，并使历史课程设置出现了多元化格局。这一时期，历史课程属于社会学课程范畴，美国中学社会科已成为内容非常广泛的一个领域。初级中学一般包括历史、地理、时事、公民等课程；高级中学一般开设历史、地理、公民、政治学、经济学、社会学、人类学等课程。美国历史课程的综合化改革有三种基本做法：一是加强学科间的相互联系，即把历史等相关学科放在同一知识结构中；二是把相关学科合并成为广阔的新的知识领域，如将包括历史在内的几门相关学科合并成为新学科——社会科；三是更新历史知识结构，实现历史课程自身内容的综合化。美国社会科课程的设计，力图突出使受教育者了解如何使用历史知识及其方法，强调知识的实践性和实用性；着力培养学生开阔视野，了解、认识和适应社会的综合能力。

此外，这一时期美国在历史课程设置中开设了大量选修课程。许多州的中学在把州史、美国史和世界史作为必修基础课的同时，设置了多种历史选修课，讲述特定的国家、地区、思想等内容。如亚洲史、拉美史、欧洲史、宗教史、黄色人种史、黑人史、妇女史等，有些州将城市史、戏剧史、电影史等也作为选修课列入中学的课程计划。在美国堪萨斯州的 40 所

学校里，社会科就准备了近 1000 门微型课程，其中关于美国史的就有 360 门之多。历史选修课的大量设置，为学生提供了广阔的选择余地，有利于拓展学生的历史视野。

从 20 世纪 80 年代末至 90 年代初期，美国历史课程的改革日益受到关注。1991 年 4 月，布什总统签发了《美国 2000 年：教育战略》的教育改革文件，这个文件将历史与科学、数学、英语和地理一起并列为五门核心课程。1993 年 4 月，克林顿政府宣布了《2000 年目标：美国教育法》，继续把历史定为核心课程。

1994 年，美国制定、颁布了第一个历史学科国家课程标准，该课程标准分为《幼儿园至小学 4 年级历史课程全国标准：扩展儿童的时空世界》、《美国历史课程全国标准：探寻美国的经历》、《美国世界史课程全国标准：探寻通往今天之路》。1996 年，根据各方面的意见，在对上述三个历史课程标准作了各自修订的基础上，合并为《历史课程国家标准》（基本版）。

《历史课程国家标准》（基本版）以法令的形式重申，到 2000 年，所有从 4、8、12 年级毕业的学生应当掌握（包括历史在内的）学校 5 门核心学术课程中富有挑战性的问题。《历史课程国家标准》（基本版）强调历史教育和制定历史课程全国标准的意义；强调学习美国史、世界史的意义；强调历史学习与个人发展密切关系；强调对教育资源的公平拥有必须有一个相对统一的标准。《历史课程国家标准》（基本版）指出，就历史课本身而言，应有两类标准。第一，历史的思考。它指的是：使学生有能力评估证据，进行比较的和因果的分析，解释历史的记录，表达见解正确的历史论点，提出在现代生活中作出有根据的决定时可依据的不同观点和看法。第二，历史的理解。即学生应了解美国史和世界史的哪些内容。《历史课程国家标准》（基本版）认为，学生应从人类活动的至少 5 个领域中的目标、竞争、成功和失败中获得这些理解。这些领域是：社会、科学或技术、经济、政治和哲学（或宗教或美学）。当然，历史的思考和理解并非彼此孤立地发展，而是彼此依赖，相互联系的。

以上可见，自 20 世纪 80 年代末期以来，美国加强了历史学科改革的速度和力度。历史课程作为 5 门核心课程的地位得到国家立法的确认。但是，美国的政治制度、思想传统、社会状况和历史经历的特点都加大了全国历史课程标准实施的难度。

【资料链接与拓展】

对于小学和初中阶段的课程设置，美国各州一般不作具体规定。只是在各领域、各核心科目的课程框架和内容标准中，可以看到总体的要求，具体设置情况取决于学区和学校。至于高中，已经有越来越多的州制定出本州高中毕业要求，一般规定毕业生必修的科目、学分数以及对各学科的总体要求，但这些要求往往只是本州所有学区、所有学生必须达到并超越的基本要求。

——冯生尧主编：《课程改革：世界与中国》，136 页

三、英国历史课程的设置

第二次世界大战后的英国教育结构奠基于 1944 年的《教育法案》，该法案没有明确规定学校教育的课程设置、教学内容。围绕着是否应有课程标准，英国自 1976 年开始展开了全国性教育大辩论。大辩论的结果之一是 1988 年颁布了教育改革法案，在全国施行国家课程和课程标准。

新的国家课程的特点是将学校 10 门课程分为 3 门核心课程（英语、数学、科学）和 7 门基础课程（技术、历史、地理、艺术、音乐、体育、外语）。在国家课程中，历史课程是每个学生在 5 至 14 岁必须学习的基础课程。在 14 至 16 岁，各地可视具体情况，从历史或地理中任选一门，也可将历史与地理合并。1991 年，英国议会审议通过了历史学科的国家课程标准，坚持独立设置历史课程，并于 1994 年在全国范围内推行。新的历史学科国家课程，在课程目标、课程内容等方面有所创新。在课程目标方面，突出了学科能力，即探究方法和意识；在课程结构方面，不再分本国历史、世界历史，而是设计了一个以本国史为主线，本国史与世界史整合的课程结构；在课程内容方面，改变注重政治史的传统，将宗教、文化、经济、社会等内容吸纳到历史课程里来。

1999 年，英国根据《1997 年教育法》出台了新的国家课程改革方案，规定自 2000 年 9 月起英国中小学施行新的国家课程，其具体安排如下：

年龄（岁）	5—7	7—11	11—14	14—16	
年　级	1—2	3—6	7—9	10—11	
英　语	■	■	■	■	
数　学	■	■	■	●	国家课程——核心学科
科　学	■	■	■	●	

年龄（岁）	5—7	7—11	11—14	14—16	
年　级	1—2	3—6	7—9	10—11	
设计和技术	■	■	■	●	
信息和交流技术	■	■	■	■	
历　史	■	■	■		
地　理	■	■	■		
现代外语			■	●	国家课程——非核心基础学科
艺术和设计	■	■	■		
音　乐	■	■	■		
体　育	■	■	■	●	
公　民			▲	▲	

（表中■、●、▲分别为课程实施的起始时间。■为2000年9月起。●为2001年9月起。▲为2002年9月起）

　　这套新课程的施行再一次确定了独立开设历史课程是英国小学和初中的国家非核心基础学科。由于英国学校的种类不同，其课程具体实施计划具有多样性，不同的课程实施计划所规定的课时不同。

　　英国历史学科国家课程的编订颁行，使其学校教育中的历史课程有了法律保障，历史课程设置的优良传统得到了巩固与发展。

【资料链接与拓展】

　　英国教育和课程改革经历了一个从放任主义到中央集权，再到中央统一指导下的特色学校的变化过程。洋为中用、古为今用，英国教育上历史的经验教训是值得铭记和吸取的。英国过分放任自流的教育和课程管理体制与过分统一的教育和课程管理体制都阻碍了英国教育现代化的进程，英国过分重视传统和过分重视人文学科为中心的绅士教育渊源，也阻碍了英国科学技术和新的产业革命的发展步伐。

——冯生尧主编：《课程改革：世界与中国》，337～338页

四、法国历史课程的设置

　　在第二次世界大战之后的法国基础教育课程体系中，历史课程属于人

文社会学科。其中小学课程内容以法国史为主，初中课程内容为世界通史（包括法国史），高中则为世界近现代史。

长期以来，法国采取国家统一管理的教育制度。法国的学制为：小学 5 年；初中 4 年；高中 3 年。其中，初中的历史课程分为基础课和限定选修课。高中包括必修课、限定选修课和自选课。

20 世纪 70 年代中期以前，法国中学阶段采用传统的分科型课程结构，即历史、地理、经济、公民等分科设置。20 世纪 70 年代中期，即 1975 年 7 月，法国推行"哈比改革"，废除固定的分科制，加强综合课程的教学。初中阶段将历史、地理、公民等社会学科合并，设置综合型"人文社会科"课程，以保持与小学阶段"启蒙教育课"的一贯性，促进学生运用所学的知识，在实践中增强观察、联系、情报分析等能力。同时，用主题式课程来取代以往的以年代为顺序的历史课程。构成课程内容的主题包括：农业、人类与城市、人类的生存环境、伊斯兰教、运输以及发展问题等。这些课程内容是从一个世纪向另一个世纪跳跃的，致使以往年代学的课程结构被分离了，年代界标也消失了。高中阶段虽仍然设置分科型课程。但是，由于哈比改革过分加大职业技术教育的比重，而削减普通文化知识，历史课程受到明显削弱。1985 年法国教育部公布了新的课程改革计划。这次中小学课程改革的重点是重新恢复传统的分科教学，以加强基础学科的教学。小学阶段废除综合型的"启蒙教育课"，设置分科型历史与地理、公民教育、法语等 7 门独立的课程。初中阶段取消综合型"人文社会科"课程，恢复了历史、地理、公民三门分科型课程，并增设分科型经济课程。从 1986 年秋季开学起，初中 1 至 4 年级设置历史、地理、经济课程，每周 2.5 课时。高中阶段仍然设置分科型课程，其中取消经济课程，加大历史课程比重。高中一年级至三年级，历史、地理、公民教育为必修课程，高一年级每周 4 课时；高二年级每周 4 课时（A、B、C、D 组）或 2 课时（E 组）；高三年级每周 4 课时（A、B 组）或 3 课时（C、D 组）。其内容就是强调按年代线索讲授历史，用历史和地理学的方法论研究历史、地理问题。其中要求初中学生在历史课程中应能懂得当代世界的主要方面和重大问题，掌握自 16 世纪以来的政治史、经济史和文化史，而法国史则将得到更加深入的学习等。高中的课程采取多学科接近法。历史课程面向古代文明或外国文明，还要面向艺术史或科学技术史。

1992 年 2 月，法国新拟定了《课程宪章》。该《宪章》是为制定面向 21 世纪的现代化课程大纲而进行的一种开创性的尝试。从该《宪章》可以看出法国课程改革的发展方向是：（1）继续坚持中央集权制的课程管理制度；（2）课程编订以学生为中心，要使百分之百的学生具备较高的素质；（3）将对学科体系进行大改革，实行大综合；（4）对各门课程（含历史）大纲的编写和颁发作了具体规定；（5）国家对教师、学生、家长及雇主使用教材提出更加严格的高标准的要求。

未来法国的历史与地理课程的内容将按年代与地理分布展示全部文明，重点学习现代史，并注重历史与地理两门学科的联系。

【资料链接与拓展】

对法国的课程进行对比和分析后，可以发现，法国的课程具有以下几个特点：法国中小学课程注重基本知识的传授，在内容的安排上将各个年级以及各个学科之间联系和沟通起来。划分学科级，纵向划分学习阶段。而且，法国课程改革与时俱进，课程中体现了当今科学技术发展的成果，为学生提供了现代科技生活所需的知识和技能。

———冯生尧主编：《课程改革：世界与中国》，298～299 页

五、德国历史课程的设置

德国实行文化联邦制度，其教育制度与英国不同，也与法国相异。德国实行十二年义务教育，其学校系统分为学前教育、中等教育和高等教育以及继续教育。中等教育的学校类别有：基础学校、完全中学、实科中学、国民中学。此外还有综合中学。

德国的基础学校为小学。学制有四年（6～10 岁）和六年（6～12 岁）两种。基础学校不单独设置历史课程，"历史"只是在"常识""德语""宗教""艺术"等课程中涉及。1981 年颁发的德国巴伐利亚州基础学校课程计划规定，1～4 年级设"乡土与常识"课程。1～2 年级每周 17 课时，3～4 年级每周 4 课时。

德国的完全中学亦称文科中学，学制为 9 年（5～13 年级），其主要任务是为高等学校培养人才。完全中学分为初级和高级两个阶段。初级阶段（5～10 年级）单独设置历史课程；高级阶段（11～13 年级）的必修课分为三个课程领域，其中社会科学包括历史、哲学、宗教、地理、社会综合常识和经济类。此外，还设有选修课，包括社会学、天文学等。完全中学的教学内容相当深，进入这类学校的学生要经过严格的挑选，或者进行考试，或者进行智力测验。

德国的实科中学有六年制（5～10 年级），也有四年制（7～10 年级）。这是介于完全中学和国民中学之间的一类学校，故又称"中间学校"。这类学校的主要任务是培养中级管理人员与中级技术人员。实科中学的课程设置比较全面，其中历史为必修课程，7～10 年级设置，每周 2 课时。

德国的国民中学又称初级中学或主要中学，学制为五年。那些不准备进入高等学校的学生多数升入这类学校，占小学毕业生的 50% 左右。学生毕业后再接受职业教育训练就业。国民中学不单独设置历史课程，历史与地理、政治并列为综合型"社会科学"。巴伐利亚州国民中学课程表规定，历史课程在 5～6 年级为每周 1 课时，7～9 年级为每周 2 课时。

德国的综合学校是 20 世纪 70 年代以来兴起的一种新型学校，旨在打破社会的等级观念，解决教育机会均等问题。综合学校的学制为 5～10 年级、7～10 年级、少数还有 11～13 年级的。综合学校的课程分为必修与选修两大类，历史则列在"社会科"课程中（历史、政治、地理），是必修课程，5、7、9 年级每周 4 课时，6、8、10 年级每周 2 课时。

虽然德国中等教育学校种类较多，历史课程的属性与设置状况亦有所不同，但都十分重视历史课程的教学。在德国，历史课程一般为每周 2 课时。在完全中学高年级，历史课程是必须持续学习的专业之一。近年来，在德国中学教学计划中还安排了大量跨学科的课程，与历史相关的有"州志与州历史"等。

【资料链接与拓展】

德国中小学课程的特点：（一）重视语言类特别是外语课程；（二）重视宗教课程；（三）重视发展学生的天赋；（四）特殊促进课程。德国中小学课程的发展趋势：（一）课程的宽广性增加；（二）加强有关欧洲的教育；（三）完善双语教学系统；（四）加强作为思想方向的价值观教育；（五）采用水平测试，强化课程质量管理；（六）把信息与通信技术教育渗透进各门课程。

——冯生尧主编：《课程改革：世界与中国》，264～268 页

六、日本历史课程的设置

第二次世界大战结束后，日本仿效美国的教育制度和课程制度改革教育，于 1947 年 3 月制定了《教育基本法》，编订了中小学的学习指导要领，

确定了国家统一的课程标准，并从美国引进了新课程——社会科。

这以后，日本又于 1951、1958、1968、1977 年先后进行了四次课程改革。其中，1951 年的改革，在初中课程中将"日本史"纳入了"社会科"；1977 年日本全面修订"学习指导要领"，初中社会科包括历史、地理、公民，其中历史课程的内容采用本国史与世界史合编的方式，从人类的起源直至战后的日本与世界。高中社会学科设置日本史和世界史两门相对独立的课程。日本历史课程内容的安排，呈明显的循环式排列。

1989 年，日本文部省发布了新的"学习指导要领"和课程计划，并于 1992 年开始实施。初中一二年级"社会"科为必修学科，为 104 课时；三年级"社会"科为选修学科，为 70～105 课时。日本初中"社会"科目标重视开拓学生视野，关注学生地理、历史、公民方面的基础教养。高中课程改革的重点是实现多样化、弹性化的高中课程设置，增加可供学生选修的科目，而且必修课也可以由学生选择，成为"选择必修科"。在新的"学习指导要领"和课程计划中"社会"科被"公民"与"史地"科所取代，其中"史地"科包括 6 个科目，学生必须选修世界史 A 或世界史 B 中的一门，其余四个科目（日本史 A、B，地理 A、B）中的一门。在这个课程计划中，历史课程的比重大大增加，"史地"科共 18 学分，历史占了 12 学分，史地学分数为 2∶1。高中"史地"科设置的目的，一是加深对国际间情况的了解，培养尊重日本文化传统的态度。为此，要重视培养学生相对地看待日本和世界其他国家各时代、各地区的风土文化及人们的生活方式和思想方法。二是重视学生的身心发展和各科目的专业性、系统性，加深对日本及世界形成的历史过程、各地区特色的理解和认识。

1998 年 11 月，日本再一次颁布"学习的指导要领"，这标志着新一轮课程改革的开始。此次课程改革集十几年来课程改革之大成，采取了一些重大的改革措施，其中包括：

1. 增设"综合学习时间"。初中 1～3 年级共 210～335 课时，平均每周 2～3 课时，占总课时的 9.3%。综合学习内容主要包括国际理解、信息、环境、社会福利、健康教育等。这一改革使中小学原有课程结构的"三板块"（学科、道德、特别活动）变成了"四板块"（学科、道德、特别活动、综合学习）。

2. 削减课时，调整课时比例。初中"社会"科由 1～2 年级每学年 140 课时调整为 105 课时。3 年级由 75～105 课时调整为 85 课时。总课时数由 365.5 课时调整为 290 课时。

3. 改革社会、地理、历史及公民课、生活科的课程内容。初中"社会"科历史课主要从培养学生观察现代社会能力的观点出发，有目的地选学，通史不作为主要学习内容；高中以学习新设的与地理和历史有关的科目为主。

【资料链接与拓展】

在 20 世纪 80 年代中期的临时教育审议会以后，作为面向 21 世纪的中小学课程改革，其主要任务在于克服日本教育偏重学历、过度的考试竞争、青少年心理健康、学校教育的划一化和僵化等一系列问题，使教育朝着个性化、自由化、国际化的方向前进。由此，日本于 90 年代初对学习指导要领进行了修订，在小学低年级以综合性更强、更重视体验学习的"生活课"代替"社会科"；在初中和高中阶段扩大了选修课的范围和比重等。……根据日本教育课程审议会的文件，此次（21 世纪初）课程改革的总目标在于：1. 培养学生具有丰富的人性和社会性，具有自立于国际社会的日本人的意识。2. 培养学生的学习能力和独立思考的能力。3. 通过开展宽松的教育活动，切实加强基础，充实发展个性的教育。4. 使各个学校能够发挥主动性、创出有特色的教育。

——冯生尧主编：《课程改革：世界与中国》，184～185 页

七、几点启示

从上述国家基础教育历史课程设置的状况可以看出，在现代基础教育课程建设过程中，历史课程的建设始终是各国关注的一个重要内容。受历史本身特点所决定，历史课程既具有课程的一般性质，又带有明显的自身特征。因而，在当代基础教育历史课程的改革与建设过程中，需要各国之间加强联系与交流，特别是我国，通过对各国历史课程建设中的经验和教训的深入了解，以为我们当前的基础教育历史课程改革与建设开通借鉴之路。

启示一：由于各国走过的发展道路不同，因此，所留下的历史印迹风格各异，这对一个国家历史课程结构和内容体系的设计、编订和设置会产生重大影响和制约。这种影响和制约是客观的，在编订和设计历史课程时，要善于根据自己国家实际状况从积极的方面面对和运用这种影响和制约。

启示二：由于种种复杂因素的制约，到目前为止，没有一种十全十美的历史课程，在设计和编订具体课程时，要坚持开放性、多样化的原则，因时制宜，扬长避短，善于创新，积极推动历史课程的发展与进步。

启示三：受历史和历史学科的特点所决定，历史教育必然与一个国家的社会政治、意识形态、价值取向等有着密不可分的联系。历史课程的设计和设置，既要适应和服从国情的需要，又要遵循历史客观规律，充分体现科学精神。

启示四：由于现代课程理论的进步与发展，历史课程的设计和编订也会随之发生变化，日益趋于科学合理。然而，这是一个相当长的过程，需要我们在实践中不断探索和总结，并在此基础上，逐步建立、完善和丰富历史课程的理论。

第四节　历史课程标准解读

一、历史课程标准的意义

中学历史课程标准是中学历史课程编订的结果之一，是运行中学历史课程的准则和规范。在不同国家的不同教学体制中，其作用是不同的。在一些教学体制中，历史课程标准是以国家的名义编制、颁行的，具有明显的权威性，严格规定和制约着教师和学生的双边活动；而在另一些教学体制中，历史课程标准是由地方教育机构自行制定的，只是一个对一定地区带有一般指导性的文件。因此，有的国家课程标准制定的非常详细、内容繁多；有的国家课程标准制定的很简略，仅为内容概括。

【资料链接与拓展】

课程标准是对各类各科课程进行具体设计的课程文件。它以课程计划为依据，主要阐述或规定各类各科课程的性质与作用、学习目标、课程内容在各年级的安排、课时分配、学习内容的要点和基本的学习要求、教学建议（教学原则与方法或教学中应该注意的问题）、教材编写与选用、教学设备与设施、学业评价，是教材编写、学校教学、教学评价的依据。

——廖哲勋、田慧生主编：《课程新论》，282 页

在我国现行的基础教育实践中，中学历史课程标准是对中学历史课程的具体说明，是中学课程计划中对历史课程总要求的具体落实。因此，它带有明显的权威性，是一个规范、指导全国中学历史教育工作的重要文件。它的主要作用可以从 3 个方面充分体现出来。一是指导历史课程内容的编订工作；

二是指导课程实施过程中教与学的工作；三是指导历史教学的评价工作。

二、从历史教学大纲到历史课程标准的转变

从中华人民共和国成立到 20 世纪 90 年代初，我国一直使用"中学历史教学大纲"的名称，这是因为，我国运行的是以教学为核心的基础教育体系。在这段时期里，中学历史教学大纲由国家教育部门统一组织制定，并以教育部名义颁行全国。

新中国成立后，我国的第一个中学历史教学大纲诞生于 1956 年。1956年的中学历史教学大纲，是由《初级中学中国历史教学大纲》（草案）《初级中学世界历史教学大纲》（草案）《高级中学中国历史教学大纲》（草案）《高级中学中国历史教学大纲》（草案）（近代史部分）《高级中学世界近现代史教学大纲》（草案）5 个分大纲组成的。这套大纲的制定，对于新中国的历史教学工作来说，有着非常重要的指导意义，特别是《初级中学中国历史教学大纲》（草案）说明部分的一些内容，是经过了中央历史问题委员会审查同意的。这套大纲的颁行，不仅对当时中学历史教科书的编写直接起了重要的指导作用，极大地推动了历史教学工作的正常开展，而且为以后历套历史教学大纲的编订积累了必要的经验。50 年代末 60 年代初，随着我国教育形势的迅速发展，中学历史教学工作也不断发生着变化。为了适应这种变化，1963 年，中华人民共和国教育部颁布了第二个历史教学大纲——《全日制中学历史教学大纲》（草案）。这个大纲与第一个大纲在形式上的不同之处，是不再采用分纲分册的方式，而是将各年级大纲合成一册出版。与 1956 年大纲相比较，这个大纲的观点更为明确，表述更为简明扼要。但由于受到当时我国越来越不正常的政治生活影响，这个大纲在实践中未能坚持下去。"文化大革命"结束后，1978 年教育部制定了我国第三个历史教学大纲——《全日制十年制学校中学历史教学大纲》（试行草案）。这个大纲在当时的历史条件下，为中学历史教学的恢复和发展作出了重要的贡献。1986 年和 1990 年，根据教育发展的需要，我国对 1978 年大纲又进行了两次较大幅度的修订和修改，为推动这一时期我国中学历史基础教育的发展与进步，产生了不可替代的作用。90 年代初，为了适应我国全面实施义务教育的需要，中学历史教学大纲的制定也发生了重大变化，义务教育初中阶段的历史教学，除了大部分地区使用教育部（国家教委）颁布的统一大纲外，上海、浙江分别编订了供本地区使用的中学历史课程标准和社会课程标准。

20 世纪末，随着新世纪的临近，我国基础教育拉开了新一轮课程改革的序幕。教育部开始着手规划面向 21 世纪的国家基础教育课程，其中包括组织制定基础教育阶段的各科课程标准。2001 年 7 月，全日制义务教育课程标准（实验稿）颁行，2003 年 4 月，普通高中课程标准（实验）颁行。这样，在这一轮改革中，由于基础教育体系由以教学为核心转变为以课程为核心，新课程不再沿用教学大纲的名称，而统一改用课程标准，其中包括《全日制义务教育历史课程标准》（实验稿）和《普通高中历史课程标准》（实验）。

三、历史课程标准的基本内容

由于不同国家和地区的中学历史课程标准的性质、作用有所不同，其内容结构也有差别。我国历史课程标准的内容主要包括以下几个部分：

（一）前言

义务教育历史课程标准和普通高中历史课程标准的前言部分，分别阐释了 3 个方面的内容：一是"课程性质"。义务教育历史课程"是义务教育阶段的一门必修课"；普通高中历史课程"是用历史唯物主义观点阐释人类历史发展进程和规律，进一步培养和提高学生历史意识、文化素质和人文素养，促进学生全面发展的一门基础课程"。通过"课程性质"，明确规定了义务教育历史课程和普通高中历史课程在各自阶段课程体系中的地位，并对这门课程的作用作出了具体阐述。二是"课程的基本理念"。两个历史课程标准分别对历史课程的特点、作用和运行作出了宏观说明和要求。三是"课程设计思路"。两个历史课程标准分别具体设计了各自阶段历史课程的内容编排和时间安排框架。

（二）课程目标

依据九年义务教育课程和普通高中课程总目标的统一要求和目标结构的统一划分，九年义务教育历史课程和普通高中历史课程目标为："知识与能力""过程与方法""情感态度价值观"，分别规定了义务教育历史课程和普通高中历史课程对知识和能力方面的具体要求。义务教育历史课程的"知识与能力"目标要求达到：掌握基本知识；学习历史学习的基本方法和技能；初步形成历史能力。普通高中历史课程的"知识与能力"目标要求达到：在义务教育的基础上，进一步扩大和加深对历史知识的掌握；进一步掌握历史学习的方法和技能；提升历史能力。义务教育历史课程的"过程与方法"目标要求达到：通过历史学习，逐步认识并经历从感知到积累、从积累到理解的历史学习过程；运用探究式学习方式学习历史。普通高中历史课程的"过程与方法"目标要求达到：进一步认识和体验从感知到积累、从积累到理解的历史学习过程；掌握认识历史的各种基本方法。义务教育历史课程的"情感态度价值观"目标要求达到：了解国情、形成对国家历史与文化的认同感、初步树立对国家、民族的历史责任感和使命感，明确提出了人生理想、健全人格、审美情趣、人生态度、意志品质、科学态度、民主与法制意识、国际意识等方面的要求。普通高中历史课程"情感态度价值观"目标要求达到：进一步了解国情、形成对国家历史与文化的认同感、初步树立对国家、民族的历史责任感和使命感，进一步提出了人生理想、健全人格、审美情趣、人生态度、意志品质、科学态度、民主与法制意识、国际意识等方面的具体要求。

（三）内容标准

　　义务教育历史课程标准的内容标准由中国古代史、中国近代史、中国现代史、世界古代史、世界近代史、世界现代史 6 个学习板块组成。内容标准从基本线索、具体目标和基本学习要求、主题内容要点、教学活动建议 4 个方面，分别阐述了对 6 个学习板块的具体要求。

　　普通高中历史课程标准的内容标准由必修课和选修课组成。必修课分为历史（Ⅰ）、历史（Ⅱ）、历史（Ⅲ）3 个学习模块，分别反映人类社会政治和制度、经济和生活、思想文化和科技领域的重要历史内容；选修课分为历史上重大改革回眸、近代社会的民主思想与实践、20 世纪的战争与和平、中外历史人物评说、探索历史的奥秘、世界文化遗产荟萃 6 个学习模块。内容标准从主题内容要点、教学活动建议两个方面，分别阐述了对 3 个必修模块和 6 个选修板块的具体要求。

（四）实施建议

　　义务教育历史课程标准的"实施建议"主要包括：教材编写建议、教学建议、评价建议和课程资源的开发与利用。

　　普通高中历史课程标准的"实施建议"主要包括：教学建议、评价建议、教科书编写建议和课程资源的开发与利用建议。

四、历史课程标准的使用

在我国，历史课程标准是体现国家对基础教育历史课程要求的重要文本，是历史教师实施课程、从事教学的必读文件之一。在学习和掌握历史课程标准时，需要注意以下几点：

（一）完整、准确地理解和把握标准中体现的教育观念与思路

历史课程标准既然是国家颁布的编订中学历史课程的重要文件，其中必然充分体现教育的观念和思路。教师在学习和领悟时，一定要全面而准确，不可片面而缺失。如，义务教育历史课程凸显普及性、基础性和发展性。普及性是指义务教育历史课程是全体学生必修的一门课程，课程的编订必须面向全体学生，而不能只为部分学生服务；基础性是指义务教育历史课程是为提高国民素质设置的一门课程，既不同于高中历史课程，亦不同于大学历史课程；发展性是指义务教育历史课程在坚持面向全体学生的同时，还要尊重学生个体需求，适度考虑学生个性的发展。三个方面的要求既相对独立、又密切相连，融为一体。教师必须全面领会，不可有偏失。再如，义务教育历史课程强调学生学习方式的转变，同时也强调教师教学方式的转变，教师要深刻领会其含义，使教师的教学方式既能适应、又能引领学生学习方式的不断改进，从而提高学生学习的质量。

（二）深入研究并把握"内容标准"对内容的安排与要求

《全日制义务教育历史课程标准》（实验稿）和《普通高中历史课程标准》（实验）分别对课程内容的体系、结构和内容学习要求作出了较大改动。在课程的体系、结构上，义务教育历史课程采用了主题式通史的呈现方式；普通高中历史课程则采用了专题史体例。这样的变动不仅给学生的学习带来挑战，也给教师的教带来一定的难度，师生都会产生不同程度的不适感，而这些往往容易引起人们的关注。但是，课程内容的变化又是课程观念和课程编订指导思想变化的直接反映，因此教师应当首先研究如何理解、认识，适应、贯彻这种变化，以达到课程编订的目标和要求。在内容学习要求上，《全日制义务教育历史课程标准》（实验稿，以下简称《标准》）提出了三个层次的要求：

第一层次为记识层次……《标准》在陈述中使用了"列举""知

道""了解""说出""讲述""简述""复述"等行为动词。

第二层次为理解层次……《标准》在陈述中使用了"概述"、"理解"、"说明"、"阐明"、"归纳"等行为动词。

第三层次为运用层次,《标准》在陈述中使用了"分析"、"评价"、"比较"、"探讨"、"讨论"等行为动词。①

《普通高中历史课程标准》(实验)的内容学习要求大致相同。

这就需要教师认真研读,深入领会,以便在教学过程中处理好内容的主次与轻重。

(三)　在深入研读、领会课程标准的过程中,教师还有责任去发现问题

可以说,到目前为止,横观世界各国的历史课程建设,还没有出现一种十全十美的历史课程编订,我国的全日制义务教育历史课程和普通高中历史课程也都处于实验阶段。因此,其不完善和带有缺陷是不可避免的。教师在研读、学习课程标准和课程实施的教学过程中,除了领悟、落实,还需要主动发现问题。然后,一是在教学中加以弥补,二是为课程和课程标准的修订提供材料和建议。

综上所述,历史课程标准是具体指导历史课程实施的重要文本,历史教师在教学过程中需要认真地学习、领会并加以贯彻、落实。

思考与练习

1. 谈一谈你对课程概念的理解。
2. 新中国成立后,历史课的发展演变带给了我们什么启示?
3. 你怎样看待不同背景下各国历史课程的设置?
4. 具体谈一谈你对我国历史课程标准基本特点的认识。

---

① 《全日制义务教育历史课程标准解读(实验稿)》,17 页,北京师范大学出版社,2002。

第三章
中学历史课程资源

　　历史课程资源是实现课程目标的全部因素和课程内容的来源，它是实现课程编订、实施课程的重要基础和条件。历史教材是历史课程资源的重要组成部分，它由各种具体的历史教学用书组成。其中，历史教科书是学生学习历史新知识的主要用书，在历史教材体系中，居于核心的位置。历史教科书与其他历史书籍相比，具有一些显著的特点，对其编写也有一些特殊的要求。所以，编写历史教科书是一项复杂而艰巨的工作。历史课程资源的开发与利用是一项复杂的系统工作，它直接关系到历史课程运行的结果。本章将围绕相关问题展开研讨。

第一节　历史课程资源概说

一、什么是历史课程资源

历史课程资源是课程资源的重要组成部分。要了解和说明历史课程资源，就要从课程资源谈起。

课程资源的原意是指构成课程资料的来源。作为课程资料，课程资源从其本质上说，可分为天然的和再生的。因而，由于种种原因，在教育研究和实践过程中，人们可以从不同的角度、根据不同的需求对课程资源来加以认识，因此，目前学术界还没有形成关于课程资源的统一界定，不同的认识和见解有许多，归纳起来有广义说和狭义说。简约地说，广义的课程资源是指有利于实现课程目标的全部因素；狭义的课程资源是指课程内容的直接来源。一般来说，广义的课程资源包含着狭义的课程资源。之所以能形成关于课程资源的这两种认识，主要是由课程实践的两个主要内容所导致的。一方面，课程实践是指课程的编订。依据教育目标编订课程是教育实施的关键步骤，它实际上是编制教育实施的具体运行方案。课程编订是一项复杂的工程，需要依据来自各方面的各种相关材料，这些材料一旦为课程编订所用就成为了课程资源。另一方面，课程实践又是指课程的实施，即课程的教学。课程的教学是教育的实际运作，编订好的课程能否顺利运行，需要使用有利于实现课程要求的各种材料，这些材料一旦为课程教学所用，也就成了课程资源。

【资料链接与拓展】

长期以来，由于课程设计上的封闭性，教师缺少课程资源的合法决策权力，因而也就缺少相应的能力，教师和学生的生活、经验、问题、困惑、理解、智慧、意愿、情感、态度、价值观等丰富的素材性课程资源通通被排斥在教学过程之外，原本十分丰富的教学过程缩减成为单一的传授书本知识和解题技能的过程，一种狭义的"双基"成为教和学的客观对象与目标，教师、学生在课程和教学中的积极性、主动性和创造性被束缚了，在教学互动中动态生成的课程资源被忽视甚至被压制了。

——钟启泉等主编：《普通高中新课程方案导读》，262页，上海，华东师范大学出版社，2003

　　课程资源概念的出现，是一个重要的标志。它表明课程的教学将发生重大的变化。第一，教学目标需要从相对狭窄转向相对开阔；第二，教学内容需要从相对单一转向相对多样；第三，教学方式需要从相对刻板转向相对灵活；第四，教学环境需要从相对封闭转向相对开放。

　　依上所述，历史课程资源是指构成历史课程资料的来源，即有利于实现课程目标的全部因素和课程内容的来源，它是实现课程编订、实施课程的基础和前提条件。但是，由历史和历史学的特点所决定，历史课程资源本身又带有明显的特殊性。作为历史学研究对象的历史，具有不同于许多科学研究对象的特点，即"一度性"。这一特点决定了在历史研究的过程中，研究者始终不能直面研究的对象。因此，概括地说，历史学的研究是一个通过搜集、整理、辨析历史遗留下来的痕迹从而达到认识历史的过程。作为史学资源的史料，大都具有两重性，即天然性和再生性。这是由史学资源本身具有天然性和再生性所决定的。例如，作为史料重要组成部分的文献资料，其来源之一是历史本身，但是，其记述者和记述过程已经不可避免地进行了加工，因此又具有再生来源的特质。史学资源的其他组成部分，如，史迹遗存、口传资源等无不具有天然性和再生性，只不过程度不同而已。史学工作者依据这样的资源展开研究，其研究成果也就同时具有了客观和主观的两重性质，这是认识和使用历史课程资源时必须把握的问题。

【资料链接与拓展】

　　人们的历史认识永远不可能达到永恒真理、绝对真理，这首先决定于人自身认识能力的有限性与认识的主观性。这种认识能力的有限性与认识的主观性，可以说，贯穿了历史研究工作的始终。……人们的历史认识永远不可能达到永恒真理、绝对真理，还与历史资料所固有的残缺性、不完善性直接有关。……人们的历史认识永远不可能达到永恒真理、绝对真理，更取决于历史实际自身的未完成性。……在历史认识的真理性问题上，必须毫不迟疑、毫不动摇地克服两种倾向：一是以为可以在这里一劳永逸地猎取最后的、终极的、根本不变的永恒真理；二是以为在这里只能无所作为，走向取消主义。

　　　　——姜义华、瞿林东、赵吉惠著：《史学导论》，101、102、107页

二、历史课程资源的分类

历史课程资源的种类有许多，由于其源头众多、人们又可以从不同角度认识，因而对其如何进行分类，还是一个有一定难度、有待深入研讨的问题。目前人们通常采用以下的分类：

（一）根据性质划分历史课程资源

人类经历了漫长的发展进程。有史家说"历史这样东西，是人类生活的行程，是人类生活的延续，是人类生活的传演，是有生命的东西，是活的东西"[1]。在这一自然的发展进程中，这样丰富的历史内容本身就构成了天然的历史课程资源。同时，人类在承继历史发展的自然结果时，还利用在不同发展阶段可以得到的各种工具、手段和方式，想方设法保留其中最优秀的成果，以为传承和延续。如，史家撰写的历史书籍、历史图片、历史博物馆、展览馆、档案馆等。这些内容就构成了同样丰厚的再生历史课程资源。但是，如前所述，在天然历史课程资源和再生历史课程资源之间没有一条明显的界限，很多情况下，二者相互关联、相互融通。

（二）根据空间分布划分历史课程资源

从这样的角度分类，历史课程资源又可划分为校内课程资源和校外课程资源。校内历史课程资源主要包括学校内的各种可以满足历史课程需求的场所、设施、人力和活动。如，学校图书馆、历史教室、计算机教室、历史教师、历史展览、历史讲座，等等。校外历史课程资源主要包括家庭、社区、社会各种可以满足历史课程需求的场所、设施、人力和活动，如博物馆、图书馆、档案馆、历史学家、历史亲历者、历史参观、考察和历史访问、历史模拟，等等。

（三）根据呈现方式划分历史课程资源

按照这一标准可以将历史课程资源划分为文字资源、实物资源、活动资源、信息化资源等。历史文字资源主要包括历史文献、历史教材、各类历史书籍等；历史实物资源主要包括：历史实物、历史遗迹和历史模型、

---

[1]　马卫东主编：《历史学理论与方法》，3页，北京，北京师范大学出版社，2009。

各类历史图片、历史音频、视频资料等自然物质和后天制作的物品；历史活动资源主要包括历史参观和考察、历史访问、历史模拟等；历史信息化资源主要包括以计算机网络形式为载体存在的历史信息。如，利用互联网提供的历史网站、历史资料数据库、历史档案网站等信息，制作计算机历史教学辅助软件、多媒体历史课件、开展远程历史教学等。

此外，还可以根据存在方式将历史课程资源划分为显性课程资源和隐性课程资源；根据功能特点将历史课程资源划分为素材性课程资源和条件性课程资源。

总之，历史课程资源非常丰富，种类有很多，在历史课程的教学中发挥着不同作用，是历史课程得以顺利实施并达到预期目标的可靠保证。

第二节　历史教材建设

一、历史教材的职能

历史教材是历史课程资源的重要组成部分。在中学历史教学实践中，历史教材的含义有狭义和广义之分。狭义的历史教材专指历史教科书，这是习惯上的用法。广义的历史教材是全部中学历史教学用书的总称，主要包括历史教科书、历史地图册、乡土历史教学用书、历史练习册、历史教学参考书、历史音像软件教材、历史辅助读物等。其中，历史教科书是历史教材的重要组成部分，但不是唯一部分。从广义上使用历史教材这一概念更为科学。

历史教材编订是历史课程资源建设的重要组成部分，是历史课程标准的具体化。因此，各部分历史教材都必须充分体现课程思想，同时又要适应教学的需要。

在中学历史教学中，由于历史教材是由许多部分组成的，因此，其教学职能也是多方面的。教材的不同部分，则由于其在教学中的地位、作用不同，而具有不同的教学职能。如，历史教科书是学生学习新知识的主要用书；历史练习册是学生复习、练习的主要用书；历史教学参考书则是历史教师教学的主要用书，等等，其作用相互之间是不能简单替代的。

【资料链接与拓展】

关于教材职能的主要观点：第一种看法：教材是教学用书，应当具有反映教学需要的多种职能。一是，为学生学习新知识之用；二是，为学生提高认识能力与非认识能力之用；三是，为教师教学所用；四是，为教学管理与评价所用，等等。第二种看法：一本教材只能具有一种职能，教材的体系才具有多种职能。比较上述两种看法，我们看到中小学教材应属第二种看法的教材，主要是课本，其次是各种教学用书、材料。大专院校教材可以是第一种看法的教材，可以具有多种职能。

——毕恩材、王克强著：《课程问题论》，251～252 页，沈阳，辽宁教育出版社，1992

二、历史教科书概说

历史教科书即人们通常所说的历史课本。在中学历史教学中，历史教科书是历史教材的核心组成部分，它是学生学习历史新知识的重要依据之一。

(一) 中学历史教科书的性质及其在教学中的地位和作用

从广义上说，中学历史教科书属于历史书籍的范畴，但是又与各种历史书籍有很大的区别。历史书籍包括历史专著和历史普及读物。历史专著有许多种类，但大凡历史专著都具有很强的学术性，是历史学家、史学工作者对历史研究成果的一种表现形式，其目的和作用，在于总结并深化人类对客观历史的认识。历史普及读物也有许多种，它们是史学家、史学工作者将抽象的历史研究成果转化为对客观历史具体描述的重要形式，其目的和作用，是让大众了解必要的历史常识。中学历史教科书不属于历史专著而属于历史普及读物。但它又不同于一般历史普及读物，而是中学历史教育的专门用书。与一般历史普及读物相比较，中学历史教科书具有统一的目的性和很强的组织性、计划性、系统性。在教学中，它是依据历史课程标准编写的。具体来说，它根据课程标准的"内容标准"，设计出了历史基础知识的结构框架；对历史基础知识的深度和广度作出了安排。因此，它是学生所学历史基础知识的重要参考和标准。

【资料链接与拓展】

学校历史教科书不是普通的历史读物，也不是历史学著作，而是实现教学过程进而达到教学目的的特殊脚本，教师依据这个脚本开展教学活动，实现创造性的劳动，学生凭借这个脚本获得知识和能力，陶冶意识和情操。

——白月桥著：《历史教学问题探讨》，149 页

（二）中学历史教科书的体裁和结构

体裁，是编写一部史书所采用的具体表述形式，它要受史书编著目的的制约，为完成著书任务服务。在我国历史上，史学著述十分发达，史书的体裁因此而不断发展，且十分丰富。编年体、纪传体、典制体和纪事本末体四大史书体裁，曾长期被广泛采用。近代以来，我国的史书体裁又有了长足的发展，出现了章节体这一重要的史书体裁，并被人们在史学著述中广泛运用。在中学历史教学中，历史教科书采用何种体裁，是人们历来关心并不断深入研究的问题。长期以来，国内外的中学历史教科书大都采用章节体编写，但为了适应教学的需要，有些版本的教科书又有所改进。进入 21 世纪以后，我国基础教育课程改革实验中历史课程所使用的教科书，大都采用了"单元－课"的体裁。为了进一步了解历史教科书体裁的变化和发展，下面分别录出初中《中国历史》第一册（青岛出版社版）、《历史》七年级上（北京师范大学出版社版）和《历史》七年级上（北京出版社、北师大出版社版）的目录内容：

《中国历史》第一册：

目 录

＊阅读材料 孙庞斗智

第三节　文学和艺术

第四章　秦的统一和两汉的兴衰

第一节　统一的秦王朝的建立

第二节　陈胜吴广起义和秦朝的灭亡

第三节　西汉王朝的巩固和强盛

＊阅读材料 萧何为汉追韩信

第四节　东汉的兴衰

第五节　两汉时期社会经济的发展

第六节　秦、汉王朝与匈奴的关系

第七节　两汉经营西域和文化交流

第五章　秦汉时期的文化

第一节　科学技术

第二节　宗教、哲学、史学和文学、艺术

＊阅读材料 张衡十年成一赋

第六章　动荡的三国两晋南北朝

第一节　三国鼎立

＊阅读材料 诸葛亮挥泪斩马谡

第二节　西晋和东晋

第三节 对峙的南朝和北朝

＊阅读材料 孝文帝以理劝拓跋澄

第七章　三国两晋南北朝时期的文化

第一节　科学技术

第二节　宗教和哲学、文学和艺术

＊阅读材料 王羲之书成换白鹅

中国历史大事年表（远古──魏晋南北朝）

《历史》七年级上：

目　录

第一单元　中华文明的起源

第 1 课　中华大地的远古人类

第 2 课　星罗棋布的氏族部落

第 3 课　传说时代的文明曙光

《历史》第 1 册：

目　录

第一单元　先秦历史的演进

从以上情况大致可以看出，我国的中学历史教科书无论是直接采用章节的形式，还是采用变通的课题形式，虽然都程度不同地对章节体裁加以调整，但就其主体来说仍属于章节体裁。这是因为中学历史教科书是学生学习新知识的主要参考用书，其目的、任务是为了使学生比较全面、系统地掌握基础历史知识，初步了解人类社会的基本发展线索和脉络。而章节体这一体裁，能够"把历史的阶段性发展和历史现象的主次表达出来"，[①]便于充分地体现人类历史发展的层次、线索，揭示众多历史事件、历史现象之间的复杂因果关系，全面地反映政治、经济、文化、民族关系等诸方面历史内容，因此，是目前国内外编写中学历史教科书的重要体裁。但是，

---

① 　白寿彝主编：《中国通史》第一卷，318 页，上海，上海人民出版社，1989。

章节体裁亦有很大局限，"在这种体裁中，典章制度、学术文化和人物事迹的论述都不易得到充分的展开"。① 所以，关于中学历史教科书的体裁问题，仍需要从历史教育、教学理论和实践两个方面进行深入的研究和探索。

【资料链接与拓展】

　　历史教材是一种什么体裁或体例呢？我们认为就可以径直称之为"历史教科书体"。历史教材的体裁是由其自身的特点、功能所决定的，由它自身的教育功能、教学特点和读者对象所规定的一种特殊的编写体裁。就如同我们决不能把目前通行的中小学语文课本称为什么"文选体"、"文学史体"或"语法体"一样，历史教科书也不能用史学体系中所习用的名称来界定。

　　——臧嵘：《历史教材纵横谈》，76页，北京，人民教育出版社，1999

　　为了适应中学教学的需要，历史教科书的内部结构也日趋丰富，多姿多彩。现行各套历史教科书一般包括目录、正文（章或课的提要、大小字部分）、注释、插图（彩色或黑白的历史图片、历史地图）、图表、思考题、练习题等。如，"人教版"九年义务教育初中历史教科书《中国历史》第一册，有彩色插图36幅，黑白图画240余幅，引用资料文36条，文中思考题53道。再如，"北师大版"九年义务教育初中历史教科书《中国历史》第一册，有彩色插图19幅，黑白插图91幅，引用资料文25条，阅读材料8篇。其他版本的九年义务教育历史教科书，除正文外，插图等部分的内容也都有较大篇幅的增加。

（三）中学历史教科书的主要编写原则

　　中学历史教科书不同于其他历史书籍，它是中学生在校时的学习用书。因此，其编写原则具有明显的特点。

　　第一，注重历史感。一般来说，历史感是指人们在观察和认识历史时，既不能脱离历史，也不要割断历史，而是要把问题放到一定的历史范围之内，从当时的历史环境去考察和认识。同时，还包括历史的真实性。历史感也是历史教学中经常遇到并需要处理的一个复杂问题。一部历史教科书，制约其质量与水平高低的因素有许多，但首先是历史感的问题。作为一部

---

① 白寿彝主编：《中国通史》第一卷，317页。

历史教科书要具有浓重的历史感，其核心就是一定要坚持言之有据，用史实说话。如前所述，中学历史教科书不同于其他历史专著，其主要内容是人类对客观历史已形成的认识，即史学的研究成果。但教科书在具体反映这些内容和成果时，又不能简单地采用各种形式照搬，使用抽象的公式化的文字进行概括，而是要通过运用各种史料对这些成果进行"复原"，以增强教科书内容的历史感。这种"复原"的工作应主要包括对教科书的基本内容根据各种史料反映、记载的史实加以具体叙述；适当选用各种原始材料，如历史文献记载、考古材料、历史遗物和遗址材料等；对各种历史问题作出的结论要全面，实事求是，不能任意拔高或贬低。

第二，增强时代感。时代感主要包括时代性和国情，时代发展的潮流和趋势与为现实服务三个方面。如何体现时代感是当前历史教学面临的第二个复杂问题。在中学历史教科书中要充分体现上述精神，必须做到以下三点，一是实事求是地反映历史面貌。从时间上看，历史与现实虽然属于两个范畴，但是它们两者之间联系紧密，没有不可逾越的鸿沟。正如马克思所说："历史不外是各个时代的依次交替。每一代都利用以前各代遗留下来的材料、资金和生产力；由于这个缘故，每一代一方面在完全改变了的条件下继续从事先辈的活动；另一方面，又通过完全改变了的活动来改变旧的条件。"因此，历史感和时代感不仅联系密切，而且相互依存，如实地反映历史本身状况，正是时代性和国情的最好体现。二是教科书要反映历史的不同时期，人类为了更好地发展不断探索的具体内容，以有助于培养学生的探索创新意识、知难而进的坚强意志和全面思考社会问题的能力。三是历史教科书要从历史发展的角度入手，实事求是地对各种历史问题作出科学的评价和结论，以有利于学生学会从立足与现实、着眼于未来的高度，总结历史的经验和教训。

第三，充分体现科学精神。中学历史教科书的编写要充分体现科学精神，首先是要充分吸收、利用史学研究中不断产生的新成果。随着历史研究的科学化进程逐渐加快，当代史学的新研究成果不断涌现。这些新成果主要包括三个方面的内容：一是人们的历史观念在不断更新，在此基础上，人们对整体历史的认识不断深入，更加科学。二是对各种具体历史问题的研究屡有突破，硕果累累。三是考古学、古人类学的成绩卓著，为解开许多历史之谜提供了有力的证据。在历史学阔步前进的今天，为了使中学历史教育的功能更充分地发挥出来，历史教科书必须要跟上史学发展的步伐，其内容需要及时吸收适合教学目的、更接近科学真理的新研究成果，只有这样，才能适应社会发展不断对历史教育提出的各种需求。其次是历史教科书的编写要实现科学化、体现科学精神。历史教科书不同于各类历史普及读物，它是学生学习历史的主要用书。因此，从其体系、体裁到内容选材，从结构形式到文字叙述，都需要精心设计，以既符合历史科学的要求和规范，又适合教育、教学及学生全面发展的需要。

第四，加强可读性。中学历史教科书既然是学生用书，首先要让学生爱看、爱读。只有做到了这一点，教科书的其他功能才能发挥出来。一部历史教科书要编写的让学生爱看、爱读，首先是选材得当。这里所说的选材得当主要是指，所选的材料要适合中学生的理解水平和阅读水平。如果所选的材料，阅读和理解起来困难很大，学生就不会喜欢它，甚至会疏远它。其次是内容的编排形式要丰富多彩。实践证明，这样的历史教科书符合学生的心理特点，学生愿意接受。再次是文字表述要生动、有趣。根据学生的年龄特点，中学历史教科书与一般历史著作应有所不同，要求文字不仅要严谨、简洁，更应该生动活泼。只有这样，历史教科书才能吸引学生，使学生乐于读它。

（四）中学历史教科书表述的基本要求和基本方法

中学历史教科书表述的基本要求主要包括：

1. 真实。作为历史教育的主要用书，历史教科书的表述必须真实可信。因为只有这样，历史教科书才能在教学中真正发挥出其作用来，才能真正为落实教学目标服务。如果一部历史教科书在真实性上出了问题，在教学中产生的严重后果是可想而知的。要想达到历史教科书表述的真实性，首先就要求教科书的编者不仅要有科学、严谨的态度，还要具备高尚的思想感情，在表述各种具体的历史内容时，不能掺杂个人的偏见。其次对内容的表述还要恰当，如果表述不恰当，仍达不到真实性的效果。

2. 凝练。历史书籍的繁与简问题由来已久。不同时期的史家们从各自著文的目的和心得体会出发，各有见解。但作为中学历史教科书，从其在教学中的职能、作用和具体使用的方式来看，应以简为主。而要做到这一点，不仅需要在教科书的文字上下工夫，而且在对史事的看法，对材料的取舍上也都需要付出极大的功力。

3. 生动。是指教科书的具体表述要言之有物，有感人的生活气息。这样的历史教科书让学生读起来，才能具有引人入胜的效果。这是对历史教科书表述的第三个基本要求。在历史教科书的编写中，不能把对生动的要求，简单地理解为只是大量地使用华丽辞藻和堆砌形容词。

【资料链接与拓展】

历史教科书编写方法：第一，线索清楚；第二，头绪集中；第三，重点突出；第四，叙述具体生动；第五，分量匀称；第六，语言规范化；第七，图文适当配合。（赵恒烈）中学历史教科书必须符合的四条要求：第一，确切，力求反映历史的客观实际。第二，严谨，不许妄溢文采，虚加练饰；第三，形象鲜明，如见其人，如闻其声，不要内容空虚的文章；第四，有文采，遣词造句，词汇丰富，允当得体。

——朱煜主编：《历史教材学概论》，97 页，南京，江苏人民出版社，1999

编写历史书籍常用的笔法很多，从大一些的方面说，主要有演绎法和归纳法两种。从具体一些的方面讲，有寓论于史、夹叙夹议、点评等方法。作为历史书籍的一种，中学历史教科书的表述方法与其他历史书籍有许多共性。因此，历史教科书的编写一般来说也经常使用这些方法。但在历史教科书编写实践中，这些方法往往是彼此融合，交互运用。其运用的原则是，对内容的具体表述一定要适合学生的认知特点和水平。

一是寓论于史的方法。"寓论断于叙事之中"是我国古代史书使用的一种重要表述方法。司马迁作《史记》，在书中大量使用了这种方法，不仅为后人留下了许多脍炙人口的文品，同时也留下了使用这种方法的成功范例。以至明末清初的一代名学者顾炎武在《日知录》中感叹道："寓论断于叙事之中，太史公能之。"寓论于史方法的特点是，以叙述史事为主要表现形式，而把作者的观点、看法贯穿在叙事之中，使之蕴涵而不直露，从而使读者从史实叙述中自然而然地予以领会。现行的各套历史教科书在叙述具体内容时，都大量使用了这种方法。如，人民教育出版社出版的义务教育初中《中国历史》第一册"动荡中发展的南朝"一课中，对当时士族的势力和士族的生活的描写就主要运用了寓论于史的方法：

宋孝武帝的舅舅路庆之，出身庶族。有一次，他的孙子路琼之去拜访士族王僧达。王僧达对他很冷淡，讥讽地问道："昔日我家养马的仆人路庆之，是你家什么人？"路琼之刚出门，王僧达就令左右把路琼之坐过的床烧掉。路太后听说此事后大怒，跑到宋孝武帝面前哭诉。宋孝武帝无可奈何地说："琼之年少不懂事，没事何必到王家去，自讨没趣。"

那时候，士族子弟到了一定年龄，就可以直接做官。他们工作清闲，俸禄优厚，提升也很快。很多士族子弟平时不读书，考试请人代笔。他们涂脂抹粉，头戴高帽，脚登高屐，出则乘车，入则扶持。有些人身体虚弱，不但不会骑马，连走路都没气力。梁朝的建康令王复，出身士族，一见到马喷气和跳跃，就吓得要死。他对人说："这是老虎，为什么叫马呢？"

二是夹叙夹议的方法。这种方法，在现代历史书籍中经常被使用。其最明显的特点是一边叙述史实一边掺入作者的分析、议论，并将二者有机地融为一体。因此，能够更好地体现对史书撰写中史论结合的要求。如，浙江教育出版社出版的义务教育初中《社会》第三册第五章第一节"封建社会的形成和初步发展——战国、秦、汉"中，对楚汉战争经过的叙述就主要采用了夹叙夹议的方法：

灭秦以后，项羽和刘邦为争夺帝位，进行了将近四年的"楚汉战争"。起初，项羽在兵力上占优势，但他骄傲自大，不愿任用贤能，还经常纵兵烧杀掳掠，大失民心，逐渐由强变弱。刘邦却善于用人，能够接受部下的正确意见，还很注意收揽民心。他进入咸阳后，和关中百姓约法三章，规定"杀人者死，伤人及盗抵罪"，深得人民拥护，因此逐渐由弱变强，并取得优势。公元前202年，刘邦和大将韩信指挥40万大军，把项羽包围在垓下（今安徽灵璧县南），项羽突围至乌江（今安徽和县东北），经过激烈拼杀，最后自刎而死。

三是点评的方法。这也是我国编撰史书时经常采用的一种方法。司马迁在《史记》中的"本纪""列传"之后，都有"太史公曰"；司马光的《资治通鉴》中也有"臣光曰"。这些"太史公曰""臣光曰"的文字，就是司马迁和司马光对所述史事的认识和评论。点评的特点是在叙述史实之后，作者要用简要明了的文字，给予一定的评论，表明自己的观点和看法。这种方法也运用到了历史教科书中。如，青岛出版社出版的义务教育初中历史教科书《中国历史》第一册第六章第一节中对"焚书坑儒"内容，就是先叙述了"焚书"和"坑儒"事件的经过，然后用简要文字评论说："秦始皇用简单粗暴的'焚书坑儒'办法，强制地统一人们思想，造成十分严重的后果，使中国古代文化受到了一次空前的浩劫。"

三、历史地图册的编绘

地理环境是人类历史赖以演进发展的基本要素之一。在历史教学中，如果学生不了解有关的地理知识，不能形成关于地理环境的观念，就无法生动、深入地认识人类的过去，形成正确、完整的历史基础知识。而要做到这一点，单纯依靠教科书的文字表述和教师的语言有很大的局限性，必须借助于历史地图。因为历史地图是反映人类历史发展进程中历史事件、历史现象空间位置和地理环境的主要手段，与文字和语言表述相比，具有独特的直观性和形象性，它能与历史教科书、教师的语言密切配合，为学生提供一幅完整的历史画卷。因此，中学历史地图册是历史课程资源的重要组成部分，是中学历史教科书的主要辅助用书，亦是中学生学习新知识的重要依据和参考。

目前，我国现行的各套中学历史教科书都配有与之相适应的历史地图册。其主要内容一般包括目录、正图、图片（图画）、图表等。

随着中学历史课程资源开发与利用的力度不断加大，历史地图册也亟须在原有基础上加以创新，以适应未来历史教学的需要。如，正图的"立体化"、形象化问题，正图与导读文字的关系问题，正图与图画、图片的关系问题等，都是中学历史地图册改革过程中，需要解决和处理的问题。

四、乡土历史教学用书概说

《全日制义务教育历史课程标准》（实验稿）提出了"充分开发与利用乡土教材和社区课程资源"的要求。作为历史课程资源的重要组成部分，与历史教科书相比较，乡土史教材和民族史教材具有更大的灵活性和针对性，可与教科书的内容相互配合，相互印证，是教科书内容的重要补充。

【资料链接与拓展】

我们的周围尽是过去事物的遗迹。如果能够看到它，哪怕是局部看到它，如果能够直接接触它，感觉它，对于发展爱护历史，并且主要是爱护祖国的情感，有很大的意义。为了帮助儿童感觉过去，教师在叙述整个祖国历史时，应当在可能的地方使其中具有充分的地方史料，仿佛以插图说明似的。

——卡尔曹夫著：《小学历史教学法》，183～184 页，北京，人民教育出版社，1953

乡土史教材的编写，是一项很重要的工作。在编写过程中，除了要始终遵循现行《全日制义务教育历史课程标准》（实验稿）的要求，还需要处理好以下几点：

（一）在选材上，处理好与教科书的关系

历史教科书是中学生历史学习的主要参考用书，乡土史教材是其重要的补充。因此，无论是内容还是形式上，乡土史教材都应与教科书密切配合，而不能另搞一套，也不能喧宾夺主。

由于历史教科书是以全面反映中国历史为目的的面向全国的教学用书，而乡土史教材是以反映中国历史局部为主要目的的地区性教学用书，因此，在选材上，两者各有侧重。一般历史教科书要着眼于全国范围，注重所选材料的普遍性和典型性；乡土史教材则注重所选材料的地方性和具体性。如，到目前为止，在我国发现的原始社会文化遗址、遗迹内容非常丰富，遍及各地。但在历史教科书中，这些发现不可能一一反映出来。现行历史教科书中有关我国境内早期人类的内容，大都选用具有代表性和典型性的元谋人、北京人、山顶洞人和半坡氏族遗址、河姆渡氏族遗址、大汶口文化遗址的材料。而各地的乡土史教材则应该根据实际情况，充分选用本地区内与这些文化遗址同时代的文化遗存作为补充，这样可以大大丰富教科书的内容。此外，历史教科书和乡土史教材所选材料的详略也不相同。如，现行初中历史教科书，对圆明园的介绍非常简洁、概括。而在北京乡土史教材中，对圆明园的介绍则具体、详细，是对教科书的很好补充。

（二）在体裁上要做到灵活多样，适合教学的需要

中学乡土史教材采用何种体裁，是长期以来为人们所关注的问题。从目前已出版的乡土史教材来看，有的是采用章节体或章节体的变通课题形式，如，黑龙江省初级中学乡土教材《历史》（1987 年 8 月第 1 版）：

第一编　黑龙江古代史
第一章　黑龙江境内的原始人类
第二章　商、周至隋朝时期的黑龙江
第三章　唐朝时期的渤海王国和黑龙江各族
　　　　第一节　渤海王国的建立和黑水都督府、室韦都督府
　　　　第二节　渤海经济文化的繁荣

　　有的是采用章节体与史话体相结合的形式，如，中学乡土历史课本
《扬州历史》（1998 年）：

还有的是采用专题体形式，如，初级中学补充教材《河北乡土历史》（1982 年 1 月第 1 版）：

一、河北境内的原始人类

二、商族人在河北的活动

三、战国时期的燕、赵和中山

四、两汉时期的河北农民战争

五、隋唐时期河北繁荣的经济和文化

六、明清时期河北的经济建设和人民的反抗斗争

七、太平天国北伐军在河北的斗争

八、义和团运动在河北

九、河北革命党人积极响应辛亥革命

十、"五四"运动和中国共产党创立

十一、反抗国民党反动统治的武装暴动

十二、河北人民抗击日本帝国主义的英勇斗争

十三、解放战争时期河北军民的革命斗争

由于乡土史教材毕竟不同于历史教科书，因此，在确定其编写体裁时，可以适当灵活，以适应教学的实际需要，而不必划一。

（三）乡土史教材的编写要依据本地区的实际情况，要做到实事求是

乡土史教材的内容来源于地方历史，因此，应该忠实地反映本地区的历史"原貌"，而不能为了进行所谓的"乡土史教育"，或不顾客观史实，生拉硬套。如，将当地与传说有关的旅游景物，当成可信的历史遗址、遗迹写进乡土史教材，或不重视对史料的鉴别，违背了科学性的原则。如，将与史实有出入的材料，不加必要的考证，就轻率地运用于乡土教材之中。此外，由于历史发展的不平衡性所致，各地的乡土史材料多少不一，这也会对不同地区的乡土史教材建设产生各种影响。

（四）组织得力的编写队伍，确保乡土史教材质量

由于一部中学乡土史教材只是在一定的范围内使用，撰写人员的选择、编写队伍的组织往往不能脱离本地区。因此，能否组织起来一支高水平的乡土史教材的编写队伍，是确保乡土史教材质量的一个关键环节。从目前来看，乡土史教材的编写队伍应主要由历史教育工作者、地方史研究者、史学工作者等几方面人员组合而成。

五、历史练习册的编写

历史练习册是中学生历史学习的辅助用书之一。在学生为了更好地实现全面发展而进行的学习过程中，历史练习册是不可缺少的教材，其作用主要是全面帮助学生复习已学过的知识，从而实现巩固、提高学习效果的目的。为了达到这样的目的，编写历史练习册必须注意以下几点：

1. 与学生的历史学习活动密切配合。

2. 必须不增加学生的学习负担。

3. 具体的内容形式必须灵活多样，有利于激发学生的学习兴趣。

目前，历史练习册的建设是历史教材建设的薄弱环节。在实践中，人们往往把历史练习册等同于专为应考而编写的各种历史习题集，因而导致人们在批评历史习题集的同时，也否定了作为历史教材组成部分的历史练习册。

六、历史教学参考书

历史教学参考书是中学历史教师的主要用书,是历史教师开展教学工作时的重要依据。其主要作用有:

(一)可以帮助教师全面、深入地了解和掌握具体的教学内容

历史教科书是历史课程内容的具体化,是学生学习历史新知识的主要用书。在教学中教师要指导学生学习,仅仅依靠教科书是远远不够的。他需要在指导学生学习之前,对教科书所揭示的历史内容有深入的了解,对教学内容中的各种疑难问题有更深刻的认识。因此,历史教学参考书要为教师提供教科书编者的编写意图、基本思路;教科书有关内容的主要"背景"材料;对各种疑难问题的阐释等。

(二)可以提供各种教法建议,帮助教师恰当地制订教学方案,选择教学方法

教师掌握了教学内容,只是完成了教学准备工作的第一步。在此基础上,还需要制订具体的教学方案,选择合适的教学方法。历史教学参考书要为教师制定教学目标提供建议,具体使用教学方法(包括教学设备、手段)的建议,开展各种教学活动的建议,学生学习测量和评价的建议等。

目前我国使用的各套中学历史教学参考书,大都是将这两部分的内容合编在一起的。其主要内容结构一般包括:教学目的、教学要点、教学要求和建议、资料和注释、课本思考题和练习题答案提示、参考书目等。如,人民教育出版社出版的初中《中国历史教师教学用书》第二册,是按照该社出版的初中《中国历史》第二册教科书的课题内容编排的。第一部分是彩色图画说明,包括了课本中33幅彩色插图的具体介绍。其后的每一节内容又分为以下几个部分:

1. 教学目的。

是教学目标在一节课中的具体化,包括基础知识、思想认识和培养的能力三个方面的要求。

2. 教学要点。

是一节课的讲授提纲,可供教师设计板书提纲时参考。

3. 教学要求和建议。

是教学用书的重要部分,包括教学重点、难点的提示建议;教学内容

的分析；教法及使用教具的建议等。可以帮助教师更深入地领会、掌握教材。

4. 资料和注释。

按照课文内容的编排，针对课文中的问题提供一些必要的资料、对课文中地图、图画的解释。

5. 附一：课堂思考题答案提示。

对课文中思考题的答案线索进行必要的提示。

6. 附二：练习题答案提示。

对每一课后的练习题给予原则性的提示。

7. 附三：本课参考书目。

对与课文内容相应的参考书中的具体章节予以提示，以帮助教师备课。

七、历史音像、软件教材的编制

历史音像、软件教材，主要包括历史教学幻灯片（投影片）、历史教学录像带、历史教学电影、历史教学计算机软件等。在历史教学中，这类教材的最大优点是，可以通过对各种历史现象、历史过程的模拟，"复活"历史，"再现"各种历史场景，使抽象的历史知识生动形象化。但由于条件所限，目前历史音像、软件教材的开发工作，正处于起步阶段。虽然在教学实践中，历史教师根据教学需要自制了许多上述材料，并在教学中使用，但作为真正意义上的历史教材的出现，在我国还需要一个过程。在这类历史教材的建设过程中，需要注意以下一些问题：

1. 要符合教材的规范性。

作为教材的音像制品和软件从其体系、结构到具体内容的选择、表现形式，都需要体现教材的要求和特点，而不能带有随意性。

2. 要符合教学目的的要求。

作为教材的音像制品和软件是为教学服务的，因此必须受教学目的的制约，而不能为了简单追求形、声和动画效果，脱离具体教学目标的各项要求。

3. 符合学生历史学习心理的特点。

历史音像、软件教材不同于文字教材，也不同于其他音像、软件制品，必须要适合中学生历史学习心理的特点，其提供的由形、声和动画等形式组合成的模拟历史场景，既有利于学生形象、生动地感知具体的历史史实，又有助于学生历史思维活动的展开。

第三节　历史课程资源的开发与运用

当前，在我国基础教育的历史课程实施过程中，实现科学、合理的开发和运用课程资源，需要解决许多环节上的问题。其中最核心的问题是逐步改变"教教科书、学教科书、考教科书"的教育模式，使学生在学习中不再是手里只有一本教科书，而是始终能够面对和使用有利于学习的各种课程资源，这样才有利于学生在学习中开阔视野、展开思维、加深认识。

一、建构科学的历史课程资源观

长期以来，在我国基础教育的历史教学中，"唯教科书"的观念越演越强。伴随这种状况出现了一系列现象，如，学习的内容日渐狭窄化，学习的方式日渐僵化和枯燥，学生学习的兴趣日渐丧失，而这些现象所标志的一个日趋严重的后果，是基础教育中历史教学的衰落。在我国新一轮基础教育历史课程改革中，这种状况亟须改变。建构科学的历史课程资源观是其中一个重要环节。

【资料链接与拓展】

以前，我们普遍将课程资源物化，认为课程资源就是教科书、参考书等，这是一种很片面的认识。因为，从课程目标实现的角度看，凡是对之有利的所有因素都应该归属于课程资源，这其中包括教科书、参考书、教学场所等物质资源，也包括学科专家、教师、学生等人力资源。

——《普通高中历史课程标准（实验）解读》，267页，南京，江苏教育出版社，2003

怎样建构科学的历史课程资源观？需要从以下三个方面具体形成科学的认知：

首先，如前所述，历史的"一度性"特点决定了人们从事研究时，不能直面历史，而是需要通过"人类社会历史在发展过程中所留下来的痕迹"① 来完成。由于历史留下来的"痕迹"种类繁多，且大都具有客观和主观上的两重性，因此在运用时，需要史家通过各种方法，广泛收集各方面的历史印迹，最大限度地占有材料，然后相互印证、去伪存真、反复辨析，以从中得出不断接近历史真相的认识。在历史学习中亦是如此。学生在老师的引领下，只有通过各种课程资源最大限度地获取有关客观历史信息的相关材料，展开思维，才能最终形成合理的历史认识，从而完成历史课程的学习任务。

其次，需要改变以往我们对历史教科书的一个模糊认识。长期以来，在我们的观念中认为教历史教科书就是教历史，而学生学历史教科书就是学历史，历史考试的成绩，就成为评价教师历史教的好坏和学生历史学的好坏的重要，甚至唯一标准。其实，如上一节所述，历史教科书只是学生学习历史的一个依据，它是根据历史教学计划、历史教学大纲或历史课程标准的要求编写的，它有利于学生在历史学习中及时了解学习的内容范围、深度和广度，并直接起到学习方式和方法、展开思维的示范作用，可供学生在学习过程中参考。但是，历史教科书与客观历史之间却不能简单画等号。因此，在课程的教学中，对历史教科书的作用必须定位准确，既不能缩小，也不能夸大，特别是不能用教科书替代历史课程资源，这样才有利于历史课程资源的开发和运用。

最后，需要历史教育工作者更新课程资源观念。在以课程为核心的教育体系中，依靠单一的信息或资源无法实现课程的有效实施，历史课程更是如此。依据课程目标的要求，科学、合理地建构和运用历史课程资源体系，是课程编订和实施过程中的一个重要环节，而这不等于传统历史教学中，教师在课堂上任意补充一些教科书以外的资料。它需要教师在课程编订的要求下，合理、全面地对各种历史的信息和资源进行科学的整合。这一观念需要在历史课程编订者和历史教师中强化，只有历史教育者真正实现了观念的转变，才能在实践中有效地进行历史课程资源的开发和运用，使课程实施真正到位。

二、合理规划、整合历史课程资源

历史课程资源种类繁多，且大多与其他资源相互交叉、融合，在开发和运用时，需要进行科学的规划、合理的整合。历史课程资源的规划和整

① 白寿彝主编：《史学概论》，22 页，银川，宁夏人民出版社，1983。

合涉及许多方面，主要包括资源调查、资源分析、制订方案等。

（一）历史课程资源调查

历史课程资源调查表

课程资源名称	基本描述	举　例
史迹遗存	存世的实物性历史遗迹，包括历史遗址、历史文物	历代的宫殿、陵墓及其他建筑遗址；历代的劳动工具、生活用品，等等
博物馆	搜集、保管、陈列、展览有关历史、文化、艺术、人物、事件、自然等方面的机构	各级、各类历史博物馆、历史名人故居博物馆、战争纪念馆，等等
图书馆	搜集、整理、收藏图书文字资料供人们阅览的机构	历史典籍、历史专著、历史普及读物、历史期刊，等等
历史音像资料	通过相关技术制作的各种历史影像材料	运用各种技术手段制作的历史影像、录音，等等
家　庭	以婚姻和血统关系为基础的社会单位	家庭的历史、家长的经历、实物，等等
社　区		社区的人力、环境、信息、文化，等等
网络资源		历史软件、历史网站和网页、远程历史教学系统，等等

历史课程资源调查就是为了做到心中有数而对历史课程实施中已有的、有待开发和运用的资源进行梳理的过程。通过科学、缜密的调查工作，历史教师了解和掌握本学校、本地区所拥有的历史资源。历史课程资源调查的基本步骤包括：首先是确定调查目标，编制调查计划；其次是有序组织，展开调查；最后，是整理调查材料，建立课程资源信息库。通过历史课程资源信息库的建立，可以为历史课程资源的有效开发和运用奠定坚实的基础。

由于在认识上人们对历史课程资源的分类存在不同的看法，具体地区的资源状况也存在明显差别，可以根据实际情况和需要，制订切实可行的调查计划。

（二）历史课程资源分析

历史课程资源分析是指在资源调查的基础上，系统、全面地将纳入视野的资源进行细分，逐步认识各个部分的属性及相互之间的关联，并加以评估。对历史课程资源的分析主要包括了解和认识各个部分资源的属性、特点、内容、作用、局限等。如，史迹遗存，是历史发展过程中通过不同方式存留下来的直接实物，具原始性和真实性，主要包括历史遗址、古代墓葬和历史文物，在教学中具有很强的直观性，然而其数量少、在保存过程中还会遭到不同程度的破坏和改变。又如，历史事件的目击者或亲历者，是历史课程人力资源的重要组成部分，他们大都亲身经历、参与、目击了某些历史过程，通过他们的口述可以直接"恢复"和"再现"某些真实的历史场景，这对于历史教学来说，不仅具有直观性，还具有强大的感染力，然而由于个人活动范围的限制、个人意识偏向的制约及记忆力、时间长短等诸多因素的影响，又具有明显的局限性。这些都会不同程度地影响历史课程资源的运用效果。因此，对历史课程进行深入的分析，是科学、合理地运用课程资源的又一重要环节。

（三）历史课程资源规划

历史课程资源的开发过程中，在调查、分析的基础上，还需要科学制定资源规划，以促进课程资源的整合和运用。历史课程资源规划过程中，需要处理的环节有很多，如资源档案的建立、校内资源的管理、与校外资源相关机构的联系、有步骤地开发资源和资源运用机制的建立等。历史课程资源规划，需要有明确的目的和政策保障，不能可有可无，随意而为。同时，历史教师的积极性和能力也是直接制约历史课程资源规划水平的因素之一，这不仅在于历史教师本身就是课程资源的组成部分，还在于历史教师又是历史课程资源开发、运用的重要载体。因而，历史教师的状况对于历史课程资源开发和运用有着决定性的意义。

三、改变传统的课堂教学模式

在课程运行过程中，要真正实现历史课程资源的开发和运用，充分发挥其功能，还需要改变传统的教教科书、学教科书、考教科书的教学模式。在我国，长期以来沿袭的以教师为中心、传授书本知识为主的传统教学方式，是以间接经验传递为认识基础形成的一种教学形式。本来，这样一种教学方式既有缺陷，也有优点，但是，由于种种复杂的历史与现实原因，在长期教育实践中，我们不断将其极端化，以致形成了教教科书、学教科书、考教科书的一种僵化、教条的模式。原本丰富多样、需要不断发掘和探究的历史内容，被所谓"历史基础知识"即固化为结论式文字的书本所替代；在教学中，为了考试，灌输成教学的主要模式。在这一模式下，无论教师使用怎样的教法，学生运用怎样的学法，大都离不开为灌输，即为准备考试而进行记和背。这样就在很大程度上，使原本丰富多样、灵活有趣的历史学习变得僵化、枯燥。但是，当历史课程资源进入学校教育领域以后，原有的历史教学内容体系、结构发生了巨大变化，那种灌输式的教学模式明显不能适应课程实施的需要。因此，在历史教学实践中，改革传统的历史教学模式，变历史知识来源单一为历史知识来源多样化；变教师灌输为教师引领，师生互动；变学生对历史教科书死记硬背为依据丰富材料自主展开历史思维。以上是历史课程资源开发和运用过程中需要妥善处理的重要问题。

思考与练习

1. 如何理解中学历史课程标准的性质和作用？中学历史课程标准有哪些主要内容？

2. 怎样认识历史教材及各部分之间的关系？

3. 中学历史教科书有哪些作用？中学历史教科书的编写原则有哪些？

4. 试述中学历史教科书的体裁、结构和主要表述方法。

第四章
中学历史课程的实施

　　历史课程编订完成之后，需要投入到学校运行。历史课程的实施是学校工作的核心，包括很多方面的内容。本章集中研讨历史课程实施过程中涉及的主要问题和领域，包括历史教学目标的制定、历史过程的辨析、历史课堂教与学的探讨和历史课堂外的活动、历史复习等。

第一节　历史教学目标的确定

从中学整个历史教育过程来考察，历史教育的目的、任务是在历史课程编订、历史教学实施和历史教学评价等环节的活动过程中体现出来并完成的。同时三者之间也密切联系。由此，历史教育的目的、任务在课程编订、教学实施和教学评价三个重要的环节中，具体体现为历史课程目标、历史教学目标和历史评价目标。三者具体内容之间有很明显的一致性，但又不能简单地将其混为一谈。在教学实践中，它是上述三个环节工作的指向和标准。本节主要研讨历史教学实施目标。

一、基本概念的含义

在当前的中学历史课程实践领域，我们经常遇到有关"目标"的概念，主要有教育目的、课程目标和教学目标。在历史课程的实际运作中，教师如何准确认知这些概念的含义，正确区分这些概念的层次、了解其基本内容和实际作用，对其在具体教学中能否自觉制定、全面落实和贯彻教学目标，保证历史教学的水平和教学质量，有着直接的关系。

在学校教育中，从不同层面出发，对多种目标的概念可以通过如下图示表达：

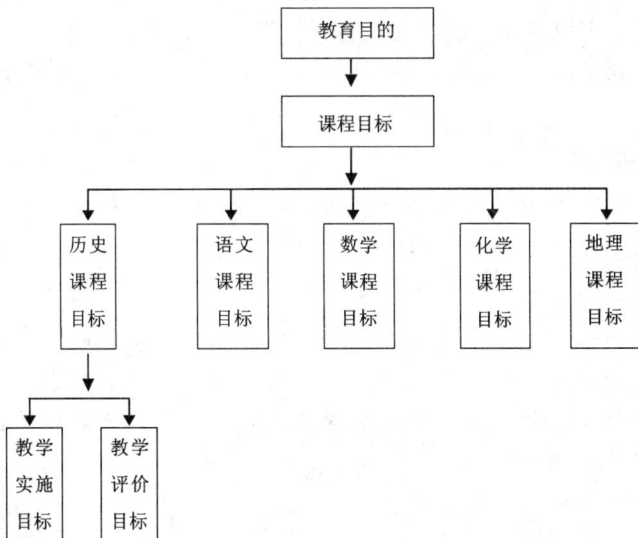

　　教育目的是人们在观念上对教育活动结果的设计。即是人们根据社会现实进步和未来发展的需要，确定学校的教育计划，规定在校学生所应达到的教育水平。我国基础教育学校的教育目的可以概括为：是使在校学生在品德、智力、体质等各方面实现全面发展，为提高全民族素养，培养有理想、有道德、有文化、有纪律的社会主义建设人才奠定基础。

　　教育目的的制定是一个复杂的过程，它既受到现实社会发展所处水平、社会需求的制约，还受到现实社会中儿童成长水平和状况的制约，同时，亦会受到教育目的制定者自身认知水平的制约。此外，教育目的在教育实践中能否得以顺利实现，也是一个影响教育目的制定的重要因素。

　　课程目标是人们根据教育目的的要求，在编订课程时，对课程预期结果的设计，其中包括整体课程方案目标和每一门具体课程的目标。如在我国新一轮基础教育课程改革中，义务教育和普通高中课程方案的目标体系结构为"知识与能力""过程与方法""情感态度价值观"。具体到每一门课程的目标体系结构仍然表述为"知识与能力""过程与方法""情感态度价值观"，但是具体到每门课程，每个方面目标的具体表述是根据不同的课程内容和课程需求展开的。课程目标是对一门课程预期结果的设计，因此其内容表述相对宽泛、概括。

　　教学目标是整个教育目标体系中的一个层面。在理论和实践中，由于教学本身可以从广义和狭义的角度来划分，因此人们又可以对其从不同视角进行不同的归纳，细分出多个层次。如，广义的教学目标既包括课堂教学目标，又包括培养方案目标、课程目标等。本节主要研讨的是课堂教学目标，即由历史课时或若干历史课时构成的课题教学目标。相对历史课程目标而言，课题教学目标是其具体化，它是针对一个历史课题的课堂教学预期结果的设计。

【资料链接与拓展】

　　教学目标又可分为三个层次：培养方案的目标、课程目标和课堂目标。第一类是涉及一个年级或一个学科领域的培养方案；第二类主要指一门课程所要达到的教学要求，或学生必须掌握的知识体系或形成的技能、策略与方法；第三类就是一堂课或一个专题的教学目标，旨在使学生获得特定的知识或经验。在第三类中又可细分为单元教学目标和课堂教学目标。虽然课堂教学目标比单元教学目标涉及的教学内容较少，但是它更具体，并且详细确定了一堂课教学应产生的教学结果和条件。

　　——皮连生主编：《教学设计——心理学的理论与技术》，51页，北京，高等教育出版社，2000

二、确定历史教学目标的意义和作用

如前所述，历史课程目标是学校历史科目设置与编订所要达到的预期结果的设计，它的具体着眼点是从历史课程编订环节的角度，给历史教学环节工作的展开提供一个原则性的依据。因此一般来说，它所站的角度比较宏观，对科目内容的表述也比较抽象。这样，在中学历史教学实践中，历史课程目标的落实，就需要通过教师具体制定每一节课的教学目标，并在课堂教学中完成教学目标所规定的教学任务来实现。因此，正确确定历史教学目标对整个中学历史教学工作的开展，有着极其重要的意义。

【资料链接与拓展】

备课中首先碰到的一个最重要而又最费思考的问题，是拟定章节的教学目的，每一节课必须有每一节课的教学目的。而每节课时教学目的的制订，又必须根据本科教学的目的要求和本节教材的内容来考虑。目的明确了，才能正确处理教材，选择教学方法和有条不紊地安排教学环节。制订妥当准确的教学目的，不仅在备课工作的各个环节中起着重要作用，而且也是教好一节课的先决条件。

——陈毓秀：《怎样教好历史课》，24 页

既然中学历史教学目标是中学历史课程目标的具体落实，因此它与历史课程目标就有着密切的联系，但由于二者在历史教育中所发挥作用的领域终究有所不同，所以它们之间又有所区别，不能简单等同。具体来说，历史教学目标是对中学历史教育中教学环节所要达到的预期"标准"的一种设计。因此，在教学中，历史教学目标首先反映了具体教学内容的方向。也就是说，在教学中，教师所要教给学生的东西和学生所要学习的内容，都不能带有主观随意性，它们必须符合教学目标具体规定的要求。同时，历史教学目标也是教师组织教学内容的出发点。在历史教学中，教师具体组织内容，必须以教学目标为尺度，并全面按照教学目标的要求，设计教学行进的顺序、路线。最后，历史教学目标还是检查教师教学和学生学习情况的依据。教学中，应对教师教学和学生学习的情况随时进行检查，为了使检查具有强有力的可信性和有效性，就必须有一个统一的检查标准作为依据。一般来说，历史教学目标的指标体系就是检查历史教学情况的参照物。

三、制定历史教学目标的具体要求

在教学实践中，如何具体、科学地制定一节课的教学目标，是一项复杂而有难度的任务，要完成好这项任务，需要对历史课程目标有深入、完整的了解和认识；需要熟悉、掌握本节课的内容；需要对目标的表述恰当、准确。

首先，对历史课程目标的完整了解和认识。《全日制义务教育历史课程标准》和《普通高中历史课程标准》将历史课程目标分为"知识与能力""过程与方法"和"情感态度价值观"三个部分叙述，其具体内容分别是对义务教育和普通高中两个学段历史课程各方面所要达到的目的的要求。但是，具体到两个学段的任何一节历史课中，课程目标的要求需要具体化，并整合到一起。如，讲授一个历史事件、一个历史人物或一个历史现象，其所要达到的知识与能力、过程与方法、情感态度价值观目标需要经过如下整合模式：即通过一个什么过程，运用怎样的手段、方法，使学生对具体的学习内容形成认知，并达到潜移默化的精神熏陶和升华。

其次，对授课内容要有深入的掌握。历史教科书是历史课程内容的具体化，是依据史学的成果编撰而成的，其中对一个事件、一个人物或一个现象的撰述背后，往往有着既深且广的史料和研究成果的背景与支撑。教师对这些内容的深入了解和认识，即教师的专业功底和水平，是科学、准确、完整地制定一节历史课教学目标必不可少的前提和条件。

再次，对教学目标的表述要恰当、准确。对教学目标的设计、构思完成以后，还要将其表述出来。对目标表述的恰当、准确与否，亦是科学制定教学目标的重要一环。一节课的教学目标表述既要概括、精练，又要准确、到位，使其能够通过一节课的教学达到并实现预期目标的要求。

在当前的历史课程教学中，在制定教学目标时切忌采用对课程目标简单挪移的方式，这样做的结果，往往给人以强烈的感觉，知识与能力、过程与方法、情感态度价值观目标在一节课中是割裂开来的，因而也就容易在实践中出现，一节专门讲授历史知识的课或着重培养历史能力的课、一节侧重过程和方法的历史课或一节以培养历史情感为中心的历史课，等等。这样的做法，在很大程度上，背离了历史的特性、弱化了历史课的作用，其结果会大大削弱历史课程在基础教育中的地位。

制定历史课时教学目标是一项复杂、细致的工作。怎样才能制定出好的历史教学目标，或者说怎样的教学目标才是好的历史教学目标？主要有这样三个标准：一是，所陈述的教学目标要充分体现出学生历史学习的预期结果，要包括认知、情感和技能三个领域内容。二是，教学目标的陈述要科学、准确、具体，可以观察和测量。三是，对教学目标的陈述要体现整体性。

【资料链接与拓展】

许多年前，一位历史教师在制订"秦末农民战争"一课教学目标时，第一次把"楚汉战争的性质"也列入了目标，并准备了生动的补充材料，但后来考虑，这样做会分散学生对秦末农民战争相关问题的注意，脱离教学内容，喧宾夺主。第二次，这位教师在教学目标里又加入了"使学生认识农民战争是中国封建社会历史向前发展的真正动力"。但又考虑，要使学生形成这一概念，需要学习整个封建社会里的多次农民战争以后，才能做到。即使是"秦末农民战争推动了西汉前期经济的发展"这一概念，也要到"西汉前期的经济发展"一课教学中才能实现。第三次，这位教师考虑使用这样一个表述："通过秦末农民战争的经过，使学生认识起义军的英勇斗争，"但这似乎又过于简单，反而起不到作用。第四次，通过反复研讨最终将这一课的教学目标修订为："使学生掌握关于秦的暴政和秦末农民战争的历史知识，并认识：（1）秦的暴政，严重地阻碍了生产力的发展，威胁了人民的生存；（2）真正强大的是敢于揭竿而起、坚持斗争的农民群众，并不是貌似强大的秦政权。秦末农民战争终于推翻了秦的统治。"

——陈毓秀：《怎样教好历史课》，24～25 页

第二节 中学历史教学过程概说

一、对基本概念的思辨

历史教学过程历来是中学历史研究的重要领域之一。大多数历史教学法、历史教学论、历史教育学的书著中都有专章阐述。但是，至今仍有几个概念性的提法需要辨析，以使我们对历史教学过程的认识更趋合理，以真正对教学实践的理论起到指导作用。

提法一："历史教学过程的本质"。

我们通常把历史教学表述为"事物"或"活动"。一个事物或一项活动都会有目标、本质、过程。简言之，目标是指对教学活动的结果所作的预期设计，过程是指教学发展或活动历程所经过的程序；本质则是指教学活

动本身所固有的、决定事物或活动性质、面貌和发展的根本属性。目标、过程、本质，实际上是对教学活动各个方面内容的概括表述，这样一来，我们就发现"历史教学过程本质"的提法在逻辑上出了问题，过程怎么能有本质呢？这就犹如前章所述，过程怎么能成为目标呢？

提法二："历史教学过程是一个认识过程"。

从教和学的角度来看，历史教学过程是一个复杂的过程，至少包括教的过程和学的过程，就学生学习过程来说，从学生认知发展的角度来看，它是一个从不知到知的过程，可以说是一个认识过程。但是历史教学过程不仅包括学的部分还包括教的部分，那么显然"历史教学过程是一个认识过程的提法"出现了漏洞，即这一提法只包括了学的部分，却不能涵盖教的部分，因而也就失之于片面了。特别是有的著述将历史教学过程与历史学习过程分开阐述，这样"历史教学过程是一个认识过程"提法的片面性更为明显，并加重了其逻辑上的问题。

从心理学的观点来看，在学生历史学习过程中，既包括认知心理的变化，也包括非认知心理的变化。"历史教学过程是一个认识过程"没有错，这一提法关注了历史学习中的认知心理。然而这种观点又带有片面性，即自觉或不自觉地忽视了历史学习中非认知心理。就历史学习而言，属于非认知心理的情感、意志、性格等，亦很重要。在实践中，忽视了非认知心理内容的培养和训练，说明我们的历史教学缺乏完整性，存在缺陷；在理论上，忽略对非认知心理内容的关注与揭示，说明我们对历史教学的认识不足，同样存在缺失。

上述这些教学基本概念认识上存在的问题表明，我们对历史教学过程的认识和探究还需要走很长的路、作很多艰苦的探索。

【资料链接与拓展】

教学过程确实是在教师引导下学生经历的一个以承接人类科学文化知识为主线的特殊的心理过程。所谓从多方面考察教学过程，究竟还可以从哪些方面来考察呢？从大的方面讲主要是如下三方面：一、从一些主要的教学要素，例如从教师、学生和他们的活动来看待教学过程；二、从经济的和社会的意义去看待教学过程；三、从哲学、伦理学、生理学、心理学等学科的角度来考察教学过程。但第二、第三两方面也应密切联系到学生去考察。这种分析使我们更有理由主要从学生及其心理变化的角度去看教学过程，虽然从其他方面去考察对于全面认识教学过程也是有一定意义的。

——张楚廷著：《教学论纲》，72页，北京，高等教育出版社，1999

二、历史教学过程的基本特征

中学历史教学过程是由师生之间有目的、不断变化着、相互影响与作用的双边活动构成的，包含着多个不同层次的侧面。从历史教学过程中教的方面来看，教的过程既包括教师教经过的程序，同时又包括教师在教的经过程序中的心理活动；从历史教学过程中学的方面来看，学的过程同样既包括学生学习经过的程序，同时还包括学生在学习的经过程序中的心理转化。因此，历史教学过程是一个由多方面、多层次活动构成的复合体，在历史教学实践中，教和学的多方面、多层次活动同时展开、相互交叉、相互影响和制约，从而构成了一个完整的教学过程。

由此，我们可以说，历史教学过程是在教师引领下，通过师生互动，使学生经历承接人类历史认识为主线的特殊的心理变化过程。

首先，教师的引领十分重要。没有教师的引领，学生不能自己独立完成历史学习任务。因此，没有教师、没有教，就没有学生、没有学，教学就不能存在。其次，教学中师生的一系列互动是实现教学过程的又一重要环节，没有师生互动或师生互动的质量存在问题，历史教学的水平不会很高。再次，历史学习必须保证学生全面承接人类在发展进程中所积累的历史认识的精华，既包括知识，也包括理论，还包括能力。最后，通过"承接"促动学生学习中的心理变化过程。

三、中学历史教学过程的基本阶段

中学历史教学过程如果仅从学习过程的角度来考察，其基本步骤与一般的认识过程大致相符。但由于诸多教学因素的作用和众多的矛盾关系，中学历史教学过程又是一个复杂的认识过程。因此，中学历史教学的步骤不完全等同于一般的认识过程，而带有一些明显的特点。根据这些特点，可以把中学历史教学过程划分出不同的阶段。以下划分以目前我国历史教学的实际状况为主要依据。

（一）在教师指导下，依据教材、收集的材料和信息感知历史学习内容的阶段

感知是由感觉和知觉构成的，感觉是客观事物个别属性在人脑中的直接反映，知觉是人脑对客观事物的表面现象或外部联系的综合整体反映，二者都属于认识的感性阶段。感知是人认识事物的第一步，它是一个能动

的认识过程。在当前的历史教学中，让学生感知学习内容，就是通过教材以及教师的传授提供给学生关于课程内容的基本材料和信息，以帮助学生建构关于所学内容的历史情境。感知学习内容是整个教学活动得以继续进行的必经阶段。在历史教学过程的这个阶段有两点需要注意：（1）客观的历史本身十分具体且复杂多样，它包括历史长河中不同时代、不同地域的各个民族和国家的具体发展进程，这些不同的"发展进程"既带有共性，又带有鲜明的特殊性，并且一去不复返。学生要认识它的真实面貌，必须依靠丰富而生动的具体史实。（2）学生对历史知识学习的过程又是学生能力、情感和态度形成、发展的过程。在知识、能力、情感和态度三者之间的多重关系中，知识起着明显的连接各部分关系的作用。学生感知历史学习内容的阶段，不仅只是解决学生了解和掌握历史基础知识的问题，它还是发展学生能力、情感和态度的基础和条件。因此，在历史教学过程中，任何忽视和削弱学生感知历史学习内容阶段的做法都是有害的。

（二）深入历史情境，展开思维，在师生互动中探讨、认识历史学习内容的阶段

理解是通过揭示客观事物之间的联系并在此基础上认识事物本质和规律的思维过程。理解是在感知的基础上展开的，它是历史教学过程中的中心环节，没有理解或理解不深就谈不上对客观事物本质和规律的认识和掌握。学生在理解历史学习内容的阶段，需要进行必要的思维活动，以便从纷繁复杂的历史表象中认识事物的本质，揭示历史发展的客观规律。将历史学习中理解阶段与感知阶段相比较，可以看出，感知阶段注重形成历史表象、建构具体历史情境；而理解阶段则要求对通过感知而"再造"学习内容的历史思维。在对历史学习内容的理解过程中，师生的良好互动必不可少，还需要借助于分析、综合、比较、概括等手段和方法。这一阶段是学生历史认识能力和情感、态度进一步形成、发展的关键环节。

（三）在教师帮助和引领下，巩固和运用所学历史内容的阶段

长期以来，人们在划分历史教学过程阶段时，大都是将"巩固"和"运用"分成两个阶段。实践证明，这样的划分过于机械、刻板。在历史学习过程中，历史知识的巩固和运用往往是交织在一起、相互作用的，很难将其一分为二。并且，历史知识巩固的最好、最有效的方式就是运用。只有通过对所学历史知识的不断运用，知识的掌握才会更持久、更牢固，与

此同时，能力和情感、态度的发展和深化才能得以真正实现。

历史知识的巩固是历史学习的必要环节。一是因为学生的课堂学习具有"一过性"，而人总是要遗忘的，因此，学生在历史学习过程中，需要通过复习达到巩固的目的。二是历史内容不仅也具有"一过性"特点，同时还具有"间接性"特点，即历史不可直面。因而，在学生的历史学习中，巩固就非常的重要。要达到巩固的目的，复习必不可缺。通过教师组织符合认识规律的复习，可以帮助学生记住并掌握学习的内容，为历史学习的可持续发展性奠定坚实的基础。

历史知识的运用，一是在日后工作和生活中，二是在进一步的学习中。历史内容虽然所反映的是人类社会已过去的发展历程，但是这一历程与人类社会现实的发展紧密相连，不可分割。因而学生通过历史学习了解和掌握的知识、能力以及形成的情感态度等，都与现实联系密切，学生在运用过程中既可实现巩固的效果，又可在巩固中为运用打下良好的基础。

（四）教师和学生共同通过必要的手段和方式，检查学生学习水平和状态的阶段

对学生历史学习水平和状态的检查是历史教学过程的最后一个阶段。通过各种必要的手段和方式的系统检查，能够全面了解学生的学习情况，一旦发现漏洞和缺陷可以及时弥补。检查的手段和检查方式多种多样，教师可以根据不同的检验目标进行选择。在历史教学中，正确地运用检查可以形成学生良好的历史学习心态，提高学生的学习积极性，有利于学生更好地学习。同时也有助于教师及时了解和掌握学生的学习状态。但是需要教育者关注的是检查的各种弊端会阻碍学生良好学习心态的形成，不利于学生的学习。

在认识中学历史教学过程阶段时，必须指出的是，上述各个阶段的划分不是绝对的。每个阶段在相对独立的同时，又相互交叉、融合，联系非常密切。学生感知某一历史事物的过程，已经渗透着理解和领会的成分，而在对历史事物的理解过程中，也包含有感知的因素。即便是在巩固、运用的阶段，学生仍然随时需要感知、理解、不断补充的新的材料和内容。还必须指出，历史教学过程各个阶段的顺序不是一成不变的。如，运用演绎法教学时，学习的展开是从问题的理性结论开始的。再如，当学习某一个特定的历史问题时，需要引导学生从解决现实社会生活问题开始，这样，学习过程的展开，是从运用走向理解和领会的。最后，需要说明的是，在

整个历史学习过程中，学生是否能始终保持旺盛的学习积极性和浓厚的学习兴趣，是学习进程得以不断延伸的可靠保证。因此，在中学历史教学过程的每个阶段，都需要调动学生的学习积极性和学习兴趣。

四、中学历史教学过程中的主要矛盾

任何事物的运动都是矛盾运动，这是事物发展的基本法则。教学过程作为教学活动也存在着各种矛盾，这些矛盾的运动就构成了教学的重要内容。中学历史教学过程和其他各科教学过程一样，存在着诸多复杂的矛盾。其中一些带有普遍性，如，传授历史基础知识与丰富学生直接感性知识的矛盾；传授历史基础知识与培养、发展历史能力的矛盾；传授历史基础知识与进行思想道德教育的矛盾等。在中学历史教学中，这些矛盾需要妥善处理。此外，在历史教学过程中还有另一些矛盾则带有明显的特殊性。

（一）历史内容组合中的时间顺序与学生心理认知特点的矛盾

在客观历史发展的许多特性中间，有一个最基本的特性，就是历史是按时间的先后有序发展的。正是这种严格的时间顺序，决定了客观历史内部发展的逻辑关系。如果离开了时间顺序，就没有了系统的历史发展进程，各种历史现象之间的因果关系和内在联系也就不会存在。所以按照时间顺序讲授历史，是中学历史教学的一项基本要求。但是从儿童心理发展的特点来看，中学生认识事物仍然带有浓厚的由近及远的色彩，特别是在对历史的具体认识过程中，往往容易用发生在身边的、现实中的经验和体会去感知和想象年代久远的历史事物，因而无法得出正确结论，形成科学的认识。因此，在中学历史教学中，处理好这一矛盾十分重要。

（二）历史的客观性与学生认知上主观性的矛盾

"历史"是人类社会过去发生过的事情，它是一种客观存在。例如，公元前 5 世纪，波斯帝国为了达到控制爱琴海地区的目的，发动了希波战争；公元前 209 年，陈胜、吴广在大泽乡领导农民起义；1911 年 10 月 10 日晚上，湖北新军中的革命党人打响了武昌起义的第一枪；1949 年 10 月 1 日下午 3 时，首都 30 万群众聚集天安门广场，隆重举行开国大典。这些客观存在的历史事实，无论人们是否知道、承认它，也无论人们怎样认识它、解释它，都确确实实地发生过，都无可变更地存在于历史过程之中。但是，客体历史本身所具有的"一度性"特点，又使这种客观的历史已无法重现，这就决定了中学生在历史学习过程中，不能运用直接观察、实验手段进行学习。并且，中学生由于受知识和社会生活经验的限制，其认知发展总体水平还不高，在认识事物特别是认识各种复杂的历史现象时，很容易带有主观片面、不够稳定、不够深刻和绝对化的缺陷，以至于经常出现把客观的历史事实与各种虚构、歪曲了的"历史"混淆在一起，或凭自己头脑中的主观臆想去创造"历史"。因此，在教学中通过一定的方式与手段，增强历史知识的真实感，可以最大限度地缓解历史的客观性与学生认知上的主观性矛盾，有利于大幅度提高学生历史学习的效果。

（三）历史知识的抽象性与学生具体、形象的历史认知特点的矛盾

历史不能简单等同于历史知识，一般历史学中常用的历史知识的概念也不能简单等同于教科书上的历史知识。中学历史教科书上的历史知识有其明显的特定含义。首先，它在很大程度上是人类已经获得的对自身社会历史发展过程及其规律的具体认识。其次，它本身已经包含着人们的感知、理解和情感、态度等诸多因素的作用，已具有不同程度的抽象性。但是中学生认知特点和水平决定了其认识的具体性和形象性。因此在历史学习中，学生对历史知识或历史问题的认识，往往达不到学习目标的要求，学生在历史学习中会经常出现不适应或理解困难的现象。这就需要在教学中，通过"再现"过去人类各种活动的情境、过程，将相对抽象的历史知识尽量"还原"成历史，使众多的历史人物"复活"，将活生生的历史展现在学生面前，在教师引导下任凭学生"观察"、体验、评判。

第三节　历史课堂的教与学

一、历史教学的基本组织形式

（一）教学组织形式的一般概念

教学既然是一种活动，它就必然通过一定的组织形式来进行。由于教学是由教师和学生的双边活动构成的，所以，教师和学生在教学中的地位和关系不同，就形成了不同的教学组织形式。在人类教育的发展过程中，出现过各种不同的教学组织形式，其中最重要的是个别教学制和班级授课制。

【资料链接与拓展】

教学是由谁组织的？学校。学校如何组织教学？必须有一定的组织形式，必须有一定的组织机构。一、个别教学制；二、集体教学制；三、班级授课制；四、贝尔－兰喀斯特制；五、道尔顿制；六、文纳特卡制；七、特朗普制；八、不分级制；九、选科制；十、复式教学制。班级教学组织形式的产生是一个进步，又伴随着一些问题。由于它的进步性而长期存在着，并至今还是一种最为普遍实行的组织形式；又由于它的问题而不断受到挑战、受到批评，但也在这种批评中得到了进一步的发展，班级教学组织形式仍然有其生命力，有其存在的价值。

——张楚廷著：《教学论纲》，299～303 页，北京，高等教育出版社，1999

班级授课制的基本特征或者说具体实施方式是课堂教学，因此，习惯上人们也把班级授课称为课堂教学。到目前为止，在我国的中学历史教学中，课堂教学是主要的教学组织形式，但不是唯一的形式。除了课堂教学之外，各种课堂外的相关历史学习活动也是历史教学必要的组织形式。

（二）历史课堂教学的类型和结构

到目前为止，中学历史教学的实施是通过若干相互联系的"课"来完成的，根据这些"课"所要完成的具体任务的不同，可以将其划分成不同的类型。但由于课堂教学的分类十分复杂，且历史课堂教学又带有明显的特点，因此，迄今为止这项工作还没有得出一个大家都认可的成果。目前，对历史课堂教学的类型划分主要有以下几种：

一是从教学内容的角度划分。历史课堂教学大致可以划分为：讲述政治史课、讲述经济史课、讲述文化史课、讲述军事史课、讲述民族关系史课、讲述国际关系史课，等等。

二是从教学方法的角度划分。历史课堂教学大致可以划分为"四段教学"课、"六段教学"课、"图文示意"课、幻灯放映课、讨论课、指导阅读课，等等。

三是从一节课要具体完成不同任务的角度划分。历史课堂教学又可以划分为历史综合课、历史导言课、讲授历史新知识课、历史复习课，等等。

不同类型的课，有不同的结构。如，历史综合课包括组织教学，复习旧课、导入新课，讲授新知识，巩固新课、总结，布置作业等。在历史新课程实施中，由于课程的要求变化了、课程内容结构变化了、教学方式和学习方式变化了，历史教师正在逐步探索和创造新的课堂教学类型，历史课堂教学新类型一旦出现，课堂教学的结构亦将随之变化。

二、历史课堂教学的基本方法

在历史教学中，师生之间的任何教与学的活动，都是要通过一定的方法来完成的。但是，长期以来，由于缺乏对历史教学方法进行系统、深入的理论研究，致使在中学历史教学实践中，教师运用教学方法时出现了混乱。

一种情况，是将不同层次、不同类的教学方法混淆在一起。如，把属于单一教学方法的历史讲述法、历史讲解法，与属于两种以上单一方法组合的以讲为主法、历史图文示意法等混为一谈。

再一种情况，是将教学原则、教学体系与具体方法混淆起来。如，把大致属于方法论、方法运用法则层面的启发式、注入式、发现法和大致属于教学体系的设计教学、范例教学、程序教学与讲授法、演示法、谈话法等相对具体的方法相提并论。

第三种情况，是在处理教学论所谈及的一般教学方法与历史研究方法的关系时，或是将二者分离，简单强调某一方面；或是将二者简单相加。

从某种意义上说，上述状况的存在，对历史教学质量产生了许多负面的影响，在很大程度上阻碍了历史教学的发展与进步。

（一）历史教学方法的一般说明

由于教学方法涉及教学中的各个方面，对教学过程顺利进行，从而达到预期的目标起着十分重要的作用，因而，受到了各国教育、教学工作者的普遍关注。但是由于情况非常复杂，教学方法的问题在人们中间又颇有争议。由于人们认识的角度不同，出发点不同，在对教学方法进行定义时，就出现了许多看法。

【资料链接与拓展】

除了对教学方法作一些解说和说明外，有没有必要给它下定义？教学已是一个已知概念，难道方法是个未知概念吗？需要用方式、办法之类的概念来确定吗？其实，如果说教学是教学论的专门术语也是基本术语的话，方法一词并非教学论的专门术语，教学论没有义务对方法一词再加以定义、方法乃一普通术语。

——张楚廷：《教学论纲》，279 页

如，国内有的学者把教学方法看成是"为了完成一定教学任务，师生在共同活动中采用的手段。"[1] 也有的学者认为"教学方法是为了达到教学目的、实现教学内容、运用教学手段而进行的，由教学原则指导的，一整套方式组成的，师生相互作用的活动。"[2] 国外有的学者认为"教学方法是教师和学生为完成教学任务而进行理论和实践认识活动的途径。"[3] 另外的学者则认为"教学方法是教师发出和学生接受学习刺激的程序。"[4]

具体到中学历史教学中，对教学方法的说明一方面要体现一般教学论方法的性质、特征，又要融合一定的史学方法的内容。由此，我们说，历史教学方法是教师和学生在历史教学活动中共同形成的，并由人们自觉提炼，为实现一定的历史教学目的，而运用各种教学手段调整和建构师生关系和活动的范式。

在说明历史教学方法时，必须注意以下几点：

首先，任何历史教学方法都是在历史教学活动过程中形成的，离开了历史教学活动，历史教学方法就无法存在。而历史教学活动不同于其他许多活动的地方，就在于它是一个由教和学两部分活动组成的认识历史内容的不可分割的整体。因而，完整的历史教学方法的概念既包括教师教，也包括学生学，既包括一般教学的方法，也包括史学的方法，缺一不可。

其次，历史教学方法的形成与人们的历史教学经验、习惯有着直接关系，但是二者不能等同，由经验上升到方法，需要经过一个自觉提炼的过程。

再次，从一般意义上说，历史教学方法是对各种历史教学手段的运用，而不能直接等同于教学手段。

---

① 参见阎金铎，潘仲茗主编：《现代教学方法百科全书》，7 页，石家庄，河北教育出版社，1992。

② 同上。

③ 同上。

④ 同上。

最后，历史教学方法是一种"范式"，它有相对固定的形态和模式，具有明显的稳定性、可操作性和可接受性。

（二）历史教学方法的特点

中学历史教学方法与其他科目教学方法有许多共同之处，但是，由历史学及历史教学的"特殊矛盾性"所决定，中学历史教学方法又带有一些明显的特点。

第一个特点，是在整个历史教学方法体系中，语言的运用非常重要。语言是人类所特有的、最重要的交际工具。语言的产生是和人类的产生密切相连的，其后，在漫长的人类发展过程中，语言一直起着不可估量、不可替代的促进作用。在人们的交往中，思想、情感的交流，主要是靠语言来完成的。随着社会的发展，人类交际的手段、工具越来越多，越来越先进，作用也越来越大，但它们都不能与语言相提并论，亦不能取代语言的作用，在一般情况下，它们大都是语言运用的辅助手段。教育是人类的一种特殊社会活动，通过其本质属性所反映出来的特点之一，就是师生之间的思想、情感交流，不仅贯穿于整个教育活动之中，并且是教育活动的重要内容。因此，在教学活动中，语言的运用十分重要。

与其他学科知识相比较，历史知识具有一度性的特点，不能重演，亦不能通过实验再现。在历史教学中，学生无法像学习自然学科那样，可以通过直接观察和特定的实验过程，重现和体察各种历史现象。因此，历史教师必须充分运用语言进行讲授，才可能使学生系统地了解完整的历史过程，形成各种必要的历史表象，进而向历史概念的认识发展，同时在这一过程中，实现师生之间的思想、情感等方面的交流，从而达到历史教育的各项预定目标。离开了语言这一重要交际工具，是无法完成历史教学的各项任务的。

在历史教学中，运用语言至少有两个含义：一是用语言讲授的方法是重要的教学方法。如，教学中，对诸多的历史事件的过程、各种历史现象的具体内容、重要历史人物的活动事迹等，都需要通过教师的语言讲授才得以传授给学生。二是在其他历史教学方法中，仍然离不开语言的使用。如，在各种历史直观教具的演示过程中，在运用多媒体教学时，都离不开教师语言讲述、讲解的配合。

【资料链接与拓展】

什么样的语言运用称得上语言艺术呢？它也必须设计有个性、有深度、有美学价值，这种语言运用才称得上语言艺术。如果从效果来反观这些条件是否具备，那么这种效果，简单地说，就是教师的语言有趣味、有余味、有魅力。没有审美价值的语言不会引起学生兴趣（这里需要排除那种由低俗语言引起的低级趣味），没有一定深度的语言不会留有余味，经不起咀嚼，没有美感、没有深度就没有魅力。

——张楚廷著：《教学论纲》，291 页

第二个特点，是历史教学方法的直观性。历史知识一度性的特点，决定了已经消失了的历史事件、历史现象都不能重演，众多的历史人物也不能重现。因此，在历史教学中，教师要尽可能地利用学生可以直接接触外，绝大多数的历史事物是靠间接的手段和方法使学生了解。因此，只有加强历史教学方法的直观性，才能把内容极其丰富的各种历史事件、历史现象和诸多的历史人物栩栩如生地展现在学生面前，使学生犹如身临其境，真正感受到深刻的历史内涵。

中学历史教学方法直观性的特点主要体现在以下几个方面。

首先是历史教学方法中，就包括了各种直观的方法：历史参观、考察方法，其对象包括历史遗物和历史遗迹；历史演示法，其对象包括能够保留住历史真实面貌的图片、图画和声像等各类材料。它们可以真实或接近真实的不同形态和效果，充分调动学生的听觉和视觉，增强教学的直观性。

其次是在历史教学的其他教学方法中要充分体现直观性。如在运用各种讲授方法及其他方法的过程中，都应该重视和加强语言的直观。

【资料链接与拓展】

直观教学，不是建立在抽象的观念和语言上，而是建立在儿童直接领悟的具体形象上，无论这些形象是在教师领导下，于学习当时为儿童所领悟的，或是早由儿童独立观察所得的，教师都要把它当作儿童心灵中已经形成的形象，并在这形象之上树立教学。

——《凯洛夫教育学上册》，103 页

第三个特点，是任何历史教学方法除了具有教学论所论及的特征外，还都兼有明显的历史学科研究方法的特点和内容。如，在对历史事件、历史现象或历史人物进行讲述、讲解过程中，一定要具体运用历史主义分析方法、阶级分析的方法、历史比较的方法、历史计量方法，还会涉及有关搜集、整理历史资料的方法等。教学中，在运用各种历史教学方法时，关键是要处理好上述二者的关系，既不能将二者简单相加，也不能过分偏重哪一方，而是要把两者有机地融合在一起。

【资料链接与拓展】

　　说教学过程并不是"探索"未知而只是传授科学上已知的真理，如果把这种特殊性绝对化，就易于把教学引上单纯传授知识而堵塞引导学生独立"探索"未知的道路，走教条式的学习道路，从而不能培养学生的独立"探索"能力，不能出真才。其实，"已知"和"未知"在教学过程内部只是相对的：对教师来说是已知的，对学生却是未知的。这恰恰是教学过程的本质特征；也正因此，就为引导学生独立地"探索"未知创造了广泛的可能性；实际上，如果没有这个学习上的独立"探索"（思维和其他学习活动）过程，就不可能把已知科学真理转化为学生的真知，也不可能把知识转化为能力。

　　　　　　　　——胡克英：《教学论若干问题浅议》，《教育研究》，1979 年第 3 期

（三）常用的单一历史教学方法

　　在历史课堂教学中，常用的单一教学方法主要有：历史讲述法、历史讲解法、历史谈话法、历史演示法、历史阅读法、历史讨论法等。

　　1. 历史讲述法。

　　历史讲述法是指教师运用语言表述，向学生传递历史事实材料或学习对象，完整、具体说明它的发生、发展过程和结果的方法。

　　历史现象不同于其他社会现象的区别之一，就是其具有的一度性特点。任何历史现象在现实中都不会重演，也无法通过任何手段再现。因此在教学中，要让已经过去了的历史现象"复活"，并创造性地"重现"在学生的脑海里，就必须借助于教师生动、形象和极富感染力的语言讲述。

　　历史讲述法一般又分为叙述、描述和概述。

　　（1）叙述，是指教师用清晰、有条理的语言表述，按照史事发生的时间顺序，对其过程进行完整、具体的讲授。这是目前中学历史教学中广泛运用的一种具体的讲述方法，它适合于多种类型历史内容的教学，如事件

过程、战争过程、人物生平活动等。叙述的主要特点是对历史事件、历史人物的活动、历史现象内容的讲述要完整，有头有尾。以能帮助学生掌握基本的史实材料、系统了解史实发展的过程和基本线索。完整的叙述，其典型的结构一般包括：起始、展开、高潮、后续、结局五个部分。

例如，叙述甲午战争中"黄海海战"的经过，大致包括：

战役的开始：

在平壤战役爆发的同时，北洋舰队接到命令：从大连出发，护送援军到鸭绿江口的大东沟登陆，再由陆路开赴平壤前线。平壤战役后的第二天，北洋舰队完成护送任务，正准备返航时，遥见西南远方有一支日本舰队驶来，北洋舰队提督丁汝昌立即召集各舰管带会议，命令全舰队升火备战。中午时分，两舰队接近，北洋舰队即以"定远""镇远"两艘大吨位铁甲主力舰居中，列阵迎敌。

战役的发展：

两支舰队进入对方的炮火射程后，北洋舰队旗舰"定远"号首先发炮轰击敌人，并与"镇远"号并肩冲击敌舰，意在首先打乱敌舰阵形，以获得战役的主动权。而日本舰队则企图凭借它的快速优势，集中力量打击北洋舰队薄弱的右翼，也企图争到战役的主动权。

战役的高潮：

战斗的第一回合，双方基本打了平手。但在接下来的战斗中，日舰的企图逐渐得逞，北洋舰队右翼的"超勇""扬威"两舰，先后被日舰击沉、击毁，北洋舰队的阵形被打乱。这时，北洋舰队旗舰"定远"号，又被日舰炮火击中，丁汝昌负伤，指挥系统发生混乱。在这种严峻的关头，北洋舰队各舰官兵，同仇敌忾，他们各舰各自为战，冒着猛烈的敌舰炮火，顽强战斗，英勇地用舰炮轰击敌人。在北洋舰队的勇猛打击下，日舰"比睿""赤城""西京丸"先后被击成重伤；旗舰"松岛"号也被"定远"的大口径重炮击中，舰长毙命，官兵死伤累累，基本丧失了作战和指挥的能力。激战中，北洋舰队"致远"号管带邓世昌在舰身中弹严重倾斜、舰上弹药将尽的时刻，毅然下令，开足马力，冲撞敌主力先锋舰"吉野"号，但不幸途中被鱼雷击中，邓世昌与舰上大部分官兵壮烈牺牲。"经远"舰在追击受伤敌舰时，也不幸中了鱼雷，管带林永升阵亡，全舰官兵仍继续操炮轰击敌舰，直至军舰沉入大海。

战役的后续：

北洋舰队在损失严重的不利局面下,以"定远""镇远"两舰为核心,陆续聚集各自为战的军舰,继续顽强与敌人浴血奋战。激战5个多小时后,亦遭北洋舰队重创的日本舰队,也已无力形成给予对手以致命打击的力量,这时他们看到北洋舰队逐渐集结,准备决一死战,遂在黄昏时分,首先撤离战场,北洋舰队在尾追了一段路程后,也集队返航,战斗结束了。

战役的结局:

在黄海海战中,北洋舰队与日本舰队主要参战军舰的数量比例为10比12,质量上互有短长,北洋舰队的"定远""镇远"两艘铁甲舰,吨位大、火炮口径大,对日舰构成威胁;日舰在航速、速射炮的数量上占有相当的优势。海战中,北洋舰队损失军舰5艘,日舰也有多艘受到重创。北洋舰队虽然损失很大,但主力尚存。日本舰队"聚歼清舰于黄海中"的狂妄图谋并没有得逞。然而,黄海海战后,实际主持清军战事的李鸿章却严令北洋舰队全部躲入威海卫军港,不许其巡海迎敌,不仅丧失了制海权,还造成了全舰队坐守待毙的严重局面。

以上对黄海海战的叙述,有头有尾,情节完整,内容层次分明,较好地将中国史上这一重要事件的全过程展现在了学生面前。

(2)描述,是指教师用生动、形象的语言表述,对重点史实或历史局部的内容进行细致的描绘。如,对某一历史事件的重要局部、对某些典型历史现象、重要历史人物的具体特征以及一些特定历史情景场合、自然地理环境等的描述。这也是目前中学历史教学中常用的一种具体的讲述方法。描述的主要特点是省略过程和一般情节,侧重局部特征和细节,犹如影视艺术中的"特写镜头"。

例如,一位教师在讲述欧洲文艺复兴著名艺术家、画家达·芬奇的名画《蒙娜丽莎》时,边让学生观察这幅画,边讲述:

这幅图就是达·芬奇的名画《蒙娜丽莎》。过去,天主教会也有所谓的艺术,但他们画的都是一些圣经故事,可是,达·芬奇却画了一个普普通通的佛罗伦萨的女市民。同学们请看,这个年轻的妇女,安详恬静,面带微笑,充满了青春的活力,她既不是一位天使,也不是圣母玛丽亚,而是一个活生生的人。这幅画体现了人文主义的精神,这与教会的题材是根本不同的。

（3）概述，是指教师用简洁、明了的语言表述，对非重点史实内容进行扼要概括，亦是中学历史教学中经常使用的具体讲述法之一。概述的主要特点是对所述过程、内容简明扼要，无须有情节，也不要求生动、形象。

例如，讲授"祖国境内的远古人类"一课时，教师在具体讲述、讲解元谋人、北京人、山顶洞人之前，应对我国境内各地区遍布原始人类活动踪迹的情况给予适当介绍：

> 在 20 世纪的 100 年里，科学家在我国陆续发现了许多远古人类遗留下来的骨骼化石和各种遗物，这些化石和器物遍布祖国各地：北京、陕西、山西、河南、贵州、云南、辽宁……这充分说明，在远古时代，我们的祖先就生活在祖国从南到北、从西到东的辽阔土地上。

以使学生从一开始就形成我国土地辽阔，历史悠久，是世界文明和人类发源地之一的认识。

2. 历史讲解法。

历史讲解法是指教师运用语言对某些历史事实进行分析、论证，以达到揭示事物本质及规律为目的的方法。

历史教学不仅仅是为了给学生一些具体的历史史实材料，获得一些感性知识，更重要的一个目的，是要使学生通过对具体、典型的史实材料，必要感性的知识的深入思考，发展思维，并在此基础上真正逐步形成对历史本质和规律的由浅入深的认识。

历史讲解法一般包括分析和综合、比较、概括。

（1）分析和综合。分析，是指教师把所讲历史对象的内容分解开来，对其各个部分或要素，逐一加以考查和说明。综合，是指教师把所讲历史对象内容的各个方面或要素归纳在一起，从整体上作出恰当的结论。在教学中，教师讲解重要历史事件、重要历史现象和重要历史人物时，首先需要将其各个部分内容分解开来，逐一加以评判，以帮助学生充分把握事物的属性和特征。然后，在此基础上对事物的各方面属性和特征加以归纳、总结，从而对事物的本质得出整体结论。因此，分析和综合相互依存、密切配合，在历史教学中广泛使用的具体讲解方法。

例如，讲授"义和团运动"一课时，可以把《辛丑条约》的主要内容，大体上分为财政、政治、军事三个方面，教师通过对这三部分内容的具体分析，讲清楚条约究竟给中国人民带来了哪些严重危害。然后再进行综合，说明当时的清政府，无论是在政治、经济、国防等各个方面的权力都已丧失殆尽，因此，《辛丑条约》的签订使中国完全沦入半殖民地半封建社会的深渊。

在历史教学中，运用分析和综合的方法，大致可以有三种具体形式：一是先提出论点，再通过对有关内容的具体分析，最后说明、证实结论。二是先对历史内容进行具体分析，然后逐步综合、概括，推导出结论。三是边对具体内容进行分析，边进行适当的综合，最后归纳得出总的结论。

（2）比较。比较是指教师在教学中，通过将不同时间、不同空间条件下的各种历史事物进行对照，分析异同，找出其共同性或特殊性的一种具体的历史讲解法。在历史教学中，常用的比较类型主要有：历史横向比较、历史纵向比较、历史宏观比较、历史微观比较。

历史横向比较，是指从不同空间条件出发，对不同地域、不同民族、不同国家的历史状况进行对照、比较。例如，在世界史教学中，对欧美主要国家的资产阶级革命进行比较，不仅可以使学生更好地了解和掌握这些国家资产阶级革命的不同特征和一般规律，还可以从中深刻认识到这些国家所具有的不同历史特点。

历史纵向比较，是指对同一地域、同一民族、同一国家的不同历史时期、不同历史阶段的历史现象进行对照、比较。例如，在中国古代史的教学中，把发生在不同时期历次农民战争的起因、规模、组织形式、纲领口号、作用影响加以比较，可以使学生更好地了解和掌握中国封建社会发展、变化的状况以及与此相适应的中国历史上农民战争发展、变化的特点。

历史宏观比较，是指站在历史的整体高度，对不同的历史事物进行高度概括性或贯通性的对照、比较。例如，在世界史教学中，讲授西欧封建制度的形成时，把西欧的封建制度与中国的封建制度进行对比，可以使学生通过对西欧和中国不同封建制度的具体了解，加深对历史多样性的认识。

历史微观比较，是指对一些特殊历史现象或某些局部历史问题进行具体的对照、比较。例如，两个历史人物的比较，两个具体历史现象的比较等。

（3）概括。概括是指教师在教学中把一些历史现象的共同点归结在一起，从而达到揭示历史事物本质和规律的一种具体的讲解法。

例如，一位教师在讲授明朝时期文化的《本草纲目》《农政全书》和《天工开物》的具体内容后，将这三部科学著作的共同特点概括为"总结性"，以此帮助学生加深对明朝时期中国科学技术发展具体状况和特点的了解。

再如，另一位教师在讲述鸦片战争前的中国社会状况时，他先引导学生回忆前面几课的学习内容，并具体讲述清中期以来的社会政局变化，然后指出："进入 19 世纪以后，中国国内的情况可以概括为两点：第一，这时的中国，是一个独立的国家；第二，这时的中国，是一个正在衰落的封建国家。"以使学生具体了解当时中国社会的特点。在教学中，他还将林则徐到广州后所采取的禁烟措施概括为三项：第一项，严厉惩处外国鸦片商人。第二项，加强战备。第三项，搜集资料，了解西方情况。使学生加深对林则徐及其禁烟活动的认识。

3. 历史谈话法。

历史谈话法，又称问答法。是指教师根据学生已有的知识或经验，设计一系列相互关联的问题，并引导、启发学生经过思考，对所提问题自己得出结论的方法。

历史谈话法的主要特点是在教学中突出了教师与学生之间的双向信息交流，在教师引导下，为学生历史思维活动的展开创造了有利的条件，提供了必要的场合。同时，教师与学生之间经常运用问答的方式进行教学，还有利于师生之间的情感交流。

运用历史谈话法教学，要求教师不仅历史专业知识渊博，对教材内容理解、掌握透彻，还要求教师有较高的教学艺术水平和造诣。这样，教学中教师才能从始至终地控制局面，使教学能够沿着预定的路线顺利进行，较好地达到预定的目标。在历史教学中，谈话法的运用很广泛，一般适用于各种不同目标和阶段的教学活动。如，导入新课时，可以运用历史谈话法；讲授新知识过程中，可以运用历史谈话法；总结、巩固新知识阶段，也可以运用历史谈话法。运用历史谈话法，教师一般要注意以下两个问题：

一是"谈话"之前，教师必须根据教学内容做好充分的准备，精心设计要提出的问题，包括具体问题内容，问题的排列顺序，教师如何进行具体指导，通过"谈话"要解决的问题和得出的结论，"谈话"切忌随意性。

二是"谈话"中，教师提出问题切忌模棱两可、含糊不清，也不能使学生把握不住要领无从答起，或简单地用"是""否"即可作答。"历史谈话"中提出的问题不仅要具体、准确，而且还要难易程度适当。

4. 历史演示法。

历史演示法是指教师通过各种具体方式向学生展示历史实物、历史教具的方法。

历史演示法的特点，是可以最大限度地加强教学的直观性。在中学历史课上，学生对所学的历史知识，大都无法直接看到，由于年代久远，中学生对已经消失了的人类活动、生活往往既感到新奇有趣，又觉得陌生而难以理解，有时还会在不知不觉中，以现实事物的形象去想象和理解过去。由于历史直观教具大都具有强烈的真实感，在教学中运用，可以不同程度地"再现"历史形象，从而达到帮助学生在学习过程中理解和认识所学知识的目的。

在历史教学中，可供演示的教具多种多样，大致包括如下几类：

第一，历史实物、历史模型、历史图片。

第二，历史地图、历史图表、历史示意图。

第三，历史幻灯、历史电影、历史录像、辅助历史教学的计算机。

（1）历史实物、历史模型和历史图片。

历史实物即历史遗物，其种类有许多，如远古时代的石器、陶器，历代的青铜器、铁器、瓷器、木器、甲骨、货币、衣冠服饰、墨迹，等等。这些实物有的为传世保存，有的系地下出土。历史实物可以从不同角度真实地反映历史的原貌，是许多重要历史知识的直接来源。在历史教学中有极高的使用价值。

历史模型是按照人类历史遗址、遗迹、遗物原型或历史文献记载而复制的模拟历史实物。按照规范要求，制作精良的历史模型，从外表上看与实物一模一样，难分真假，在教学中可以代替实物演示，亦有很强的真实感。历史模型的种类也很多，历史遗址、遗迹模型，如"殷墟遗址复原模型""都江堰古水利工程模型"等。历史实物模型，如"半坡出土陶器模型""秦皇陵一号铜车马模型""唐代筒车模型"等。

历史图片是教学中使用的课本插图（图画部分）、教学挂图（图画部分）、历史照片、历史图画的总称。在历史教学中，可以用来演示的历史图片有很多，可以从不同角度将其大致作以下分类：

按制作方法的不同划分。

有用照相方法制作的历史照片（包括历史遗址、遗迹、实物、人物、事件场面、模型、图画照等），如"山西大同云冈石窟第 20 窟大佛"是历史遗址照片；"掷铁饼者"是实物照片；"清末戏园内景"是黑白原色的现场照片；"张学良""杨虎城"是黑白人物照片；"宋火箭模型"、"宋神仙飞鸦模型"是历史模型照片；"《步辇图》（宋摹本）"是图画照片。

有用绘画方法制作的历史图画（包括临摹画、想象画等），如"孔子"是临摹画；"北京保卫战"则是一幅想象画。

按制作时间的不同划分。

有当时人依据历史原貌创作的作品，如"东京城内的市场（清明上河图局部）"。

有后人依据各种资料想象绘制的作品，如"牧野之战"就是一幅想象画。

按其在教学中的作用和使用方式的不同划分。

有历史教科书中的插图，如上述所举实例。

有独立出版的教学挂图，如中国历史博物馆编辑并出版的《中国历史教学挂图》。

有为其他各种目的出版，但可以用来辅助教学的历史图片，如为发展旅游事业而出版，系统反映一些重要历史遗址、遗迹的成套照片，反映一些重大历史事件的图片集等。

此外，还可以按作品色彩的不同划分。如九年义务教育各套历史教科书、普通高中各套历史教科书前都附有彩图插页；上述书中大都穿插有黑白颜色的照片图或黑白颜色的绘画。

（2）历史地图、历史图表、历史示意图。

历史地图。是以图形方式反映人类历史发展进程中，历史现象空间位置和地理环境的工具。在中学历史教学中使用的历史地图有许多，可以从不同角度将其大致作以下分类：

按制作不同划分。

有出版社专门制作发行的历史地图；有历史教师自制的历史地图。

按内容不同划分。

有带有一定综合性的政区或政治形势图，如《秦朝疆域图》《隋朝疆域图》《辽、北宋、西夏形势图》《第二次世界大战时的欧洲形势图》等。

有专题性地图，如《秦末农民战争形势图》《新航路的开辟图》《隋朝的大运河》《明朝的商业图》等。

有局部明细性放大图，如《官渡之战示意图》《萨尔浒战役形势图》《保卫巴黎公社的战斗》等。

有城市布局平面图，如《西汉长安城平面图》《唐朝长安平面图》《明北京城平面图》等。

有专项事件图，如《中国远古人类主要遗址分布图》《共产主义小组分布图》《帝国主义瓜分下的非洲图》等。

按教学中使用方式不同划分。

有历史教科书插图，在九年义务教育各套初中历史教科书和普通高中各套历史教科书中，都穿插配有历史地图，是为教学内容的重要组成部分。这些历史地图不仅可供教师课堂上讲授之用，亦是学生阅读、学习教科书的重要内容。

有黑板地图，教师在上课前可以先用彩色粉笔或广告色将地图的轮廓勾描在小黑板上，教学中根据讲授的需要，随时在图上添加地点、图标、图示等具体内容，教师也可以在课堂上边讲边在教室黑板上勾画地图。

有历史教学挂图，又可分为一般教学挂图、添加式挂图、抽插式挂图、翻页式挂图等。添加式挂图，即由教师在勾画有地图轮廓的挂图上，根据讲授内容的需要，随时在图上添加箭头、小旗帜、火炬、战役标志、局部图形卡片等各种辅助图示符号。抽插式挂图，即由教师将所用地图的有关部分如战争中的战线、因各种目的的行进路线等镂空，图后面衬托上不同颜色的图纸，随讲随着抽插衬纸，以造成一定的动态效果。翻页式挂图，即教师根据讲授内容的需要，将一幅地图分解为几页，装订在一起。教学时，教师可根据需要边讲边翻页，亦可造成一定的动态效果。

此外，还可以按色彩不同划分。有彩色图、双色图、黑白色图。

历史图表，是能够把复杂历史现象或概念简单化、条理化和一定程度上形象化的各种表格的总称。历史图表的种类有许多，主要包括：历史表解、历史图解等。

历史表解，是指用表格的形式分解或归纳历史内容。主要包括：历史年表、历史比较表、历史统计表等。

历史年表可以有效地帮助学生形成历史时间概念和记忆历史年代。它的主要特点是依照历史时间顺序，用表格的形式，组织历史事件、历史现象的纵横联系。在教学中经常使用的历史年表又可具体分为：

历史大事年表，九年义务教育各套初中历史教科书的每册后面都附有"中国历史大事年表"、"世界历史大事年表"或"中外历史大事年表"。

历史比较表可以通过表格的形式，对比两个以上历史事件或历史现象的异同，从而帮助学生牢固掌握所学知识。如"世界三大宗教比较表""西欧封建制度与中国封建制度比较表"等。

历史统计表可以通过对各类数据的统计，有效地帮助学生掌握历史知识，加深对历史问题的认识。如"鸦片战争前英国向中国输入鸦片统计表""解放战争时期国民党军和人民解放军兵力状况统计表"等。

历史图解。是指用条理化图形示意的方式具体说明有关历史内容。它与历史表解相比较，具有一定的形象性。如"戊戌变法线索表""明朝中央集权的加强表"。

历史示意图，又称历史图示。是为了模拟复杂历史现象、历史过程的各种形象略图的总称。与历史表解、历史图解相比较，更具形象性。有助于学生简明扼要、条理形象地学习历史。在教学中，可用图示意的内容有很多，如各种事件的经过、地理位置等。如"边疆危机示意图""明朝的对外关系示意图"，"唐朝的民族关系示意图"等。

（3）历史幻灯、历史电影、历史录像、辅助历史教学的计算机。

历史幻灯。是现代化教学手段的一种，因其使用方便，在历史教学中应用比较普遍。由于现代科学技术的迅猛发展，幻灯设备的更新亦很快。在中学历史教学中常用的幻灯设备主要有：投影幻灯，包括透明胶片投影机、实物投影机和自动幻灯。

胶片投影幻灯是目前中学使用最为普遍的一种现代化教学设备。一般安置在教室的讲台前，使用时，打开电源，将投影胶片置于灯源正下方，上面的内容即可反射到前方墙上或幕布上。由于其光线较强，在一般自然光线下使用，效果不会受到影响。实物投影幻灯是投影幻灯的一种，与胶片投影幻灯相比较更为先进。该机种的镜头成像质量很高，光源强烈。因而，在使用时能将各种实物如图书、报刊、文件和一些物体的影像直接投射到屏幕上。

自动幻灯的种类有很多，其功能不一。较高水平的机种可以做到全自动定时或远近距离遥控换片，任意自动控制单片播放时间和焦距的变化，使图像和声音完美结合。

不论是使用投影幻灯还是自动幻灯，都离不开软件。幻灯片的种类有许多，从内容的真实性角度看，有历史文物、历史遗址、遗迹等历史实物版片、历史想象、复原版片；从规格的角度看，有大尺寸片、小尺寸片；从色别的角度看，有彩色片、黑白片；从制作的角度看，有正式出版的正规教学用片、教师自制教学用片，有通过照相技术制作的版片、通过绘画技术制作的版片等。

历史电影。是现代化教学手段，与幻灯手段相比，历史电影形声俱佳，并有很强、很逼真的动态效果。一般历史教学用电影设备主要有 8 毫米放映机、16 毫米放映机和 35 毫米放映机。它们可适用于不同大小的教室和放映地点。

可用于历史教学的影片材料包括历史纪录片、历史资料片、历史科教片、历史题材的故事片、专门为教学需要编排的历史教学片等。

历史录像。是现代化教学手段的一种，除了具有一般历史电影的优点外，还有操作使用方便、灵活的特点。电视设备包括一般不同规格的摄像机、录放机、电视机，背投式大屏幕、超大屏幕电视系统，闭路电视系统等。

可用于历史教学的录像片材料包括历史纪录片、历史资料片、历史科教片、历史题材的电视故事片、教师或学生为教学需要自排的资料片等。

辅助历史教学的计算机。随着现代科学技术与教育、教学的发展，计算机日益成为历史教学必不可少的重要教学手段之一。与其他现代化教学手段相比，计算机具有快速而准确地处理各种信息的能力，用它作为教学媒介，可以有效地帮助教师或学生迅速处理、控制和调整各种大量来自不同设备源的与教学有关的资料，从而极大地提高教学效率。计算机还具有把声音、文字、图形、图像、动画、活动影像等多种不同类型的信息媒体综合编排处理的功能。然而，作为一种技术的手段，在历史教学中运用时，也不可避免地带有局限性，特别是受历史本身"一度性"特点的制约，其作用是有限的。因此，在教学中不能简单地比照其他学科课程，特别是不可人为地夸大其作用。

【资料链接与拓展】

只要认识到了这些根本性的限制，那么，对于在历史研究中应用电子计算机所带来的巨大好处便无可怀疑了。电子计算机基本上承担了两方面的功能，那就是贮存资料、建立"资料库"和进行资料检索，没有这两项基本功能，研究便无法进行。当然，历史学家的工作从来就是干这两方面的事：收集资料，并进行分类，然后按照自己的工作计划去选取资料。不过，用电子计算机来进行这些工作，其规模是历史学家个人用"手工方式"（即用笔和纸以及其他的有限时间）所无力办到的，也不可能达到电子计算机所具有的速度。

——杰弗里·巴勒克拉夫：《当代史学主要趋势》，308 页，上海，上海译文出版社，1987

目前，适合于中学历史教学使用的计算机软件还处于初步开发的阶段，主要有两类，一类是由专门的计算机软件公司开发、制作的。另一类是由广大历史教师自己设计、制作的。下面介绍的，是一个由教师自制的多媒体历史教学软件：

软件的名称：《蒋家王朝的覆灭》

软件支持环境要求：Windows95，Windows98 操作系统：WindowsNT

硬件支持环境要求：386 以上真彩色，8 兆以上内存

使用工具：Authorware，Fireworks，Frontpage

软件内容设计：该软件内容共分为四部分。

第一部分，战略反攻。展示《解放军挺进中原形势图》，通过图标箭头的运动和文字闪动，将我晋冀鲁豫解放军千里跃进大别山，华东解放军、太岳兵团两翼支持，呈品字形的进攻态势展现出来。

第二部分，战略决战。展示《三大战役形势图》，通过动画将三大战役的过程展现出来，使学生能够清晰地看到三次决战的顺序、每个战役的基本过程。在这个部分中，学生可以在预习的基础上上机，直接参与教学活动。操作时，通过点击相关图标，可直接进入辽沈战役、淮海战役或平津战役等相关主题中。

第三部分，最后胜利。展示《渡江战役形势图》，通过众多箭头的闪动，展现我三路大军横渡长江、攻占南京，蒋家王朝覆灭的雄壮气势，并通过一段视频资料，加深学生的认识。

第四部分，辅助资料。在正式的教学内容之外，软件提供了一部分相关的历史图片材料，作为补充。单击图标即可单张放大图片，返回后，点击索引图标即可任意展示其他图片。

启动操作：鼠标点击进入 FM 文件夹，点按 FM·exe 可执行文件。

在教学中，运用历史演示法时，有许多需要注意之处。

首先，要做好演示的准备工作。演示前，教师要吃透课标和教学内容，明确演示的目的，密切配合教学的重点和难点，了解并掌握演示的程序及步骤，抓住演示的关键环节；实际应用前，教师一般要预演一遍，熟悉操作的具体过程。此外，教师要在备课中将教师的讲授与演示、学生观察的关系处理好，使三者有机地融合在一起。

其次，要从始至终控制演示过程。演示过程中，要使全班学生都能看清楚演示的对象，听清楚教师对演示的解说。以培养学生观察的习惯和提高其观察的能力。教学中教具的演示，一定要抓住时机，过早过多的演示，会分散学生的注意力，过晚演示又会与讲述脱节，也收不到预期的效果。

　　最后，要注意掌握运用历史演示法的一些具体要求。一是演示必须与讲授有机地结合起来。在历史教学中，演示结合讲授主要有三种形式：教师先演示教具，通过指导学生观察，使之掌握学到的知识；教师先讲授教学内容，再用演示验证讲解的正确性，充实所讲授的内容；边演示边讲授，使二者有机地融合在一起，以增强教学的效果。二是演示必须科学可靠。不准确、不可靠的演示不仅不能说明问题，往往还会导致模糊、错误的结论，这对历史教学产生的危害极大。三是演示要规范。课堂上的演示过程是一种教学活动，必须要具有规范性，演示的内容要让全体学生都能清楚地观察到，演示过程中，教师始终要注意自己的位置和角度，保证既不遮挡学生观察的视线，又要面对学生演示和讲解。指示挂图时，指示点要准确、稳定，不能无端晃动，以免学生找不到观察的内容和观察点。具体演示时，一般是先介绍演示物的全貌，使学生对演示内容有一个整体了解，再逐步指示需要观察的具体内容。四是演示过程是学生的学习过程。因此，演示中，教师随时要指导学生将观察到的内容与讲授的内容联系起来，进行分析，以使学生及时抓住事物的本质，形成对所学内容的深刻认识。

　　5. 历史阅读法。

　　历史阅读法是教师指导学生阅读历史教科书，使学生获取历史知识、提高读书能力的方法。

　　历史教科书是学生在校学习历史新知识的主要用书。因此，教会学生读书并帮助学生养成良好的读书习惯很重要。在历史教学中，指导学生阅读历史教科书包括预习阶段的读书、课堂上读书和复习阶段的读书。

　　预习阶段的读书，是指学生在教师讲课前自己先阅读教科书。根据历史内容的特点，预习时读书有利于学生对即将学习的内容有一个大概的了解，从而为其课堂上的听课学习创造良好的心理状态。对预习时的读书，教师要提出具体要求，给予指导性说明，并及时检查。

　　课堂上读书，要结合教学内容的重点、难点和特点。一般包括阅读正文的重要部分、重要引文、重要插图等。课堂上读书一定要与教师的讲述、讲解结合起来，融为一体。课上阅读的方式可以灵活，或先读后讲，或先讲后读，或边讲边读，抑或只读不讲。

　　复习阶段的读书，是指学生在课后通过阅读教科书进行复习。由历史知识一度性的特点所决定，历史课的复习十分重要。在复习中，学生认真阅读教科书，可以加深对课堂上教师讲授内容的理解和记忆。教师对学生复习时的阅读也要及时给予具体指导。

6. 历史讨论法。

历史讨论法是指课堂上在教师指导下，以全班或分组的形式，让学生共同围绕某一个历史问题各自发表意见、相互交流，从而达到学习的目的的方法。

历史讨论法有两个明显的特点：其一是学生的学习主动性可以得到充分的发挥。讨论必须有学生的参与，在讨论活动中，每一个学生都有自由发表自己看法的机会，一边听别人的发言，一边准备自己的发言，这是一个思维充分活动的过程，在这一过程中，学生不仅能够学到深刻的历史知识，而且思维能力能够得到明显的提高。其二是有利于因材施教。在常规的课堂上，教学是针对全体学生的，通过同一标准、同一途径、同一模式，以求达到同一目标。而在课堂讨论中，学生可以"求异"，发表不同的见解和看法，这有利于激发学生主动学习和思考的积极性，使其逐渐养成创新思维的意识和习惯。如有一位教师在讲授高一年级"德意志统一"内容时，在通过计算机软件演示，给予学生必要的材料后，分别设计了"俾斯麦为何要与奥地利共同出兵""俾斯麦为何不乘胜追击而与奥地利讲和""应如何评价俾斯麦及其'铁血政策'"三个问题，让学生课上讨论，收到了较好的学习效果。再如，另一位教师在讲授"元朝的统治"一课时，组织学生对元朝的统一和文天祥的抗元斗争进行讨论，以加深学生对文天祥坚贞不屈的崇高气节以及历史复杂性的认识，真正将培养和训练学生的思维能力落到了实处。

历史课堂讨论的基本程序为：教师布置、指定学习内容，指明学习的重点、难点，学生自学；分组研究讨论内容，理出问题及线索；学生之间自由发言，交流看法；进行小结，明确讨论的收获，及时巩固学习成果。

在课堂上运用历史讨论法时需要注意：讨论前，教师应具体提出讨论的题目和讨论的具体要求，指导学生收集有关材料，认真准备发言提纲；讨论中间，既要让学生自由发表意见，畅所欲言，展开争论，又要积极引导，提倡科学态度和实事求是的学风，而不能放任自流；小结时，教师还可以根据讨论的进展情况，进一步提出需要思考的问题，引导学生继续学习和研究。

（四）单一方法组合成的教学方式

单一的历史教学方法有许多种，在教学中，教师不能长时间使用一种单一方法，也不能在一定的教学时间里把所有的单一方法通通使用一遍。在实践中，教师往往是根据教学的具体任务、具体情况，选择两种以上的单一教学方法进行搭配、组合，然后在教学中运用。

由于现代教育理论、教育技术和手段、历史科学研究的迅速发展，历史教学方法的进步也不断加快。在教学实践中，历史教学方法的组合不断出现新的内容、新的形式。目前，在教学中经常使用的历史教学方法组合主要有以下几种类型：

1. 以讲授为主的方法组合。

这是长期以来，在历史课堂教学中普遍使用的一种方法组合，这种教学方法组合的特点是，在课堂上的大部分时间里，由教师使用语言讲述、讲解教学内容，在讲授过程中，辅以其他的具体方法。这种方法组合的优点主要是：能够传授系统的书本知识，有利于教师主导作用的发挥，便于教师掌握教学进程和节奏等。但也具有明显的缺陷，主要有：过于重视书本知识，学生的主动性受到限制、不易发挥，教学形式流于刻板、僵化等。由于存在显而易见的缺陷，这种教学方法组合越来越受到人们的非议和批评。但是，由于教学手段的更新和发展，不少教师在历史教学实践中，正不断对其进行改造，力图在保留其优点的前提下，克服、弥补其缺陷，以使这种方法组合重新焕发出活力，更好地为历史教学服务。

在历史课堂上，使用这种方法组合时，教学的一般模式为：组织教学、复习旧课、讲授新课、巩固新课。其具体过程大致如下：

（1）通过组织教学，引起学生的注意，沟通师生之间的交流网络，营造课堂气氛。

（2）通过复习与新课内容有联系的旧知识，导入新知识教学。

（3）充分运用讲授的各种方法，并辅以其他方法，展开新知识教学。

（4）在讲授新知识的基础上，及时通过总结和当堂练习，帮助学生消化、理解学习内容，巩固学到的知识。

2. 讲授与谈话结合的方法组合。

这也是历史教学中，教师常用的方法组合之一。其特点是在课堂上，教师的讲述、讲解与教师和学生之间的谈话交替进行，使教师既传授了必要的知识信息，又尽可能地与学生相互之间运用语言进行交流，从而达到预期的教学目标。在这种方法组合中，学生在很大程度上参与了教学过程，学习主动性得到了一定的发挥，教学不再是单一方向的简单传授、输送，而是教学双方形成了双向的反馈交流。在讲授和谈话过程中，随时可以插入阅读、演示等具体方法，以增强教学的效果。

在历史课堂上，使用这种方法组合时，教学的一般模式为：通过谈话导入新课、通过教师的讲述、讲解与谈话相结合教学新课、通过谈话帮助学生归纳、总结和巩固学习内容。其具体过程大致如下：

（1）通过谈话联系与新课内容有关的旧知识，以保证在新学习的开始，就让学生主动地参与进来。

（2）在新课的教学过程中，教师的讲述、讲解与谈话穿插运用，以使新知识的内容层层展开，前后贯连，让学生逐步接受和掌握新知识。

（3）通过与学生的谈话，使学生所学到的具体历史知识逐步理性化，形成知识的系统和结构，加深对历史的认识，在此基础上，巩固所学到的内容。

3. 辅导与讨论结合的方法组合。

这是近年来，历史课上出现的一种教学方法的组合方式。它的特点是在教师指导下，学生在独立思考的基础上，充分发表自己的意见，相互之间通过对问题的讨论、交流，达到学习的目的。这种方法组合可以充分发挥学生学习的主动性，有利于学生良好的思维习惯的养成和创新思维意识的培养。

在历史课堂上，使用这种方法组合时，教学的一般模式为：在教师指导下学生自行研读教材和资料；学生就疑难问题进行讨论、交流；教师总结提高。其具体过程大致如下：

（1）在教师指导下，学生带着学习问题，研读教材有关内容和材料，通过阅读、思考，形成自己对问题的看法。

（2）采用分组或相邻组合的方式，让学生之间就学习问题展开讨论、交流解决问题的思路和办法。

（3）在学生讨论、交流的基础上，教师精要提示、讲解重点疑难问题，帮助学生理清思路、形成认识。

（4）通过各种类型的作业、活动，及时进行总结、练习，帮助学生巩固学到的知识。

4. 以互动为主的方法组合。

这也是近年来，历史课上出现的一种教学方法的组合形式。这种方法组合的特点是，课堂上，在教师必要的辅导讲解之外，用相当多的时间，以各种学生活动的方式，让学生与教师一起直接参与教学实践。在活动过程中，教师和学生始终处于平等的地位，共同寻找材料、共同讨论、共同解决问题。这种方法组合有利于学生主动性和创造性的发挥，可以活跃课堂气氛，激发学生的求知欲望，培养学生动手的习惯和解决问题的能力。

在历史课堂上，使用这种方法组合时，教学的一般模式为：创设历史情境、以学生为主体，师生共同参与各种活动；总结、巩固学习效果。运用这种方法组合的具体过程大致如下：

（1）创设活动场景。可以模拟历史场景，如把教室布置成手工工场、历史会议场所；可以采用历史背景法，如展示历史实物与模型、影视播放、音乐渲染等；可以选择典型、重要的历史遗址、遗迹，博物馆等作为活动的场所。

（2）在事先布置好的情境中，按照设计要求有计划地展开活动，让学生在模拟的历史实践活动中，体会和感受历史过程，以提高学生历史学习的主动参与意识，真正体现和落实学生在历史学习活动中的主体地位。

（3）活动过程中的每一个阶段和活动结束时，教师要及时启发、总结，以帮助学生理解活动的内涵和意义，并通过这种理解，使学习逐步深化。

此外，广大历史教师在长期的历史教学实践中，还创造出了许多行之有效的教学形式，有待于进一步总结、提炼，上升到一定的理论高度，而后定型、推广，以进一步丰富、完善历史教学方法的内容和体系。

【资料链接与拓展】

在确立了课堂教学事件之后，教师的任务则是选择用何种教学手段（教学模式或教学方法）来处理这些教学事件。现有的教学方法多种多样，在众多的教学方法中教师必须作出适当的选择。在课堂教学中，教师往往不是只选用一种教学方法，而是综合应用多种方法。把许多方法按一定顺序组合起来，重复用于达到一定的教学目标，便成为教学模式。

——皮连生主编：《教学设计——心理学的理论与技术》，108 页

（五）中学历史教学方法的选择

1. 选择历史教学方法的标准和依据

在历史教学中，教学方法的选择就是教师为完成一定的教学任务，并依据一定的教学条件和要求，在诸多具体方法中挑选几种教学方法进行搭配、组合的活动。

可用于中学历史教学的方法是多种多样的，而历史教学活动又无定式，因此，选择教学方法的工作十分复杂。在教学中选择和运用教学方法时，

不能简单地认为某种方法好，某种方法不好。长期的历史教学实践已证明，每一种教学方法都有其长处，又都有局限。例如，历史讲授的方法，其优点是教师可以充分发挥语言的作用，系统讲述、讲解历史知识，但其明显的局限是容易限制学生活动的开展。再如，某些具体演示法，其优点是可以大大加强教学的直观性，从而提高教学内容的真实感。但在很大程度上制约了师生交流。而且，在教学中每一种教学方法都不是万能的，都有其适用的条件和范围。可以说，没有任何一种单一方法或方法组合，适用于一切时期的一切教学活动。因此，选择历史教学方法的标准，不只是单纯看其是否有利于完成教学任务，或是否有利于学生活动，亦不仅是否符合教学内容特点的需要。现实中，教学手段的状况、具体的教学环境、教师个人的特点，等等，也都在很大程度上影响和制约着教学方法的选择。因此，教师在选择历史教学方法时，需要全面、综合、具体地考虑各种相关因素，慎重取舍，特别是不能为了方法而方法。

在历史教学中，教师运用一般标准选择教学方法时，要重点注意以下几点：

一是有利于达到教学目标的要求。在历史教学中，不仅每一节课的内容，甚至同一节课的内容都不相同，其具体完成的教学任务，也会根据内容的变化而有所不同。这就需要教师在教学时，根据所要完成任务的具体情况选择教学方法。如在当前的历史教学中，教学目标要求不仅要向学生传授历史基础知识，还要培养学生的能力、对其进行思想道德教育。在选择教学方法时，教师如果过于重视知识传授、知识记忆的方法，就不可能全面完成教学任务，落实教学目标的要求。

二是教学方法与教学内容必须达到有机的结合。历史教学不仅不同于自然学科，也不同于其他一些人文、社会学科，其内容所具有的一度性特点，决定了其教学不能通过直接观察、实验等方法进行，而教师讲授、演示、师生相互交流等方法，在历史教学中则特别重要，运用起来颇具特色。在历史教学中，如教师要向学生说明历史事件的背景、原因，就要重视运用讲述、讲解的方法；如果教师要求学生具体掌握地理环境对事件或现象的影响，就需要使用历史地图；再如教师需要学生具体了解某些历史遗物，就应该尽量向学生充分演示实物、模型，或遗物的图片、图画等直观教具。

三是教学方法要适合教学对象的年龄、知识水平和心理特征。不同年龄段的学生其知识水平、心理特点有很大的区别。如初中学生通过小学学习，其他课程学习，课外直接和间接的接触（课外阅读、参观、游览、听别人讲述、其他媒体传播的信息等）已经有了一定的历史知识基础，但不系统。而且，在其已有的知识中，正确与错误的内容混杂在一起。中学生的求知欲望强烈；思想活跃；情感控制力有所加强，但情感变化较快，易于冲动；从具体、形象思维向抽象思维过渡，已经能够对一些复杂的问题作出较恰当的判断和推理。在选择教学方法时，教师就要具体考虑讲述与讲解方法的结合，讲述讲解方法与谈话方法的结合，讲授方法与演示方法的结合、教师教学方法与学生动手、学生活动方法的结合等。

四是根据教学手段的实际水平和状况选择教学方法。教学手段是教师与学生开展教学活动，互相传递、交流信息的重要工具，它与教学方法相互依存。离开了教学手段，教学方法就失去了存在的物质基础；而离开了教学方法，教学手段也就不能发挥作用。在历史教学中，教师选择教学方法时，应该首先考虑所使用教学手段的状况，在现代技术设备条件较好的条件下，选择教学方法就会有较大的余地。如幻灯投影、电视录像、计算机多媒体等现代技术设备在教学中运用，可以使历史演示法发生深刻的变革，在教学中，历史教学方法的组合就会出现许多新的形式。而在教学技术、设备较落后的情况下，历史教学中只能经常地使用语言讲授与常规的直观教具演示相结合的方法。

五是选择历史教学方法还要考虑到教师的状况。从教育者的角度来看，教学方法是历史教师完成教学任务、落实教学目标的重要途径和手段。因此，还必须充分考虑教师的具体情况，依据教师的知识水平、教学能力、教学经验、教学特点和风格等因素选择教学方法。

总之，历史教学方法的选择是一个非常重要、非常复杂的工作，操作起来要考虑各种因素的影响和制约，而不能仅从教师的主观意志出发，使其带有随意性；亦不能脱离选择和使用教学方法所要达到的目的，以对某种方法的追求为目标，在选择方法时为了方法而方法。

2. 选择历史教学方法的一般程序

在历史教学中，教师选择教学方法不是简单的信手拈来，历史教学方法的选择是一项复杂的工作过程，包含着一套必要的程序和步骤。尽管不同的教师根据自己的实践和体会，有不同的具体选择方式和步骤，但归纳起来，大致包括以下步骤：

第一步，确立选择方法的标准。选择历史教学方法的依据和标准就是上述的几条，但在实际操作中，要将其具体化。如一节课中，具体化了的教学目标、具体化了的教学内容、教学时间的规定和要求、不同班级教学对象的具体情况、教学手段设备的条件、教学环境状况等。明确选择方法的标准和依据是非常重要的，没有标准和依据的选择必然是盲目的。因此，确立选择标准是选择历史教学方法的起步。

第二步，教师要广泛了解和掌握各种历史教学方法，熟悉这些方法的具体运用。当前，在历史教学中可以使用的方法有许多，每种具体方法及方法的组合都有长处，适合在一定的情况下使用，但又都不同程度地存在缺陷，不能适用于一切场合。教师如果对这些情况不了解就进行选择，往往会导致失败。历史教师了解教学方法的途径有多种多样，可以通过阅读有关一般教学论、学科教学论的书籍、同行之间的交流等方式了解和学习各种历史教学方法。

第三步，对所掌握的教学方法进行比较。在历史教学中，对可供选择的教学方法要从不同的方面、不同的角度进行比较：

（1）对多种教学方法进行可行性比较。如前所述，由于每一种教学方法都有其特性，因此，在具体教学中，使用哪一种方法更好，就需要教师进行判断，但这种判断不应是主观的、随意的，而应在对各种教学方法进行可行性比较的基础上作出。如历史讲述法，对于形成"系统形象性知识"效果最佳，但对于形成"历史概念知识"则不如历史讲解法；历史讨论法对于"发展学生开放性思维"帮助很大，但对于"系统引导学生进行逻辑思维"则不如历史谈话法，等等。

（2）对历史教学方法的适用范围和条件进行比较。由于不同教学方法的具体情况不同，其适用的范围和条件也不同。如比较历史讲述法、历史讲解法、历史谈话法、历史讲读法、历史演示法、历史讨论法等，解决何种教学任务最有效、最适合解决何种教学内容、最适合何种学生的特点、使用某种方法时教师必须具备的条件等。

最后，作出选择。这是选择教学方法的最后一步。一旦作出了选择的决定，选择历史教学方法的过程就结束了，同时，具体选择的结果也就具有一定的不可改变性，教师要在教学过程中按照设计具体操作和运用。

三、历史课堂教与学的研讨

（一）概念所涉及范围的界定

历史课堂上的教与学既是一个复杂的理论问题，也是一个很有操作难度的实践问题。首先，它涉及一系列有关教学的概念，如教学、教学论、教授、学习等，对这些概念的界定，由于诠释者的视角不同、出发点不同、对已有经验的感受不同，出现了迥然不同的观点；其次，它在实践中遭遇了来自各方面因素的困扰，如师生关系的确定、教学资源的质与量、课堂环境的好与坏、课堂教学的评价标准等。本节主要从狭义的角度，探讨当上课的铃声响起，教师和学生在教室这一特定的空间里，将通过怎样的活动，度过 45 分钟的时间。这里涉及的教与学，与前面提及的概念虽然密不可分，但是更为狭义的两个概念，即在学校里特定的空间和特定的时间，所进行的师生实现教育目标的活动。

（二）历史课堂教学的境遇

课堂教学是班级教学制的具体运行方式。其产生有着深厚的时代和教育发展背景。它的出现与人类的进步和教育的发展密切相连，是近代教育、近代学校的产物。从实践上来看，班级教学制最初产生于 16 世纪欧洲的一些地区，到 18 世纪末、19 世纪初在欧美各国推行，进入 20 世纪以后，在世界各地推广开来。从理论发展来看，该组织形式经过夸美纽斯、赫尔巴特到凯洛夫基本形成了一个比较完整的理论体系。

到目前为止，在我国的中学历史教学中，课堂教学是主要的教学组织形式。关于班级教学的优点和局限，很多教学论方面的著作已有论述，我们在这里着重探讨的是，就历史科目而言，课堂教学应受到何种程度的关注？面对不断变革的历史课程，课堂教学的生命力是否削弱？今后历史课堂教学应该向什么方向发展？

从 20 世纪 90 年代以来，历史课堂教学备受人们的关注，成为历史教学的热点话题之一。有人认为，随着基础教育改革和历史教学的变化，历史课堂教学的弊端不断显露，如课堂封闭、僵化，教学内容陈旧，教学方法单一、教师"满堂灌"，等等，在很多方面已不能适应教学发展的需要。有人则认为，历史课堂教学没有过时，可以通过改革消除其弊端和局限，在实践中，出现了把课堂挪移到遗址、遗迹现场去上的历史课，在 45 分钟的历史课上学生满堂活动，很多地方规定，历史课堂上教师的讲不能超过 20 分钟、25 分钟等，这些做法都被冠以改革。因此，有必要对课堂教学的由来与发展作一简要回顾。

如前所述，现代意义的课堂教学是班级教学制的具体运行方式。从时间上看，它是伴随着人类进入近代社会的步伐而产生的；从当时的社会状况来看，它是资本主义发生和发展的产物。它的产生标志着生产力水平的提高及其对教育的迫切需求，是新形势下，教育普及趋势和教学规模扩大影响下的教学组织形式的一次极有意义的变革。需要引起人们关注的是，教学组织形式不是也不能够独立存在，它还与课程类型密不可分，什么样的课程类型必然导致与其相适应的教学组织形式。如，学科课程是与课堂教学紧密相连的，活动课程则需要开放性的教学环境下的活动"教学"（即学生体验、获取直接经验的教学活动。下同）。历史课程是学科课程的一个基础性科目，它的主要内容是由人类探寻历史发展轨迹方面所获得的认识，即历史学研究的成果所构成的，它是奠定儿童文明素养的共同基础。它的主要运行方式必然是课堂教学。因此历史课堂教学应该是学校历史课程实施过程中，需要人们长期关注的重要环节之一。

在相当长的时间里，历史课堂教学受到了种种质疑。其中之一，就是课堂是封闭的，课堂教学僵化。课堂是封闭的这是一个不争的事实，问题是在教学中是不是封闭必然不好？课堂是不是必然导致教学的僵化？前面已经谈过，课堂教学是由课程类型决定的。那么课程类型又是由什么制约和决定的呢？不论在何种教育体系中，对教育本质的认识都直接制约着课程类型，"教育是人类已有知识和经验的传递"导致了学科课程的出现，"教育即成长、教育即生活"则导致出现了活动课程。由此可见，教学组织形式的选择与教育的内容的类别有直接的关联，或可以说，教育内容中知识的类型决定着教学组织形式的选择和运用。以间接知识、间接经验的传递为主的教育运行，课堂教学是主要的组织形式；以直接知识、直接经验的获得为主的教育运行，则不能脱离活动"教学"为主。因此，在学科课程的教学中，教学环境的封闭不是必然不好，这就与在活动课程的教学中，教学环境的开放不是必然不好同理，关键问题在于，教学组织形式的选择和运用，是受到知识的类型制约的。课堂教学这样一种相对封闭的环境，适合间接知识、间接经验的传递；活动"教学"这样一种相对开放的环境，适合直接知识、直接经验的获得。离开了制约教学组织形式生成的基础和条件，孤立地谈论教学以及教学环境的封闭与开放将会把我们对这一问题的研究引入歧途。这是当前在理论探讨和实验的实践中需要予以注意的。接着我们探讨课堂是否必然导致教学的僵化问题。其实任何一种教学形式都可能或是僵化的或是灵活的，问题在于在教学中用何种观念指导、具体设计怎样的活动路线、如何选择组合手段和方法、教学中是否形成师生之间的良性互动、学生在学习中能否自主展开思维，等等，诸多因素中，缺一即有可能导致不同程度的教学僵化。可以说长期以来，在上述几个环节上我们都存在着明显的问题。如，教学中真正起指导作用的教学观念便是教会学生应对考试，由此导致教学活动路线实际上是围绕着学生学会考试设计的，教学中，教学手段、教学方法单一，是因为考试的需要单一，教学中师生关系始终摆脱不了一方主动、一方被动的矛盾局面，因而师生在教学活动中的良性互动也就不能出现，这样一来，学生在课堂上的自主思维就成了一句空话。由于历史课堂教学中师生谁都不能直面教学对象，上述问题表现得尤为明显，其对教学的干扰也更大。如此展开对问题的认识，我们就可以对现实中的一些做法展开讨论。

首先，就整个历史课程实施的过程来看，把历史课堂搬到遗址、遗迹或其他"历史"现场，几乎是不可能做到的，要受到来自各个方面、各种苛刻条件的影响和制约。如果是偶尔做一次的话，其实际意义并不大，而且相对于历史课程而言，这样的开放可能无益而有害。

其次，为了改变历史课堂上教师"满堂灌"，有教师不惜加大学生的活动，以至形成了满堂活动。在这里我们遇到了两个需要澄清的问题：一是满堂活动是否真正能改变"满堂灌"；二是课堂上的活动与活动课程之间能否画等号。

要解决第一个问题，需要了解和认识"满堂灌"的症结究竟在哪里。对此可以说是仁者见仁，智者见智。为了弄清问题，需要分层次作一扼要剖析。第一层，需要把涉及的关键概念，如"满堂灌"、灌输式、语言讲授、活动等分理清楚。长期以来人们把"满堂灌"和灌输式等同起来，其实这两者之间是有很大差别的。"满堂灌"是一种现象，灌输式是一种教学模式或教学思想，其与启发式相对应；语言讲授是教学的重要形式，它是运用语言工具形成的一种教学活动形式。活动是运用如动手、讨论、回答问题等一些特定方式、方法的教学活动形式，二者各自独立、各有所用，但是在教学中需要相互合理配合，才能发挥最大效用。第二层，需要厘清对"满堂灌"的错觉。历史课堂上出现的"满堂灌"并不是某一种特定的手段或方法运用的结果，可以说运用任何手段或方法都可能出现"满堂灌"的现象。如，满堂讲的"满堂灌"、满堂活动的"满堂灌"，等等。灌输式运用不当可以导致"满堂灌"，活动式（有人将活动等同于启发式）运用不当也可以导致"满堂灌"，即无目的的满堂活动不过是"满堂灌"的另一种表现形式。因此，以满堂活动替代满堂讲不是课堂教学的进步和未来方向。第三层，"满堂灌"所造成的真正问题是什么。其实，"满堂灌"最大的问题在于整个教学中给学生造成从始至终的被动，而学生被动的最大问题在于始终不能主动展开自主思维。在历史教学中，我们强调能力培养重要已经很多年了，然而在这一领域我们至今没有取得明显的、实质性的进展，其原因当然有很多，但是很重要的一个直接原因，就是我们的历史课堂始终不能成为学生的一个宽敞的学习平台，始终不能为学生提供一个宽松、民主的学习氛围，始终不能让学生在课堂上真正实现自主思维，因而也就不能在课堂上真正扭转学生的被动局面。第四层，目前迫切需要实现教学观念的转变，然后从认识和实践两个方面着手解决问题。其实，无论哪一门学科课程的教学，都需要遵循、贯彻启发式思想和原则（从方法论的角度来看，发现法与启发式同属）。但是，根据学科课程的特点，在教学中适当运用灌输式作为一种补充是完全必要的。因为灌输式是诸多教学方式的一种，它在实现间接知识和间接经验传递的过程中，可以发挥特定的作用。然而，任何一种手段、方式都不能绝对化，在教学过程中只能在需要的时候运用。特别是在教学中，长时间固定使用一种手段、方式，既不符合学生学习的心理特征，也不能适应不同种类的知识和技能对手段和方式的需求。以讲为表现形态的灌输式如此，以活动为表现形态的灌输式亦如此。

解决第二个问题，需要从理论上进行相关的一些探讨。在历史课堂教学实践中，许多人对活动课给予了格外的关注，其原因在于对课程类型认识上的一个误区所致，即把活动课等同于活动课程。有了这样一个前提，活动课的地位和重要性自然就有了很大的提高。因此，回顾课程论的相关原理，辨析活动课程与活动课的区别，对课堂教学中正确运用活动，有着十分重要的意义。活动课程产生于19世纪后半期。美国人杜威在对传统教育理论和实践的批判中，创建了进步教育理论，提出了"教育即成长、教育即生活"的思想，与之相适应，他设计了活动课程的类型。因此，我们在了解和认识活动课程时，必须把握几个要点：一是活动课程具有明确的服务对象，即直接经验和直接知识；二是活动课程中的活动是内容，即，构成直接经验和直接知识的生活活动，组合成为了活动课程的内容；三是活动课程理想的学习方式主要是动手体验。活动课程的上述几个特点，正是活动课程区别于学科课程的直接标志。活动课则不然，它是学科课程教学中，为了改善学习氛围、学习途径和学习方式的一种课堂教学运行方式。活动课中的活动与听讲同属一个级别，是一种具体的课堂学习方式。我们在认识它时，亦需要把握几个要点：一是活动课的活动，直接为课堂教学服务，是学习间接知识、间接经验的重要"手段"；二是作为具体学习方式的活动，可以为学科课程下的学习服务，也可以为活动课程下的学习服务；三是在课堂教学中，活动课只能是辅助教学运行的一种方式，发挥辅助的作用。

再次，规定历史课堂上教师的讲不能超过 20 分钟、25 分钟，给历史教师的课堂教学造成了不必要的混乱和困惑。语言讲授本来就是教学的重要手段和重要方式，历史课堂上教师运用"讲"是一种教学行为，应当由教师自主设计、自主决定。其一，历史知识的特点决定了历史学习过程中，学生始终不能面对学习对象，要完成了解系统的历史线索和脉络、形成完整的历史认识，十分困难。因此教师运用语言讲授尤为重要。其二，语言只是一种教学手段、语言讲授也不过是一种教学方式而已，在课堂上如何运用是需要教师探究和决定的事，即便使用中出现问题，也只能是由教师自己认识、自己解决，而不能简单运用行政规定加以解决。其三，历史新课程的单元专题式结构，给课堂教学预留了一定空间，以利于教师和学生通过互动实现自主创造。教师根据课程标准的设计和要求可以对学习内容进行必要、适度的调整与组合，打破传统的一节课为一个基本教学单位，即一课时完成一个内容教学的结构，以一个单元为一个基本教学单位，从内容出发，将几个课时打通使用，充分体现专题的完整性和学习要求。这样，作为教学基本单位的一课时就成为单元这一基本教学单位，即总课时的一个组成部分，这不仅大大地拓展了手段和方式运用的空间，同时还大大地减少了传统的一课时为一个教学单位的模式给手段和方式运用带来的种种限制，在这样的教学环境中，教师既可以依据学习要求充分讲授，又可以依据学习要求运用其他手段和方式，还可以依据学习要求将讲与其他方式结合使用。其四，历史课程内容的特点决定了学生历史学习的活动主要是思维的活动，在历史课堂学习中能否实现学生自主思维，教师的讲具有不可替代的引领、示范和传递、解惑作用。

总之，作为历史课程运行的重要组织形式之一的历史课堂教学，至今仍无法被替代。在今后的理论和实践中，如何根据基础教育历史课程发展新形势的需要对其加以改造，以更好地为历史课程运行和发展服务，是一个需要不断研讨的教学课题。

（三）历史课堂教与学的基本关系

教师的教与学生的学构成了课堂上教学活动的主体，可以说没有教与学的活动就没有历史课堂。但是，长期以来，在我国历史课堂上教与学的关系没有达到和谐的状态，或强调教，或强调学。强调教的时候，往往学就被忽略了；而强调学的时候，教又被削弱。这样的现实所导致的局面，就是课堂上师生关系紧张，师生良性互动不能形成，在这样的课堂情境中，无论是教师的教，还是学生的学都受到严重干扰，因而历史课堂教学目标的落实受到很大的冲击和影响。要想改变这种现状，我们必须从不同层面深入剖析课堂上的教与学，全面揭示历史课堂上教与学的关系。

1. 教与学是历史课堂上各自相对独立的两个不同活动系统

教与学是历史课堂上两个各自独立的活动系统，这是需要我们探究的第一层意思。

长期以来，我们对历史课堂教学的关注不可谓少，但是对课堂上的教和学分别加以研究和揭示更是远远不够。这是导致二者之间关系始终处理不好的直接原因之一。

首先，我们来研究历史课堂上的教。在现实中，我们经常听到"授之以鱼，不如授之以渔"，对这句话的理解虽然有各种歧异，但是无论授之鱼，还是授之渔，都离不开"授"。现代教学论强调"学会学习"，然而离开了教，恐怕"学会"只是一句空话，可以说"教会学"是"学会学"的重要条件和基础。如果教非常重要，我们就要对其进行研究，特别是揭示教的具体过程和环节。

一般来说，在历史课堂上教师的教具有这样几个主要环节：一是教引导学的走向，制约学的发展程度；二是教主导、调控课堂的状态；三是教决定课堂使用的手段、方法；四是由教实施对学习的评价。据此，我们可以大致勾勒出历史课堂上教的基本过程：课前，教要完成整个课堂活动的设计和准备；课堂上，教通过必要的传递和引领帮助学生获得必要的材料，不断设疑、解惑，引导学生展开历史思维，这同时又是组织教学内容的过程、运用手段方法的过程、评价的过程；课后总结，为下一节课作好间接准备。

作为独立的活动系统，历史课堂上的教既具有一般性又具有特殊性。其一般性即是说与其他科目课堂上的教具有共同性。如，在一节课上课之前，教师已经开始教，即设计课堂上的行进路线，并为其实施作好充分的准备，此时教的过程虽然还没有正式启动，但是这个过程可能已在教师的观念中经过反复运行了；课堂上教师要运用各种手段和方法，传递、引领学生获取材料、展开思维，其间还要不断解惑，以推动学习走向深入。其特殊性即是说与其他科目课堂上的教的差异性。如，科学科目的课堂上，在很多情境下，教师和学生可以直面教学对象，教师通过引导学生实验和观察可以再现某些现象、直接证明思维判断的准确度和合理性；历史课堂上，教师和学生在绝大多数情况下，不能直面教学对象，教师只能引导学生依据历史遗留下来的痕迹，通过分析、推理形成间接历史认识。

其次，我们来研究历史课堂上的学。教育中，受教育者是教育活动即认识客体的核心主体，因而对这一活动结果的评价，是由活动中受教育者的状态而不是教育者的状态所决定的。历史课堂上学生的历史学习简括地说是一个由不知到知的过程，从操作的角度看，大致包括这样几个环节：获取相关的信息和史料；通过解疑、分析、推理，展开历史思维；自觉检验和改进自己的学习，为下一节课作必要的间接准备。

作为一个独立的活动系统，历史课堂上的学也具有一般性和特殊性。其一般性即是说与其他科目课堂上学的具有共同性。如，在一节课上学生要通过各种手段和方法获取信息和材料，要通过解疑、分析、推理展开思维，学习中要自觉检验和改进自身的学习状态，等等。其特殊性即是说与其他科目课堂上的学的差异性。如，科学科目的课堂上，在很多情境下，学生可以直面教学对象，通过实验和观察再现某些现象、直接证明思维判断的准确度和合理性；历史课堂上，学生在绝大多数的情况下，不能直面教学对象，只能依据历史遗留下来的痕迹，通过分析、推理形成间接历史认识。这样，无论从客观上还是主观上都加大了历史学习的难度。

从历史课堂上教与学演进的表面程序来看，有很多环节相似或大致相同。但是，从教与学的特质差异来看，教的核心主要是实现"外化"，即教师通过教将历史教育内容转化到学生身上，促进学生的成长；学的核心主要是实现"内化"，即学生通过学将历史教育内容向自身转化。教师如何顺利实现"外化"与学生如何实现"内化"，二者不能相互替代，随着历史课程的发展与进步，历史课堂上的教和学亦需要不断深化。

【资料链接与拓展】

教授模式	探究模式
学生上课听讲消化知识	学生作为探究者和知识创造者
学生积累储存知识以备将来之用	学生接触、建构知识用于当前情景
学生承担一些共同的任务和活动	学生的任务、活动基于不同的分工
学生使用知识，学习有关某些问题的解说	学生使用知识发现、钻研、解决问题
学生被动地接受知识，视其为客观、事实、正确	学生有个性地解释、批判、解剖知识

——兰祖利：《丰富教学模式——一本关于优质教育的指导书》，译者前言第 4 页，上海，华东师范大学出版社，2000

2. 教与学有机结合才能使历史课堂教学顺利进行。

教与学虽然是历史课堂上两个各自独立的活动系统，但是在实践中二者又很难分割开来，这是需要我们探究的第二层意思。

我们说历史课堂上的教与学具有不可分割性，是因为从事物过程的角度来看，课堂是一个整体，课堂活动只能是一个过程而不能是同时并存的几个过程。如，教师的教与学生的学必然交织、融合在一起，在一个课堂时间单位里完成，而不能是教师的教是一回事、有一个过程，学生的学又是一回事、又有一个过程。以下从不同角度具体探讨历史课堂上教与学的不可分割性。

其一，要说明历史课堂上的教与学相互依存。"皮之不存，毛将焉附"，如果没有了教，学就不存在了；反之，如果没有了学，教何能存在？因此，实现相互依存就是要在课堂的各个环节中抓住教与学的共同点，不断解决矛盾，实现教与学的统一，使其相辅相成，融合一体。

其二，要揭示教与学在历史课堂中的地位与作用。在历史课堂上教与学孰轻孰重始终是人们关注并探究的课题之一，探讨这一问题，需要正确认识教与学的载体即教师和学生的地位问题。长期以来，我们始终是在"教师主导、学生主体"这样的认识支配下处理教与学关系的，这样表述固然有其合理的一面，但是其缺陷也尤为明显。缺陷之一，以作用对应地位，这是逻辑上的混乱；缺陷之二，教师没地位、有作用，学生有地位、没作用，导致师生关系中矛盾的加重。在我国主要表现为教师主动、学生被动。其实这一矛盾的表现还可以有第二种形态，即教师被动、学生主动。这种认识和状况是怎样产生的呢？这又与我们的另一个认识，即对教育活动的认识的缺失有直接的关联。我们对教育活动研究的缺失，至少表现在两个方面：一是对教育要素关系的研究，主要集中在教师和学生的关系上，围绕教师和学生谁是教育主体争论不休，观点各异。有人认为教育者是主体，有人认为受教育者是主体，还有人认为教育者和受教育者互为主体，等等。二是在相关研究中教育活动被不断窄化、弱化了，好像教育活动就剩下教育者和受教育者的关系了。综合来说，教育者和受教育者的关系只是教育活动中各种关系的一个侧面，这种关系再重要，也不能将其等同于或用其替代整个教育活动。因此，我们探讨教育活动中的主客体问题，一定要以活动本身为起点，而不能从活动延伸的某个侧面谈起。教育活动中的主客体问题既有一般性又有特殊性。其一般性在于教育活动与其他实践活动和认识活动有许多相同的地方，其最重要的一点是这一活动的主体是人，客体是学习、认识的对象。但是，它又具有特殊性，即作为学习、认识主体的人，除学生之外，还有教师。这是因为整个教育活动，是由教师和学生的互动构成的，离开了教师，学生无法独立从事活动、达到活动的目标。就教育活动而言，主客体问题主要是明确学习、认识的主体人与客体学习、认识对象的关系。教师和学生的关系是整个教育活动主客体关系下一位的问题，不能用它取代教育活动的主客体关系；教育活动中的教师和学生关系，是受教育活动主客体关系制约、影响的一个环节，共有许多具体而复杂的内容，应当具体研究、具体阐释，而不能简单套用主客体的表述来替代。

3. 历史课堂上的教与学是教师和学生共同完成的一个创造活动。

如何实现教与学的互动，从而实现历史课堂上师生共同创造，这是需要我们探究的第三层意思。

以上对课堂上教与学的研讨，是为了在加深认识的基础上，实现高水平的师生互动，全面改善历史课堂的质量。

什么是高水平的师生互动？即实现创造。这涉及学生的学习问题。学习是什么？学习的作用如何？对这些问题，人们有不同的见解和观点，载于各种教育学、教学论和学习论的书刊之中。概括来说，学习是学生实现成长的活动，学习的作用是有目的、有组织、有计划地促进学生的成长。这里的成长即成熟、而成熟又意味着变化、变化又意味着发展，我们是否也就可以说，成长亦即一种创造。简言之，在历史教学中，每一个教师自身的状况不同、其面对的学生的状况亦不同，教师的任务是要通过自身一系列教的活动，引领、推动学生通过一系列学习活动提升自身的历史素养，这就是历史课堂的创造。在历史课堂上，要实现师生共同创造，首先需要实现师生良好的互动。其实，在教学中，只要有师生同时存在，互动也就存在，只不过是利用何种形式的互动，又会产生何种结果的问题。如，灌输式的课堂中，教师为中心，学生也要与教师互动，只不过是教师主动学生被动，其结果可想而知了；反之，学生为中心的课堂，满堂活动师生之间也有互动，只不过这种互动仍然表现为一方主动一方被动，其结果也就可想而知了。师生之间的良好互动关系的生成，除了上述需要解决的教与学之间的种种问题之外，还涉及互动过程中，师生对历史的感悟问题。

历史感悟是历史课堂师生实现共同创造的重要基础和条件。在教学技术化水平加速提高的今天，历史教学的技术化不断增强。一些历史教师在课堂上越来越青睐于技术手段和技术的教学方式，对学生过于注重学习的技术层面指导和引领；许多学生的历史学习也就"异化"成为追求高分，并且能够取得高分的技术、技能的运用和学习了，这样的结果导致了历史教学水平的实际下降，学生历史素养不断缺失。要改变这种状况，增强历史学习中的感悟显得尤为重要。

如前所引，历史是人类社会发展的进程，"是人类生活的行程，是人类生活的连续，是人类生活的传演，是有生命的东西，是活的东西"。对于这样的学习内容，单纯地靠简单记忆、抽象推理、技术分析是学不好的，需要学习者带着丰富的情感、深刻体验人类历程的艰辛与成就，感悟人类文明恢弘和精神力量的伟大。

在历史课堂上如何实现学生对历史的感悟呢？首先，教师要引领学生共同创设历史情境。通过历史情境的创设和进入历史情境，使学生了解，过去了的历史是一个充满活力、充满生气的地方，其中蕴藏无数传奇的故事。它虽然远离我们但仍以各种形式经常出现在我们周围，影响着我们今天的生活，因而渐生身临其境之感。其次，教师要引领学生在课堂上通过丰富的史料和历史信息，"还原"历史的情节、人物的活动、事件的过程，通过分析、推理，逐步理解和认识历史留给我们的经验和教训，体会历史的伟大意义，启迪学生运用历史思维对人类社会发展的未来展开畅想。

第四节　课堂外的历史学习活动

一、历史课堂外活动的价值

课堂教学是历史教学的基本组织形式，但不是唯一的形式。在课堂教学以外，还有其他教学组织形式，通称为历史课堂外活动。与课堂教学相比，课外活动机动灵活，形式多样，学生可以有选择的余地，能够照顾到学生的兴趣和需要。它是课堂教学的重要补充，同时，又是课堂教学的继续和扩大。历史课外活动能够巩固和充实学生在课堂上的学习，加深对所学内容的理解和把握。同时，还能扩展学生眼界，激发他们的创造力。使他们在课堂学习的基础上，通过各种生动活泼的方式，主动学习，进一步加深和扩大所学知识，锻炼和培养学习和运用历史知识的能力。

二、历史课外活动的种类

（一）课外阅读

　　课外阅读历史读物，是学生学习历史的重要途径之一。历史本身丰富多彩，而中学历史教材提供的只是沧海一粟。课外阅读可以扩展学生的知识面，加深其对历史知识的理解。课外阅读材料包括历史通俗读物，以及与历史相关的文学、艺术、哲学、社会科学及自然科学作品等。课外阅读可以分为泛读、精读和研究性的阅读。泛读，是教师开列出一批书目，让学生根据个人兴趣爱好选择浏览，提高学生学习历史的兴趣。精读是教师结合教学内容，指定一些文章和书籍，指导学生深入阅读，以加深对教学内容的理解。研究性的阅读则是教师布置研究题目，指导学生围绕课题查阅相关资料，最后要写出研究报告或历史小论文。在选择合适的历史课外读物向学生推荐后，教师要做具体的阅读指导，努力将课外阅读和课堂教学联系起来，做到课上课下相互配合。可以要求学生写简单的读书笔记和读书心得。

（二）历史参观、考察

　　组织学生参观和考察与历史有关的场所，如各级历史博物馆、革命纪念馆、文化遗址、名胜古迹，以及各种有关的展览会，加深学生对历史知识的理解，增长见识，接受教育，同时提高学生的观察力和鉴赏力。参观要有明确的目的和要求，尽量与教学结合起来。如，教师在讲完中国古代历史后，组织学生参观当地的历史博物馆，通过展出的实物、图画，加上解说员有针对性的讲解，就能够帮助学生进一步了解中国古代人们的生活、生产及其社会组织、文化等方面的情况，加深对课堂教学内容的理解。

　　参观和考察一般包括以下三个步骤：

　　1. 参观和考察的准备。根据参观目的、要求，选择参观的地方，并制定具体的参观计划。参观前，教师应该熟悉参观现场、预定参观内容，对学生说明参观的目的、重点及注意事项，避免将参观变成一般性的游览，失去历史课外活动的意义。

　　2. 参观和考察。进行参观时，教师要对参观内容给予必要的讲解和说明，提出一些问题让学生思考。还要临场回答学生提出的各种问题。在参观过程中，教师要做好组织工作，不可以放任自流。

3. 总结。参观和考察结束后，教师要及时安排学生作总结。总结有多种形式，可以组织学生进行总结座谈，引导他们把参观内容和课堂教学联系起来，巩固、扩大参观成果；也可以要求学生把参观时所收集到的资料和心得体会加以整理，举行展览、陈列，互相交流；还可以让学生写考察报告，教师作点评。

（三）历史访问

访问历史见证人或研究者。通过对历史学家、革命英雄、劳动模范、历史人物的后代等的拜访求教，从他们讲述的有关历史事实和提供的历史材料中，学生可以了解现代历史上的政治、经济、文化、外交等重要事件、事业发展，了解现代社会生活的变迁。访问前，一定要做好访问计划，拟定访问提纲，将准备向当事人提的问题写下来。访问后要及时整理谈话记录，做好总结工作。

（四）历史调查

根据教学目的和内容，组织学生开展社会调查活动，收集大量具体的信息，进行统计分析，以论证某一研究性的课题。调查与访问的主要区别在于：调查对象要有一定的数量，即调查的样本不能过小，否则缺乏代表性和普遍性，失去统计上的意义。调查前要做好充分的准备，明确调查目的、调查对象、调查手段，设计好调查问卷。调查结束后要对收集的数据进行分析处理，用以论证相关的课题。

（五）历史知识竞赛

历史知识竞赛可以在班级、年级或全校范围内举行，也有在一市、一省乃至全国范围举行的。通过竞赛方式促进学生的历史学习，加强思想教育，通常能收到较好的教育效果。

（六）历史报告会

这是指结合历史教学内容，举行各种专题讲座、报告会，拓宽、深化学生知识，同时对学生进行思想教育。报告会通常在重要历史人物或历史事件的纪念日举办。专题讲座则主要针对学生已经学习过的内容作进一步的知识拓展。报告会和专题讲座可以由历史教师主讲，也可以请校外专家主讲，还可以让学生来主讲。

（七）历史教具制作

组织学生动手制作各种历史教具，例如历史文物、历史地图、历史图画、示意图、年表、历史教学幻灯片等，用泥土、塑料、橡皮泥、木料等复原历史场景，如半坡氏族生活、丝绸之路等。还可以组织学生制作有关历史的用具，如历史挂历、历史人物贺卡等。

（八）编辑历史读物

编辑历史墙报、黑板报、小报。其内容可以是综合性的，也可以是专题性的；可以定期出，也可以不定期出。学生通过搜集、选材、整理、设计、编排、印发等一系列运作，能受到多方面的锻炼。

（九）历史展览

结合历史课堂教学发动学生筹备和举办历史展览。如重要历史人物生平展、重大历史事件纪念展、历史主题展（如古钱币展览）、历史模型制作展、历史研究动态展、历史文化宣传展等。办历史展览，师生一起设计、搜集、制作、安排，对学生的能力是一个全面的锻炼和培养。

（十）观摩历史影视剧

组织学生观看和欣赏历史题材的电影、电视片、戏剧等。组织这类活动，教师要善于同课堂教学结合起来，指导学生有目的地观看，还可以组织后续活动，组织学生写影视评论、观后感。还要引导学生注意区别艺术的真实和历史的真实。

三、组织历史课堂外活动应该注意的事项

课外历史教学活动的组织方式可分三种：集体活动、小组活动和个别活动。其中以历史学科兴趣小组为主的小组活动最多，兴趣小组一般有五六人到十余人，在教师指导下开展活动。集体活动则有班级活动、年级活动和学校活动三种。个别活动则是每个学生根据自己的特长或爱好独立开展活动。一般来说，参观、报告会、知识竞赛、观看历史影视等以集体活动居多，在中学通常以年级为单位进行，也可以班级为单位举办。访问、调查、制作、编辑、展览等则以小组活动为宜，活动成果可以在全班或全校展示。阅读则以个别活动为主，阅读成果则可以在班级展示。组织历史

课外活动应该注意以下几点：

第一，教师要认真准备。历史课外活动是有计划、有组织的教学活动，和课堂教学一样，也需要教师认真准备。历史课外活动的准备，可以分两个步骤。第一步，是在学期或学年开始时制定学期或学年的课外活动计划，明确本学期、本学年开展历史课外活动的内容。要求和时间，并把它纳入学期或学年的教学计划。当然也不排除有时为了配合国内外的一些重大的、有意义的事件，临时组织一些活动，如，报告会、墙报专刊，或临时组织学生去看一部历史电影，等等。第二步，是每次活动之前的备课。教师要根据不同的活动方式，进行有针对性的准备。

第二，活动要有明确的目的。历史课外活动是有目的的教学活动。它的目的主要包括三个方面：二是配合课堂教学，加深和巩固学生课堂学习的内容。二是配合国际、国内重大事件、重要纪念日，扩大学生历史知识领域，对学生进行情感态度价值观教育。三是给学生创造条件，鼓励他们自主探究，培养他们分析问题、解决问题的能力。不能单纯迎合学生的兴趣追求热闹，没有目的地开展课外活动。

第三，要充分发挥学生的积极性。历史课外活动要充分发挥学生的积极性。如，让学生帮助教师收集材料；让学生主持小型专题报告会，做历史故事会的主讲人；发动全班同学为历史墙报撰稿，等等。只有充分调动学生的积极性，各项历史课外活动才能真正收到预期的效果。

第四，要做周密、细致的组织工作。课堂教学学生一般都坐在座位上原地不动，不需要太多的组织工作。历史课外活动的地方往往是野外或展览馆、博物馆、学生随时处在流动中，变数很多。如果组织工作做得不好，就会使活动事倍功半，甚至流于形式。因此，在每次活动之前，教师要向学生讲明活动的目的，提出各项具体要求，特别要强调组织纪律，外出活动还要强调安全问题。在活动过程中，教师也要始终注意组织学生，保证活动顺利而有秩序地进行。

第五，要因地制宜，开展活动。不同地区的学校，由于所处地区的经济发展程度不同，历史文化积淀也有较大差异，因此开展历史课外活动的条件也不尽相同。有些地方历史文化资源丰富，有些地方则有些欠缺。但是只要多动脑筋想办法，总会找到可以利用的资源。教师组织历史课外活动，一定要本着因地制宜的原则，充分利用当地的有利条件开展活动。

第五节　历史复习概说

一、历史教学过程中复习的意义和作用

学生在学的过程中，总是会遗忘的。通过复习可以帮助学生在与遗忘作斗争的过程中，记住那些有价值、有用的学习内容，从而真正、顺利地实现成长。因此，"复习"是中学历史教学过程中不可缺少的环节，是使学生牢固地掌握历史知识、深化历史认识的重要途径之一。首先，历史复习可以帮助学生对所学内容在系统化、条理化的基础上，加深理解和认识。其次，历史复习可以帮助学生及时补充学习时的漏洞、弄清楚不懂的问题。再次，帮助学生实现历史记忆。历史现象都有一个起源、发展和消亡的过程；各种历史事件之间还有相互的因果关系。这些，往往是一节课不能够完全认识清楚的。通过复习，可以把所学习的各部分历史内容联系起来，说明事物之间的因果关系，帮助学生认清历史发展的脉络和规律，还能弄清过去学习中领会不深的地方。如，中国近现代历史中的统一战线问题，在国民革命、抗日战争、解放战争、中华人民共和国成立等课都会学习。但学生们在学习某个历史时期的统一战线时，还不可能全面理解它的特点和意义。只有在学习完中国近现代史之后，经过专题复习，才能把各个阶段的统一战线联系起来，较完整地理解它，从而领会其实质。

专题复习是总复习常用的方法。如，关于中国古代的中央集权、赋税制度等问题；关于资产阶级革命和无产阶级社会主义革命的异同等，要求学生进行比较、对比、分析、综合。这对于培养学生的能力很有益处。

二、历史复习的方式方法

（一）随堂复习

随堂复习，是指平时每节课上的复习。在一节完整的历史知识传授型课中，从复习旧课导入新课、讲授新知识到小结、作业练习，是一个系统的教学过程。随堂复习通常是教学过程的第一个和最后一个环节。教学过程中也可以随时联系已经学习过的知识来帮助学生理解新知识。第一个环节是复习以前讲过的课，最后一个环节是复习当堂学习过的内容。目前，中学生学习历史，主要靠课堂上的时间，课下学习的时间很少。所以，教师不能省略这两个环节。

教师在讲授新知识以前复习旧知识，一般以复习上节课所学的知识为主，有时也需要复习更前一些时间所学过的知识。如，《世界历史》内容的编排，大多是将同一时段不同国家地区的事件放在一个单元，侧重历史的横向联系或对比，缺少纵向联系。这样，本节课与上节课之间的内容就不一定有直接的联系，学习时需要与更前面的有关知识联系起来。例如，"美国内战"，它前面的几节课可能是英国工业革命和欧洲的 1848 年革命等，与本课题关联不太大，教师讲新课时，可通过提问或概述以前学过的"美国独立战争"的有关知识，以此导入新课，这样就可以把新旧知识联系起来。教师在讲新课之前，可根据教材的内容、重点、难点和学生理解程度设计问题，引导学生对已经学过的知识进行复习。

在学习新知识时，可以随时联系旧知识，进行复习。有三种形式：第一，联系已学过的历史现象，认识新的历史现象。如讲《宋明理学》时，联系孔子的儒家思想及其演变，是学生理解理学的渊源。讲《郑和下西洋》时，复习《宋元时期的文化》及《明朝社会经济的发展》等课中的相关内容，使学生了解郑和远航的背景和条件。第二，探索某种历史现象的发展过程。如讲新中国的统一战线问题，可以从国民革命时期的统一战线开始复习，使学生了解统一战线的发展过程，从而加深对共产党领导的爱国统一战线的理解。第三，比较、对比不同国家中发生的类似现象。如讲法国资产阶级革命时，同英国资产阶级革命进行比较，以分辨它们之间的异同。

最后，在讲完新课后，进行复习性的总结，即把本节课所讲的内容加以综合概括，突出重点，使学生获得本节课的完整系统的知识。

（二）阶段复习和期末复习

这两种方式都是在学习完一组相对完整的历史内容之后的复习，时间有长有短，内容也有多有少，但是，在对复习的要求和所使用的方法上，却基本相似。教师都要明确复习的目的，认真钻研教材，制定复习计划和复习提纲。复习提纲应该体现课程标准和教材内容的知识系统；同时，还要符合学生学习历史的实际情况。

复习提纲一般有两种形式：一是标题式提纲，由一系列的大小纲目组成。它的优点是能较好地反映知识的系统性。二是问题式提纲，由一系列连贯性的问题组成。这种提纲容易突出重点，对学生的启发性较强，复习提纲应该在上复习课前发给学生，以便于学生依据复习提纲进行复习。

教师在上复习课时，要按照复习提纲把所学习的历史知识给学生系统地串讲一次。还可以把同一性质的历史问题加以分类综合。如，把中国古代史综合成政治、经济、文化等几个专题，每个专题又可以分为更具体的问题，如政治制度中的中央集权问题、选官制度问题，等等。经过这样的综合复习，就能够使学生更好地明确各种历史现象之间的联系和区别，掌握历史发展的线索和规律。对于学生提出的带有普遍性的问题，教师应当在复习课上给予解答；对于以前讲课中的遗漏和不足之处，也应该利用复习课弥补上。

复习课常用的教学方法是概述法和谈话法，同时配合使用图示法等。谈话法是效果较好的复习方法。在学生们已学过的基础上，采用谈话法，更易调动学生的学习积极性，且能照顾到系统性并突出重点。

在复习时使用图示，可以使学过的历史知识脉络清楚，形象鲜明，易于记忆。在教师熟悉掌握全部内容的基础上，用历史年代轴或年表把各个大事串在一起，使学生能条理分明地、按时间顺序把各个历史专题形象地印在脑子里；图表可以提纲挈领，简明扼要地把所需要掌握的知识表现出来，有利于发展学生的视觉、记忆能力，有利于发展学生的联想能力，提高他们综合概括、分析问题和解决问题的能力。图示，大事年表，图表都要灵活地与概述、谈话的复习方法结合起来。

要完成复习任务，教师一定要认真准备。要在复习中加深学生对历史问题的理解和扩大他们的知识面，不能是简单的重复；同时，要了解学生的实际，做到有的放矢，调动学生的学习积极性，使之变为一个师生和谐的共同活动过程。只有这样，才能收到良好的效果。

（三）历史总复习

总复习是对初中或者高中所学历史知识作全面复习，为学生迎接会考、中考或者高等学校的入学考试而作准备。总复习不仅要帮助学生掌握基本知识，还要训练他们观察问题和分析问题的能力以及灵活掌握知识、运用知识的能力等。在辅导学生进行历史课总复习的时候，要指导学生阅读中学历史教科书，编写有关教材内容的提纲，制作历史图表和年表，把历史课与其他学科以及课外有关知识结合起来，等等。在总复习中，教师应该重点抓好以下工作：

1. 指导学生制订复习计划。中学生在考前的复习任务是很重的，各门考试课目都需要复习，要读几十本教材，做大量的练习。在复习之前需要制订一个复习计划，全面地安排好各课程的复习时间和进度。

在总复习的计划里，应包括复习的目的和要求、复习的进度和时间安排。计划中的复习进度一定要按时完成。这样，才能使复习计划起到约束和鞭策作用。由于各种主客观的原因，有时计划是不能全部完成的，因而在制订计划时，一定要留有机动时间，以完成计划中未完成的复习任务。否则，一次次完不成，越积越多，最终使复习任务无法完成。为了激励学生复习，可以鼓励学生在复习计划上写下自己喜欢的名言，如："持之以恒""千里之行，始于足下""有志者，事竟成"等。

总之，复习计划既要有利于学生们掌握好中学阶段的历史知识，也要有利于他们的能力和思想水平的提高。

2. 指导学生形成历史知识体系。复习不仅可以使学生牢固地掌握历史知识，更主要的是要将历史知识纳入一个体系，阐明内在联系、因果关系。心理学揭示了这样一条规律：如果各个成分之间互不联系或联系甚少，这些成分就不能长期地保留在记忆里，于是不得不进行经常的多次复习。尽管这样，这些材料还是很容易被遗忘掉，如果注意各成分之间的有机联系，注意从各方面来建立这些联系，并把它们构成很紧密的体系，就能使学生把知识牢固地保持在记忆里。同时，增加知识广度，也是牢固掌握知识的有利条件。所谓知识广度，并不是单纯地增加知识的分量，最主要的是注意这些知识在实质上的联系，这样学生在有机联系中获得越来越多的新知识，而比千篇一律地复习，效果会更好。

形成知识体系的方式主要有两种：一种是利用历史教科书的目录。历史教科书的目录呈现的就是一种历史知识体系。教师可以指导学生研究目录，理解各个单元之间的内在联系、每个单元内各课题之间的内在联系，这样在学生头脑中就可以形成一本教科书的知识体系。另一种是专题梳理。也就是将一个历史问题的来龙去脉梳理清楚，或者将各个国家或地区相似的历史现象作归纳比较。例如中国古代政治制度的发展演变，英、法、美资产阶级革命等。专题的梳理和归纳可以通过解答各类问题来进行。

3. 指导学生掌握不同类型问题的解答方法。复习的目的并不在于让学生做各种各样的练习题，使他们在考试中获得高分，而在于教给学生一种技能——在掌握了基本知识的基础上，能独立、准确、全面地解答各种问题。通过解答问题的训练，进一步发展和培养学生的能力。要让学生达到这样的要求，就要让学生了解历史试题的类型、各种类型的题目的答案要求。然后，经过反复地学习、训练，使之逐步掌握答题技能。如，问答题综合性较强，难度较大，是考查学生能力的较好形式。问答题又可分为叙述性的题目、论述题目、分析题目、比较与对比题目、综合题目五种类型。

（1）叙述题。要求按照题目，具体地按历史本身的前后顺序来回答问题。如："说明'洋务运动'各个时期的主要活动及特点"。这种题目是问答题中最容易的，只要学生对题目的内容掌握得很牢固、很全面，又会审题、会组织答案，就可以完成的很好。

（2）论述题。要求学生按照题目的要求来论证某个观点或结论。在回答时，先要进行审题，然后结合历史课中学习过的内容来选择论据，全面、准确地回答问题。如："抗日战争时期，中国共产党为什么要建立统一战线？它是怎样建立的？有何重要意义？"此题共有三问，第一问要由抗战爆发后国内主要矛盾的变化来说明；第二问要答出中国共产党是怎样为此进行准备的——结合中共瓦窑堡会议、西安事变和平解决等内容来回答；第三问，则是要对抗日民族统一战线作概括性评价。

（3）分析题。要求学生通过对具体历史问题的分析，说明某个问题。一般是把一个问题分为几个重要的方面，或是分为几个阶段，来逐项分析说明。如："试分析鸦片战争对中国历史的影响。"此题可以从鸦片战争前后中国政治、经济的变化来分析。

（4）比较与对比题。比较是要求学生，按题目的要求把两个（或几个）性质相同的历史事件或历史概念进行比较，来说明某一问题；对比是比较的一种特殊形式，即，要求学生按题目的要求，把不同性质的两个（或几个）历史事件或历史概念进行比较，来说明某一历史问题。例如："两次世界大战的原因和性质有何不同？"

（5）综合题。要求学生按照题目的规定，把一个国家不同时期的某某问题，或把不同国家的某某问题综合在一起，来进行回答。从发展的趋势来看，这类题目是越来越被重视了。因为，它不仅能考查学生们对基本史实掌握的如何，还能了解到学生的智能、文字表达水平。

要回答好问答题，要求学生必须在系统复习的基础上，进行重点复习，使两者结合起来，才能收到良好的效果。教师要有意识地针对各种考题的特点，指导学生复习，使他们能够在复习中，既能牢固地掌握历史的基本知识，又能灵活运用知识解答问题。

思考与练习

1. 谈一谈你对确定历史教学目标的认识。
2. 能说一说你对历史教学过程的看法吗？
3. 你如何看待历史课堂上的教与学关系？
4. 谈一谈历史课堂外活动的意义和作用。
5. 编制一份完整的历史单元复习方案。

第五章
中学历史教学的
准备工作

　　教学准备工作是历史教学的重要环节之一。作好上课前的准备，是取得良好教学效果的前提。历史教师的教学准备分为学期备课和课时备课。学期备课的目的是让教师对本学期的历史教学有个通盘考虑，制定出学期教学计划；课时备课则是要规划一节课的教学，设计教学的行进路线，写出课时教案。本章着重阐述历史教师教学准备工作的主要环节，就其中的一些问题进行探讨。

　　要使历史教学取得良好成效，关键在于教师要做好教学前的一切准备工作。历史教师要依据历史课程标准，组织和处理课程内容（教材），选择适当的教学方法，做好教学设计，编写教案。

第一节　历史教学准备工作的意义

做好历史教学前的一切准备工作，是顺利进行历史课堂教学的基础。著名教育家苏霍姆林斯基曾记述了一位有三十年教龄的历史老师上一节公开课的情景：听课的人们"听得入了迷，竟连做记录也忘记了。他们坐在那里，屏息静气地听，完全被讲课吸引了，就跟自己也变成了学生一样。课后邻校的一位教师对这位历史教师说：'……我想请教您：您花了多少时间来备这节课？不止一小时吧？'那位历史老师说：'对这节课，我准备了一辈子，而且，总的来说，对每一节课，我都是用终身的时间来备课。不过，对这个课题的直接准备，或者说现场准备，只用了大约十五分钟。'"如果说备课是"十月怀胎"，上课是"一朝分娩"，那么，备好课必然成为上好课的前提条件，是提高历史教育教学质量的首要环节。只有课前准备充分，课堂上才能运用自如。

作好上课前的准备工作，也是不断提高历史教师自身教学素质和能力的重要途径。因为准备工作中，历史教师会遇到一些过去忽视或没有解决的知识、概念或问题，这就需要认真地查阅资料，补充知识，解决问题。当历史教师遇到一些难以解释的历史概念时，还要认真思考解答的方法和表述的言词。通过坚持不懈地认真准备，年轻的历史教师可以"补拙"，逐渐地积累历史专业知识，加深业务修养，一步一步地使自己达到合格历史教师的水平；教书多年、经验丰富的历史教师则可以不断整理自己的历史知识，进一步将其消化，收融会贯通之利，而且能够吸收历史研究的新成果，对已有知识进行更新和改造。因此，不论年轻的、年老的历史教师都要努力备好课，并把它视为对自己教学工作责任感和教学态度的重要检验。那些有志献身于21世纪祖国教育事业的人，必定坚持不懈，认真仔细地进行上课前的各项准备工作。

【资料链接与拓展】

在理性认识阶段，对科学家来讲，由感性认识到理性认识的飞跃，就要通过理性思维，由此及彼，由表及里，去伪存真，去粗取精，经过一番理性的加工，形成科学的结论。这一过程是复杂、艰巨的。而在教学中对学生的认识来讲，这一过程当然也要积极地思维。但是，这个思维过程是在教师设计好的思维路线的指导下进行的。这个思维路线，排除了干扰，排除了反复和其他因素，是走了捷径而实现的认识的飞跃。所以，一个好的教师备课的功夫，要下在设计一个正确的认识路线（掌握知识途径）上，让学生有效地掌握不能直接感知的科学原理。这就是说，教师备课应在教法上下工夫，教法就是学法，就是设计学生掌握知识的认识程序。

——孙喜亭著：《教育原理》，270～271 页，北京，北京师范大学出版社，1993

从某种意义上说，教学工作又是一门艺术，具体的教学会因人、因时、因内容、因环境而变化。如果说备课是"设计蓝图"，上课是"建筑大厦"，那么，教师作为灵魂的工程师，要建筑人才的大厦，就不能老用一张设计图纸，而必须学会终生备课，坚持每课必备，每课必写教案。因此，备好课不仅是历史教师在历史课堂教学中必不可缺的一个环节，而且是一种创造性的劳动。它要求历史教师在平时做教学准备工作时，既要精读历史专业书籍，又要浏览其他与史学有关的著作，特别是要学习积累教育学、心理学、课程论、教学论等基础知识，了解历史教育、教学的新变化、新动态，注意吸收史学研究的新成果、新信息，将其补充到历史教学中去。只有创造性地备好课，才能在历史教学实践中融会贯通，轻驾熟驭，把历史课讲深、讲透、讲活，将思想性、知识性、科学性、趣味性有机结合起来，对学生具有吸引力，否则就会在上课中"就史论史"，甚至出现"照本宣科"现象。这正如南宋诗人陆游所说："汝果欲学诗，功夫在诗外。"

【资料链接与拓展】

一些同志常说自己备课是"现趸现卖"。这就是平时积累的各方面的知识还不够丰富所致。所以不得不在临时写教案时东查西抄。由于来不及将所接触的材料细细消化、变为自己知识体系中的有机部分，讲起课来必然露出拼凑的痕迹。既然没有融会贯通，也就很难得心应手。这样备课，即使费去可观的时间，写成广播稿式的教案，也未必能取得预期的效果。如果说一个新手这样做是不得不尔，那么随着具备了一定的教学经验，就应该尽快地摆脱这一被动局面，认真地把广义的备课提到日程上来，进而为提高狭义的备课的效率创造条件。

——时宗本：《时宗本中学历史课堂教学》，17～18 页

第二节 历史教学准备工作的内容和分类

一、历史教学准备工作的基本内容

中学教师的教学准备工作有许多内容，归纳起来主要包括：研读"课标"、组织内容、了解学生、选择教法。

（一）研读"课标"

研读"课标"是指要充分领会"历史课程标准"，把握中学历史学科的知识体系、课程目标，了解教学进度和教学方法的基本要求。在开学初，中学历史教师要钻研历史课程标准，明确本学期所教历史课程的内容梗概，各部分内容之间的内在联系，并联系实际确定本学期的教学目标，安排好教学进度，据此制定本学期的历史教学工作计划。在平时的备课中，要钻研历史课程标准，明确每一节课历史基础知识的具体要求，一节课在全部课的体系中的地位，进而确定本课的重点、难点，联系学生实际和教学实际拟定课时授课计划，在期末进行考查总结时还要认真钻研历史课程标准，根据课程标准的要求拟定考试题目，并结合检查历史课堂教学计划执行情况进行学期历史教学工作总结。总之，钻研历史课程标准，要坚持经常进行，使之贯穿于中学历史教学准备工作的始终。

（二）组织内容

历史教师要做到每一节历史课重点突出，难点适度，线索清楚，内容生动，就必须在历史教学准备工作中备"内容"，即认真钻研教学内容所依托的历史教科书和相关历史教学参考资料。钻研历史教科书内容是指历史教师应深入了解和掌握本版本历史教科书是如何贯彻、呈现课程标准要求的，其全部内容、特点、要求是什么，具体包括一套历史教科书的编写意图、知识结构、重点内容（课）以及各内容（课）的重点、难点和关键。在钻研历史教科书的基础上，历史教师还广泛阅读有关历史教学参考书，并从中精选一些资料充实历史教学内容。历史教师通过教材掌握教学内容一般要经过懂、透、化三个阶段，即由懂而透，再由透而化。"懂"，就是对历史教材的基本思想、历史概念，以及每一个字、每一句话都弄清楚。

"透"，就是对历史教材不仅懂得，而且融会贯通，成为自己知识体系，教起来得心应手。"化"，就是历史教师的思想感情和历史教材的思想性、科学性、趣味性融合在一起，只有达到了这一境界才算是完全掌握了历史内容。

【资料链接与拓展】

例如讲"第一次世界大战"一课时，她（宋毓真）就补充了意大利、日本和中国参战的史实，通过意大利从与德奥结盟三十年到投靠协约国而向自己原来的盟友宣战的史实，揭示帝国主义之间只有利害的结合，毫无信义可言，用以揭露帝国主义为掠夺而战的本性。联系欧亚两洲之间的空间观念，揭露日本以对德宣战为名，霸占我国山东的侵略本质。补充中国参战是在叙述美国参战的过程中讲出来的，为的是给以后讲中国在巴黎和会的被欺凌、中国五四运动的发生埋下伏线。

——北师大历史系教学法组等：《宋毓真的中学历史教学》，12 页

（三）了解学生

教学活动是教师的教和学生的学相结合的双边活动过程，学生不仅是教学的对象，而且是教学过程的认识主体。如何把教与学的活动巧妙地结合起来，这就要求历史教师在历史教学准备工作中对所教班级学生的情况有个全面的了解，包括了解学生原有的知识基础、学习心理、个性特点、学习态度、学习方法等。既要了解全班的一般情况，又要了解个别差异，以便区别对待。对了解到的情况要进行分析研究，区分出哪些是学生普遍存在的问题，哪些是个别学生的问题；哪些是主要的，哪些是次要的；哪些应该马上解决，哪些尚待以后解决；在了解学生的基础上预测他们在学习中可能出现的问题，拟订相应的教学措施以保证学生经过一番努力顺利完成学习目标。在了解学生的同时，还要了解师生之间长期以来约定俗成的规矩。例如，以前的历史教师怎样提问，学生如何回答；历史教师对学习内容的常规要求，对历史作业定型的要求，以及历史作业的处理等。历史教师只有熟悉了这些情况，才能减少不必要的改弦更张之感，使历史教学顺利进行。需要特别指出的是，了解学生的目的在于因材施教。历史教师要从学生的实际出发，提出一定的历史教学措施，以保证历史课堂教学的有效性。学生的个体差异是多种多样的，历史课堂教学措施也应是灵活

多样的。历史教师在设计提问的内容和方式、布置作业的分量与难易、指导学生的学习方法等方面都应体现共性与个性的统一；对学习历史才华出众的学生，应对他们的发展提出更高的要求，并采取相应的办法；对"差生"应热情关怀，全面负责，找准原因，对症下药，从原有历史基础出发，发展和培养积极因素，实现有效的转化。

（四）选择教法

历史教师在教学准备工作中应根据教育教学规律以及学生的实际情况选择恰当的历史教学方法，有效地为历史课堂教学服务。初中学生特别喜欢听历史故事，这是一种普遍的心理现象。所以，历史教师在进行历史教学准备工作时，就要考虑在上课中运用"故事性讲述法"。所谓故事性讲述法，就是通过有头有尾、有情节、有场面的具体叙述，使历史事件、历史人物鲜明生动起来，给学生一幅活生生的历史画卷。它既能发展学生的想象力，引起具体生动的意象，形成正确鲜明的历史表象，又能激发学生的学史兴趣，抓住学生的注意力。需要注意的是：教学中运用"故事性讲述法"，必须有明确的目的性和计划性，切不可随心所欲，哗众取宠，为讲故事而讲故事，使初中生听了一堂，乐了一堂，结果却一无所获。要避免这一点，在平时备课时就要有计划，有目的地斟酌选择。所要讲述的历史故事首先必须具有典型性，即能够为突出重点、难点服务，并有利于贯彻落实历史教学目标。还要注意科学性，即所讲述的历史故事必须有正确的出处，那些民间传说、艺术作品的虚构部分都不能作为历史课堂讲授的内容。在保证这两个前提下，还要尽可能照顾到趣味性。处于高中阶段的学生，理论思维异常活跃，遇事爱问"是什么""为什么"。历史教师应根据高中生这一好探索、求真的心理和历史知识"过去性与现实性相结合"的特点，坚持"古为今用"原则，结合学习历史的意义和目的教育，在平时备课中考虑运用"鉴古喻今"（即以历史的经验教训作为认识当今社会的借鉴；以历史上优秀代表人物的英雄行为、高尚情操和中华民族的优良传统作为我们当今做人的借鉴）和"观今察古"（即从现实生活出发，去认识历史上与这相似的现象或事件，再通过对其理解，来加深对现实社会的认识）两种教学方法，既能引导高中生从历史与现实的内在渊源关系上探索人生真谛和社会发展规律，帮助学生释疑解惑，加深对历史知识的理解；又能激发高中生学史的积极性和主动性，配合历史教师顺利地完成历史课堂教学任务。

【资料链接与拓展】

她（宋毓真）教历史以来，一直坚持自己绘制历史地图，自己制的地图，重点突出，能更紧密地配合教学，它可以借助于不同的符号、颜色来反映各种历史现象，如战争的进程、领土的变迁等。历史事件都是由时间、地点、人物的活动构成的，为了加强学生的时间观念和空间观念，她一直坚持绘制和搜集各种年表、图片、图表等配合教学。在备课时，她总要计划好展示教具的时间和方法，考虑好在运用教具时如何用生动的语言来丰富学生的视觉，指导学生如何观看和分析地图和图片。

——北师大历史系教学法组等：《宋毓真的中学历史教学》，12 页

历史教学准备工作的内容是多方面的，除了研读"课标"，组织内容，了解学生，选择教法外，还要了解教学环境、准备直观教具、多媒体设备等。在此基础上，教师要设计出一节课的行进路线，包括学习过程的环节设计，学生思维活动的展开，各种手段、方法的使用等。

二、历史教学准备工作的基本形式

中学历史教师的准备工作，可以分为个人备课与集体备课，这两种形式可以互相配合。

集体备课是指同年级教师或校历史教研组或校际联合备课组的教师共同研讨而进行的备课工作，主要研究一学年、一学期和一节课关键性、全局性的大问题。就一节历史课来看，集体备课须研究内容的教学重点、难点、中心思想、教学目标、史学界这方面的最新科研动态、教学中应注意的问题及教学建议等。集体备课的优点在于：能集思广益，取长补短，相互学习，共同提高。但是，历史教师备课不能专靠集体备课，更不能照搬别人教案，应在个人钻研的基础上，再通过切磋研究，使历史课备的更深入细致、充实完善。

个人备课是指历史教师各自进行备课，有广义和狭义之分。广义的个人备课指历史教师长年累月，运用毕生精力为历史教学做准备工作，如平时的看书阅报、资料积累乃至观看影视剧都与备课有关；狭义的个人备课是指历史教师依据教学任务所做的一系列教学准备工作，主要涉及钻研历史课程标准和教学内容，分析和组织历史教材、拟订历史教学目标，制作直观教具、编写并熟悉课时计划（教案）等。个人备课是备课的主要形式。

在历史教学准备工作中，应以个人备课为主，集体备课为辅。因为个

人备课最经常，即使有了集体备课，具体执行者还是每位历史教师，还要由执行者依照实际（教师的和学生的实际）情况，而创造性地采用或拟定最佳备课方案。因此，作为一名历史教师要不断地提高自身的备课能力和水平。

三、备课的分类

备课工作一般分为学期备课和课时备课。

（一）学期备课

学期备课，是指历史教师在一个学期开始前对自己所教课程的大致准备。搞好学期教学准备工作是完成学期历史教学任务的前提。在一个学期结束时，或者新教师刚到所分配的学校报到时，学校教务处管理人员就要安排好每位历史教师下学期所担任的课程、年级、班次，并发给历史教学课程标准、历史教科书和教学参考书、教案纸或教学笔记本等，这就标志着中学历史教学学期准备工作的开始。历史教师在接到新教学任务后，就要全面领会历史课程标准，认识所依托历史教科书的特点，了解任课班级学生情况，确定学期教学目标和任务，制订学期教学工作计划。

1. 学习历史课程标准、全面掌握内容标准的规定，把握本学期历史教学的主要内容、基本线索和教学要点。明确本学期教学的主要内容、基本线索和内容要点必须建立在学习历史课程标准、通读历史教科书所展示内容的基础上。这里着重强调一点，就是学期备课工作时，一定要明确所教学科与相邻学科（如历史与语文、政治、地理、数学等）的联系和关系。因为，客观世界是统一整体，是一个多层次、多结构、多序列的完整网络。因此，学术界要加强"学际领域"的研究，反映在教育上应重视"跨学科教学结构"的研究。苏联教育家强调要在教学内容中增加"科际联系"，这些都应该在学期备课工作中予以充分考虑。事实证明，有经验的历史教师在学期备课工作开始，不只盯住所教的历史课程，而是把有关联的课程，如语文、政治、地理等课程标准认真学习一遍，甚至和担任邻近学科教师进行交谈，集体备课，收到了事半功倍的效果。

2. 了解分析学生基本情况。调查了解任课班级学生的情况，包括学生对学习历史课程的态度如何，他们的学习基础如何，他们在学习历史方面存在的问题是什么，在对他们传授历史知识的同时，应注意向他们进行哪些方面的思想教育；在培养学生能力方面，应该怎样做；还要了解所任教班级有没有特别喜欢学习历史的同学，应该如何指导他们进一步提高；有没有在学习历史方面特别差，而应给予特殊辅导的学生。一句话，只有在了解所任课班级学生的知识基础、心理素质、学习态度、学习方法，上一学期学习情况及能力水平、思想状况的基础上，才能使自己的备课工作有的放矢，从而达到逐步提高历史课堂教学质量的目的。

至于调查了解任课班级学生情况的方式，有四种，一是通过查阅有关材料，如成绩表、试卷、作业等；二是向班主任了解；三是通过召开团队会、班干部会或者参加学生各项活动调查了解；四是在开学后，有意识地通过课堂讨论、测验，进一步分析学生各方面的情况。历史教师可从中选择一种方式了解任课班级学生的基本情况，以便在进行备课工作时，针对学生的具体情况采用不同的教学方法。

3. 确定学期教学目标和任务。本学期的教学目标和任务，是整个学期历史教学工作的指针，制约着全学期的历史课堂教学和其他历史教育活动，包括历史基础知识教育，培养学生观察问题、分析问题的能力，情感态度价值观教育，以及学法指导等方面。历史教学目标必须以历史课程标准的规定为蓝本，从历史教科书展示的主要内容和基本线索中提出。

根据本学期的历史教学目标，还要确定历史教学的具体任务。学期历史教学任务是每一节历史课教学目标出发点和教学内容的落实点，主要是指历史教学中如何掌握每课的内容的重点，运用什么教学方法阐明哪些主要问题，如何进行历史复习、作业、考试及课外活动等。学期历史教学任务的制订要切实可行。尤其像历史能力培养问题，应有明确的培养目标和整体的安排来保证；要考虑历史技能、技巧的训练，培养的长期性、计划性和系统性。

4. 制定学期历史教学工作计划。学期历史教学工作计划是学期备课工作的主要环节，也是学期备课工作的重要成果，制定学期历史教学工作计划，便于历史教师有目的、有计划地完成一学期的教学任务，体现了历史教师对本学期历史教学工作全面系统的考虑和安排。这是一项十分细致的工作，历史教师须周密思考后认真拟定。

学期历史教学计划的形式多种多样，全国无统一的格式。一个完整的学期历史教学工作计划一般由"说明"和"正文"两部分组成。"说明"部分包括学期历史教学工作概况，即讲授课程、教材名称、讲课教师、教学的实际授课周数及课时数，还要包括授课班级学生基本情况分析和本学期的历史教学任务、教学要求及教学措施等。"正文"部分主要包括本学期教学内容的基本线索、教学进度计划表及学期历史教学工作总结三个基本项目。"本学期教学内容的基本线索"系历史教师根据阅读历史课程标准和教科书后理出的历史知识体系。"教学进度计划表"亦称"学期教学进度表",一般包括周次、教学时间、教学进度、教学内容、授课时数、课型教法、教学用具及教学媒体、教具、备注等项。历史教师应根据实际授课时数合理安排导言课、讲授新知识课、复习课、考试考查课,以及纳入历史课程计划的历史课外教育活动。"学期历史教学工作总结"应根据全学期的历史教学工作的进展情况,一方面,从教学指导思想、教学内容的知识结构、教学方法的运用等方面对历史教师全学期的教学工作进行客观、公正的全面评价;另一方面,从对学生考试成绩的分析,总结学生在学习历史方面存在的知识缺陷。在此基础上,进一步修改学期历史教学工作计划。这样,既有利于历史教师自己积累资料和经验,也为改进下一学期的历史教学工作提供了材料依据。

历史教师在制定好"学期历史教学工作计划"后,应先在历史教研组内进行讨论。修改通过后,送呈教务处、校长或主管教学的副校长,经批准后执行。历史教研组、学校教务处、校长或主管教学的副校长将以此来检查历史教师的教学,督促历史教师按计划教学。所以,每位历史教师都须在开学前向学校提交自己制定的学期历史教学工作计划。

此外,中学历史教学学期准备工作还应包括历史教师在开学前落实所教班级历史教科书、历史地图册、课外习题指南等学生学习用具的准备情况,检查全学期历史教学所需的各种教学挂图、教学用具、计算机多媒体软件教学辅助手段的准备,以保证开学后不耽误正常的教学工作。

综上所述,中学历史教学学期准备工作是从历史教学计划和历史学科的全局上进行学习研究,并以制定学期历史教学工作计划为归结。中学历史教学学期准备工作是完成本学期历史教学任务的前提和保证。那种认为全学期历史教材内容太多,难以集中掌握,不好一次制订学期教学进度表,因而忽视、放松学期准备工作的思想是错误的,应加以纠正。

(二) 课时备课

中学历史教学学期准备工作只是对全学期的历史教学工作作了宏观安排,学期历史教学工作计划则是学期历史教学任务的保证。至于每节课该怎样教,在中学历史教学学期准备工作阶段是无法完成的。因此,历史教师必须在学期历史教学工作计划的指导下,认真做好中学历史教学的课前准备工作。

中学历史教学课前准备工作，又称课时备课，是中学历史教师为教好一节课而作的课前准备，是学期准备工作的继续和深入。课前备课要求历史教师认真钻研、组织课时教学内容，审慎地选用最佳教学方法，进行教学设计，编写拟订课时教学计划（教案），充分发挥 45 分钟的效益，以求得最好的历史教学效果。因此，中学历史教学的课前准备工作是提高每一节历史课堂教学质量的关键。

中学历史教学课前准备工作并没有固定的程序。在长期的历史教学实践中，每位历史教师都有自己体会，都有自己行之有效的方法。就中学历史教学课前准备工作的基本内容而言，还是有规律可循的，包含了钻研历史课程标准和阅读教科书、选择课型教法、编写教案等方面的内容，现分别叙述如下。

1. 研读、领会历史课程标准。课程标准对历史教学有着很大的指导作用。中学历史教师在课前备课时，必须认真钻研和深刻领会。特别是对历史课程标准中的课程目标和内容标准，更要花一番工夫，反复推敲。以明确每课时教学内容的深度和广度，以及教学的目标和要求。进而结合历史教材确定这一课的教学重点、难点。

2. 依托教材，钻研历史内容。历史课程标准中明确规定了内容的标准，依据这一标准，有关机构组织人员编写了不同版本的教科书供学校教学使用。历史教师依托某一版本教材，深入探究历史内容，是其进行创造性劳动的必要前提和必经之路。因此，历史教师要根据历史课程标准、结合历史教科书深入钻研课时教学内容。与中学历史教学学期准备工作中钻研历史内容相比较，这一次钻研活动，是在学期备课过程中研究历史内容的基础上进行的。有了前次研读的"总揽全局"，才有了这次研读的"微观"推敲，这次研读历史教学内容不再是粗略的阅览，而是有重点的深入阅读、理解和组织课时教学内容。因此，中学历史教学课前准备工作中钻研历史内容可分三步走。第一步，分析历史教材内容；第二步，明确本课的具体教学目标；第三步，组织和处理历史教材内容。

（1）分析历史内容。所谓分析历史教学内容，就是要求从教材的角度，由总到分、从前到后地把握历史发展线索和历史内容的内在联系，明确主要历史概念及其体系，努力发掘历史教材中体现出来的智力因素和思想教育因素。历史教师在分析和研究历史教材内容时，应抓好以下几个环节：

第一，整理历史发展的基本线索和脉络。历史发展的基本线索和脉络就是历史事件之间的纵向与横向联系，整理历史发展的基本线索和脉络，是历史教师组织教学内容的基本功之一。

我们知道，任何历史现象都不是孤立地存在和发生的，在历史发展过程中都有纵的和横的联系。纵的联系表现为教学内容的系统性，说明和反映历史发展过程的时间和基本线索；横的联系则表现为教学内容的关联性，说明各种历史现象相互间的影响、制约关系等。历史教科书是历史时间顺序和逻辑顺序的结合体，课题子目的编排，既遵循史实的年代顺序，也保持着知识的完整体系。因此，历史教师在分析和研究教学内容、整理历史发展的基本线索时，既要弄清一节课教学内容在史实上的内在联系（即纵横联系），又要弄清前后课教学内容之间的逻辑关系。这样，就可以把一节课放入整个内容体系之中，从整体的高度把握一节课内容在历史发展长河中的地位。

第二，弄懂、掌握一节课基础知识。历史教科书是重要的课程资源，其每一课的篇幅不长，言简意赅，在每一节课中都会出现重要的历史事件、历史人物、历史制度、历史现象和历史概念。对这些基础知识，历史教师在备课时要做到"深入"认知和了解，以为教学中"浅出"奠定坚实的基础。

首先，要领会教学内容的纲目大意，即弄清楚历史教学内容单元与单元之间、单元与课之间、课与课之间、课与目之间、目与节目之间的知识要点，尤其是和学生的学习实际相结合，确定具体教学重点和难点。

历史教学内容的单元、课是对课程标准中内容标准要求的系统、高度的概括，而目则是对某一历史事件或历史人物的高度概括。历史教师在备课时，一定要弄清单元与课之间、目与目之间的知识要点，以便上课时引领学生学习的知识是整体的，而不是零碎、杂乱无章的。

其次，要反复思考、深刻领会教学内容中的重要结论和带有结论性的字、词、句所蕴涵的意义。

一方面，要弄懂字、词、句的含义。这通常被认为是语文教学的事，而实际上，它也是中学历史教学课前准备工作中极其重要的一环。在中国，历史教材中，出现了许多多音多义字、古今异读字、假借字、文言词语、现代不常用的一些古字，以及古诗词。遇上这种情况，历史教师在备课时，应该正音、正字，如康居（qú）、大宛（yuàn）、龟兹（qiū cí）、大月氏（zhī）、焉耆（péng）、身毒（yuán dú）等国名，以帮助学生扫除阅读的障碍，使学生真正学好历史。

另一方面，要准确把握在历史教科书中的一些文字表述。如对历史人物孔子，为什么称他为"思想家""教育家"？这就要在了解课程标准要求的基础上，充分弄懂孔子在兴办教育，编订古代文化典籍，保存和发展古代文化方面的杰出贡献。又如历史教科书中，为什么对岳飞冠以"抗金将领"称号，对戚继光誉为"民族英雄"？再如叙述《南京条约》《马关条约》《辛丑条约》的影响时，分别用了"中国开始沦为半殖民地、半封建社会""大大加深了中国半殖民地化""使中国完全陷入半殖民地、半封建社会的深渊"，为什么有"开始""加深"和"完全"这些词语的不同？还有些历史概念，教师在分析和研究历史教材时也必须吃透、弄准，如"君主立宪制"、"军事封建帝国主义"，等等。这些都告诉我们在分析和研究历史教材时，对于提法、用词反复推敲的重要性。必要时，可把你认为重要的问题在历史教科书上画上红线或别的符号，或写下批语。

再次，还要阅读必要的参考书。为了掌握一节课的基础知识，历史教师不能只满足分析和研究历史教材，还要同时阅读有关参考书籍，如教师教学用书、教学手册、专著、论文，乃至一些好的通俗读物以及有关马列经典著作等，以扩大自己的知识领域，解决历史教科书中的疑难问题。这里需要特别指出的是，教师教学用书（即"教参"）中的"教材分析"和"教学建议"部分，是有助于历史教师领会该节课的历史知识要点和内在联系的；教师教学用书中的"资料"和"注释"部分，更有助于历史教师解决历史教材中的疑难问题和丰富自己的教学内容。

第三，挖掘一节课中的情感、态度、价值观教育和能力培养目标。挖掘一节课中的情感、态度、价值观教育和能力培养目标，这也是备课时，分析历史和研究教材内容需要解决的重要问题。培养学生的能力，主要指运用辩证唯物主义和历史唯物主义基本观点观察问题、分析问题的能力，诸如评价历史事件、历史人物，分析历史制度和历史现象等；思想政治教育，如爱国主义教育、历史唯物主义教育、社会发展规律教育和道德品质教育等。这些都寓于历史教科书所叙述的基础知识之中，需要历史教师在备课时予以挖掘认识，然后才可以做到心中有数。

第四，重视对历史插图、习题、年表的挖掘和处理。中学历史教材中的历史插图（包括彩色和黑白两种）、习题、年表等都是教科书展示历史内容的重要组成部分，往往隐含着许多课文涉及但又没有明确表述的重要知识点，可以说是课文内容形象的补充和说明。

历史插图包括历史地图和历史图片，历史教师在弄懂它的含义和表述内容后，就可以配合着加深对本节课教材内容的理解，并在教学时加以使用。历史教师首先要明确每幅历史插图与教材的联系，其次要了解历史插图画面的布局、视觉中心和背景安排及所表达的含义。通过对历史插图的挖掘处理，使学生从空间角度了解历史事件的全貌，从而深化对历史知识的认识和理解。

历史习题常常体现了教科书对学生学好本课内容的基本要求，有些习题还体现了教材的重点，历史教师备课时要注意研究习题，了解习题的具体要求，同时要考虑如何指导学生回答习题。历史教师备课时最好能把习题的答案写在教案里，作为中学历史教学课前准备工作的一个组成部分。钻研习题也是吃透教材不可缺少的工作之一，历史教师关注于此，可以把握教学重点和明确学生的作业内容。

教科书后的历史大事年表把全书的大事按照时间顺序加以排列，给人以历史发展的概貌。历史教师备课时注意阅读，就可以帮助自己从纵横两个方面掌握历史知识的内在联系。

（2）拟订课时教学目标。课时教学目标是指在分析教学内容的基础上，从微观角度，用准确、集中、具体、简洁的文字表述一节课学生学习后所要达到的程度和结果。课时教学目标拟订了，一节课的中心就抓住了，组织内容时就可以围绕这个中心展开。

正确拟定课时教学目标，是历史教师的基本功之一。它直接关系到一节课教学任务完成的质量。在制订课时教学目标时，需要明确以下几点：

第一，明确课时教学目标拟订的条件。一般来说，课时教学目标的拟订，一要依据历史课程标准所规定的课程目标；二要紧扣教学内容；三要针对教学对象（学生）的知识、思想、能力的原有水平。课时教学目标应是历史教学课程标准所规定的课程目标在每一节课上的具体化，每一节课教学目标的实现就是整个历史课程目标落实的一环。

第二，要规范课时教学目标的表述。如何陈述历史课时教学目标是一个非常复杂并难以形成一致认同的问题。历史教师在表述课时教学目标时，要慎重准确。所表述的对象不能倒置。课时教学目标应表述通过历史教学活动后，学生在认知、情感、动作技能等方面的变化，即学生的学习结果，而不应该表述教师做什么或学习过程本身。规范的课时教学目标表述应该是"学生知道……""学生能够……""学生应该……"等，只有这样，才能表达课时教学目标是针对学生的，才能表达课时教学目标的真正含义。与此同时，所表述的课时教学目标还应具有可观测性。课时教学目标是选择教学方法、教学手段、教学程序和结构形式、编制课堂练习等教学活动的"指挥棒"，因而课时教学目标的表述应力求准确、具体，具有可观察性、可测量性和可操作性。一方面，对于观察的低级行为目标和技能目标，可以从"对象——做什么——做到什么程度——在什么条件下"的模式化加以表述。例如："学生在《安史之乱》填充图上，用5分钟，准确填（读）出下列重要地名：范阳、长安、潼关、睢阳、平卢、河东、马嵬驿、成都、灵武、常山。"像这样拟订课时教学目标的对象、行为、行为标准及行为条件非常具体、明确，可操作性强。另一方面，对于难以观察的较高级认识目标和情感目标，可采取内在心理和外显行为相结合的方法来表述，使之转变为观测性。例如，对"历史概念及分类的理解"教学目标，可以这样表述："列出阶级、国家、生产力、安史之乱、赤壁之战，学生能判断哪些属于理论概念、哪些是具体概念。"这就使难以测试的较高级的行为目标转为可操作性。

第三，设计不同层次的课时教学目标。我国现行的历史教育目标可分为历史知识与能力、过程与方法、情感态度价值观三部分。历史知识教学目标（认识目标）从低到高可分为"知道、理解、掌握、应用"四个层次："知道"是指对一般历史事实、历史现象、时空概念的认知，在表述教学目标时，一般选用"说出、填出、辨识、指出"等动词描述。"理解"是指对历史概念、历史人物、历史事件、历史规律的说明和解释，揭示历史发展的特点、成因及相互关系，在表述教学目标时，一般选用"解释、叙述、简述、说明、分类、归纳、举例"等动词描述。"掌握"是指用历史概念、史学原理说明同类历史事件和历史现象，在表述教学目标时，一般选用"对比、阐明、从……中说明什么原理、从……中找出什么规律"等动词或介词结构的动宾短语来描述。"应用"是指运用历史知识来解释现实问题，在表述教学目标时，一般选用"指导、示范、说明、评价、制订、修改"等动词描述。

历史能力培养目标主要是指学生运用辩证唯物主义和历史唯物主义的基本观点观察、分析问题，可分为阅读能力、分析能力、表达能力三个层次。在拟订能力培养目标时，一般选用"再认和复述、分析、归纳和比较、评价、思考、运用、掌握等"动词描述。例如，"再认和复述中国近现代史上的重要历史事实和历史结论，掌握历史的基本线索"。

第四，正确对待他人拟订的课时教学目标。为了帮助历史教师正确拟订课时教学目标，在一些公开出版的"教学参考书""教学参考资料""教案选"中，拟订有每节课的教学目标。对此，历史教师在拟订自己的课时教学目标时，可以借鉴，但不可以盲目照搬。如果盲目照搬，即使别人拟订的课时教学目标是正确的，也不等于搬用者真正像所抄教案编写人那样领会教材；就是抄袭了别人正确的课时教学目标，也很难保证自己能写好本节教案；再者，教学是一种艺术，每节课的讲授都要因时、因地、因人而异，不可能"一种药方医百病"。更为严重的是，现有的"教参"或"教案选"中所拟订的课时教学目标并不是每节课都符合标准（如以教科书的内容纲要代替教学目标；教学目标过于笼统一般和抽象化；过于烦琐，以教材分析代替教学目标；知识教学与思想教育的要求割裂；脱离学生认知水平，教学目标订得过高或过低，等等），盲目地搬用就会出现以讹传讹的现象，那就会造成深远的、恶劣的影响。

总之，要正确拟订课时教学目标，历史教师除遵循上述原则外，最重要、最关键的是要备课标、备教材、备学生，防止一般化和抽象化，使之对历史教学具有真正的指导作用。

（3）组织和处理历史教材。在分析了历史教材，拟定了教学目标之后，历史教师要组织和处理历史教材，即考虑如何利用一节课的内容实现教学目标。如果把教学比喻为写文章，分析教材就好比对于所要写作题目的研究，而组织和处理教材则是考虑到文章的表述了。分析、研究教材和组织、处理教材两者密不可分，都是中学历史教学课前准备工作中非常重要的环节，也是衡量教师业务水平高低和基本功是否扎实的标准之一。

组织和处理历史教材，要求历史教师在分析教科书之后，再以课时教学目标为准绳，按照历史学科特点，结合学生的年龄特征和知识水平，客观地对一节课教材内容有所补充和精简，使之逻辑严密，具体易懂，头绪集中，重点突出，难点突破。下面就此问题分别加以叙述。

第一，突出教学重点。所谓教学重点，就是指依据客观历史进程，在社会历史发展过程中起关键作用，占有重要地位，并影响历史发展的重大历史事件和重要历史人物及历史发展的基本线索。在中学历史教科书中，教学重点有两种表现形式：一是集中在教科书的某个段落里；二是以教科书的中心思想构成一条线，贯穿于整个教科书中。突出教学重点，就是结合教材和学生实际，"不求全，只求精"，只对教学任务某些关键性、核心部分加以强调，是教学目标的进一步深化和完善，有利于帮助学生更好地理解教材。因此，历史教师在突出每一节课的教学重点时，不能照抄照搬"教学参考书""教案选"上列出的重点。

【资料链接与拓展】

如《我国境内的原始人群》一课，它的重点是"劳动创造了人本身"和"人类的社会性"这两个问题。当然，应该是指的这两个问题所包含的基本历史知识和历史唯物主义的基本观点。把这两个问题讲清楚了，学生就掌握了这节课的主要内容。同时，在"元谋猿人"、"蓝田人"和"北京猿人"这三个原始的人类中，"北京猿人"又应该是讲授的重点。因为在"北京猿人"遗址中所发掘出来的人类遗骨、遗物数量最多，也最完整，只要突出重点地讲述"北京猿人"，就能够带动全课，较好地完成这节课的任务。重点不是"孤点"。重点突出，不是只要讲授重点，而不讲述别的内容。重点的讲授必须与教材其他部分的讲授配合起来，做到有点有面，浑然一体。

——丁西玲、孙恭恂：《谈谈如何编写课时计划》，《历史教学》，1979年第5期

突出教学重点的具体方法是：多方强化。历史教师在备课时，可考虑安排阅读课文、教师重点讲解、列表说明、组织讨论、观看有关影视资料等，然后概括得出结论，使学生不仅知其然，而且知其所以然。这里要特别强调的是，突出教学重点要紧扣教材中心，重点分析，做到有主有次、有重有轻、有详有略、有的放矢。如，九年义务教育初中中国历史"汉通西域和丝绸之路"的内容，《中国历史》教科书七年级上册的这一课共有三个子目，第一个子目"张骞通西域"，第二个子目"丝绸之路"，第三个子目"班超经营西域"。本课的重点是第一、第二个子目，即张骞通西域、丝绸之路，而丝绸之路是作为张骞通西域的结果，引出的课题；班超经营西域则是强调其与张骞同样的不畏艰险，开拓进取的精神，所以张骞出使西域是本课的关键所在。张骞通西域先后有两次，为了减少头绪，减轻学生负担，课文对第一次的叙述较详，第二次的叙述从简。遵循这一原则，历史教师在备课中应对张骞第一次出使西域，从出使的原因、路线、结果三个方面进行重点分析。张骞第二次出使西域，只分析结果。这样组织和处理教材，就能突出教学重点，体现新编历史教材的编写意图和教学目标要求。

重视教材插图、习题、年表及文献资料的运用。如前所述，历史插图（包括历史地图、历史图片）、历史习题、历史年表及历史文献资料与重点内容息息相关。如在备课中考虑恰当运用，对突出教学重点能收到事半功

倍的效果。历史习题、历史年表是经过教科书编写人员集体研究而确定的，都是教科书最基本、最主要的内容，一般可以列为重点要求。加之，中学历史教科书有些历史知识本身就是通过插图、习题、年表及文献资料来体现的。因此，历史教师在备课中重视识图和文献资料的运用，常常是突出教学重点的途径之一。

此外，历史教师在备课时，还可考虑在下一节课中对上一节课的重点内容加以回忆和复述，以增强学生对教学重点内容的理解和掌握。

第二，突破教学难点。所谓教学难点，是指历史教材中教师难以处理，学生难以掌握，有待于教师启发和解惑的历史知识。一般来说，属于学生难以理解的内容是难点，如新民主主义革命的性质；属于社会科学和自然科学的专门知识是难点，如生产力和生产关系，经济基础和上层建筑、社会存在和社会意识的相互关系和在社会历史领域中的具体体现，测量子午线、十二节气等内容；属于学生当时知识水平难以理解的内容是难点，如股票与经济危机，三民主义和中共民主革命纲领的一致性以及两者的联系和区别；属于一节课不能完成的教学任务是难点，如专制主义、半殖民地半封建社会的形成等。因此，教学难点是教材的"精华"，历史课的"精"，实质就在难点上。

教学难点形成的根源在于学习者和学习任务目标之间的较大差距或较难克服的矛盾。具体说来：由于历史知识包罗万象，对许多学生来讲，不容易构成兴奋点的经济发展、经济制度、阶级关系、政策措施、会议文件、条约法规等，既感生疏，又无兴趣，常常成为教学中的难点；有些历史教师不能根据教科书实际和学生实际，切实解决教学中的问题、难题，只顾自己"开中药铺"，致使"导"的作用发挥不好，无力解决教学中的关键性问题就常常成为教学中的难点；由于历史包罗万象，复杂多变，史学权威的结论或历史教科书的结论往往同中见异，不能完全解决学生对历史的认识和理解，因生理差异和思想不成熟，致使学生在理解民族问题、发展道路和模式、人物评价等方面存在许多难题，这些难题常常成为教学中的难点；历史教科书简略或语焉不详的地方，常常带来对某一历史事件、历史人物、历史现象理解上的困难，便成为教学的难点；学习历史所得，从形式上说，是一个庞大的文字堆积，对学生来说，学的越多，知识量越大，不容易熟记。记忆和运用的困难，解决学生学习历史的困难就成为教学中的难点。

在历史教学中，难点是什么，不能凭主观感觉。应当说重点和难点都是备课和教学中的主攻方向，但解决的方式方法有很大区别。攻重点，常常是投入主要力量，大加挞伐，猛打猛冲，一副决战架势；攻难点，则是以少量精锐，出奇制胜。

突破教学难点要准确确定数量和层次。确定难点的目的是为了在教学中突破难点。历史课相沿成习的做法是每一节课确定一个难点，少有例外。这种传统的做法是不是最佳模式，是不是对历史教学有利，在全面实施素质教育，以提高公民素质的今天是值得商榷的。这是因为，学科不同，教学难点在每一节课中的数量也应有所不同；难和易是相对的，不是一成不变，而是可以互相转化的；不同学生有不同的难点，像历史学科，内容庞杂，包罗万象，头绪繁多，必然会造成学生难点的不集中从而影响教学难点的数量；当今时代，计算机等现代媒体及 CAI 课件为一节课突破难点创造了有利条件。由此看来，每一节历史课教学难点的数量宜确定为多个。

突破教学难点还要求历史教师在备课时不能照搬他人列出的难点，而要自行设计好解决难点的方案，如采取深入浅出的讲解、指出学生阅读教材、补充史料、图示化解、幻灯映示、实地参观、教具演示、多媒体教学等。

【资料链接与拓展】

难点指的是在一节教材里，学生最不容易理解，而需要教师着力予以讲解的部分。还以《我国境内的原始人群》一课为例，这一课的难点，也是"劳动创造了人本身"和"人类的社会性"两个问题。因为这两个问题都包含了比较深刻的理论内容，对初中二年级的学生来说，比较费解。教师应该通过生动、具体的考古材料，一步一步地把它们讲解清楚。

——丁西玲、孙恭恂：《谈谈如何编写课时计划》

总之，准确地确定难点、巧妙地化解难点，既是决定一节课的质量、效果、水平的重要指标，也是构成教师素质、教学水平、教学艺术的重要组成部分。对此，历史教师要作好充分准备。有数有备，方能知难不难，化难为易。

第三，精简和补充教材。教材主要是指课本即教科书。不少历史教师在备课时对教科书内容的组织和处理过程中，习惯于教科书写多少讲多少，按什么顺序写就照什么顺序讲。这是不对的。依据课程标准的要求备好课必须精简和补充教材，这是历史教师常用的组织和处理教材的方法。

精简和补充教材要根据一节课的教学目标和学生的知识水平来决定，要选择具有代表性的史实和理论进行透彻分析，从而加深学生对教科书的理解。

中学历史教学时间少，任务重，因此必须合理精简。合理精简，要重点处理好历史教科书中的大小字及初高中历史教材的区别和联系。一般来讲，凡内容复杂、头绪繁多的材料，就应删繁就简，进行加工，变成简单的内容教给学生。合理精简的具体方法是：将需要精简的教材内容线索化。例如，第一次世界大战进程复杂而多变，但精简内容后不难发现，战争第一年重点在西线，战争第二年重点在东线，战争的第三年又回到了西线，历史教师抓住这个基本线索就马恩河、凡尔登、索姆河等重要战役进行讲述就可收到意料不到的效果。还可以将需要精简的教材内容问题化。戊戌变法头绪繁多，为了让学生弄清"中国为什么兴起了维新变法运动"这个问题，历史教师可设计如下思考题：19世纪70年代，世界资本主义国家向帝国主义过渡，它们怎样侵略中国？面对外国资本主义势力的入侵，中国资产阶级知识分子的态度怎样？为什么说甲午中日战争的爆发，为维新变法运动的产生提供了社会条件？康有为等知识分子怎样进行维新变法运动？学生看书回答了这四个问题，也就知道了维新变法为什么在中国兴起。由此可见，将须精简的教材内容线索化、问题化，就能使每节课的内容由"厚"变"薄"。

历史教科书因受教学时间、篇幅、学生承受力等限制，对史实的表述概括性多，描写少，有的用表格、图示和史料来表示，这一点在高中历史教材里更为突出。为了完成教学目标，增强教学效果，历史教师备课时可以对重点和难点教学内容适当补充史实，使教学内容更丰富、更吸引学生。

组织和处理教材时，所补充的教学内容必须真实可靠，应是历史教科书已定知识范围的充实的具体化。同时所补充的教学内容必须符合历史知识的科学性原则和历史教学的思想性要求；必须具有代表性和典型性，并且是学生可以接受的，能引起学生学史兴趣，扩大学生知识面，帮助学生理解和记忆的材料。

总之，补充和精简是相辅相成的，为了保证重点、筛选知识，必须合理精简；而为了突出重点，突破难点，又必须适当补充，两者的目的都是为了更好贯彻教学目标和任务。

综上所述，依托历史教材深入钻研课程标准的内容标准，既是一项创造性劳动，也是一项艰苦工作。有些新教师，往往不了解其中的艰苦性，认为课程标准和历史教科书文字不多，内容浅薄，没有深入钻研的必要，于是将课程标准和历史教科书丢在一边，到图书馆东翻西找、旁征博引，讲课远离课程标准的内容，严重影响了教学效果，这是不正确的，应加以纠正。

3. 恰当选择教学方法。拟订教学目标，组织和处理教材后，如何把这些已经确定的教学内容传授给学生，就涉及选择恰当的教学方法。

教学方法的好坏直接影响历史教学质量，为了达到最佳的教学效果，教师要根据不同的教学目标、教材内容性质的特点、学生的年龄特征、心理特征和教师自己的教学风格，选择使用不同的教学方法。

选择教学方法应该着重以下两点：

恰当选择教学方法，应有利于知识的传授，要使学生掌握比较系统的历史基础知识，形成基本技能技巧；应有利于进行思想教育，即要使学生形成科学的世界观、人生观、价值观和道德观；应有利于能力的培养，即有利于学生运用辩证唯物主义和历史唯物主义观点去观察和分析问题；应有利于时间的掌握，即在 45 分钟之内完成教学目标，不能任意延长时间增加学生负担；应有利于教师本人形成自己独特的教学风格，即教师要根据自己的特点，在选择教学方法时扬长避短，或生动讲述，或启发诱导，或板书图解，以增强教学效果，完成教学目标。

【资料链接与拓展】

能上好一节课，除了教学目的要拟订的妥当、准确，教材处理的好以外，还决定于选择恰当的教学方法。在教学方法上，我基本上都采用了由浅入深，从具体到抽象的讲述方法。就是先从叙述史实入手，自然导出结论，最后加以分析总结，得出规律。我认为这是适应学生的认识过程的讲法，是最容易为学生接受的讲法。

——陈毓秀：《怎样教好历史课》，30 页

恰当选择教学方法，需要历史教师从各个教学环节上考虑：如何提出问题，引起动机，诱发思考，调动学生的积极性、主动性；如何运用直观教具及投影、录像、计算机等现代媒体，为学生感知新教材创造条件；如何运用知识迁移规律，使学生获取新知识；如何通过分析、综合、比较、概括等思维方法，使学生攻克难点，消除疑点。

人们常说："教学有法，但无定法，贵在得法。""得法"，是指教师在教学过程中所运用的教学方法是符合教材内容的要求、适应学生的年龄特

征、能发挥教师专长的方法。历史教师要以"启发式教学"作为恰当选择
教学方法的指导思想，在不断完善各项教学方法的基础上，注重各种教学
方法的优化组合，取长补短，创造性地在每一节历史课堂教学中发挥作用。

4. 认真编写课时教案。中学历史教学课前准备工作的最后一个步骤是
编写课时计划。课时计划既是历史教师分析和研究教学内容、组织和处理
教学内容的结果，同时，也是即将上课的教学蓝图。历史教师认真细致地
写好课时计划，上课时就会胸有成竹，有所依托，从容不迫。

第三节　课时教案的编制

一、历史课时教案的定义、作用、特点及分类

历史课时教案通称教案，它是教学设计的具体化，又称课时教学设计，
是历史教学运行的具体方案。通过历史课时教案的编写，可使教师在备课
中所考虑的多种教学活动设想得以条理化、科学化。

历史课时教案的编写是教师在课前准备工作中进行的一种课堂教学的
决策行动。这种决策行为具有三个显著特点：一是超前性。对历史课堂教
学的效果作出超前设想和预测，并提出使理想的效果对象化为现实的方案
和措施。二是选择性。历史课堂教学系统的要素结合方式是多种多样的，
教师则从多种结合方式中选择最优的一种方案。三是创造性。编写历史课
时计划本身就是一种创造行为。由于历史课时计划的编写具有上述三个特
点，就要求教师在编写历史课时计划的实践中，不断探索和遵循教育教学
规律，不断学习现代科学理论，包括系统论、控制论、信息论以及现代教
育理论，不断提高自己的素质和水平，在理论与实践结合上不断发展、完
善历史课时教案编写的内容和方法。

【资料链接与拓展】

教案是以课时为单位设计的实际教学方案，是课堂教学活动的重要依
据。通常包括班级、学科、课题、上课时间、课的类型、教学目标、教学
方法、教学内容、时间分配等，有时还包括教学媒体的使用、练习题、板
书设计和测验题等。教案是教学设计的具体产物之一，是教学设计指导教
学过程的具体体现。

——皮连生主编：《教学设计——心理学的理论与技术》，4～5 页

历史课时教案与课程标准和教科书的作用是不同的。历史课程标准是国家对历史课程的统一规定和标准，教科书是依据课程标准编写的学生学习用书之一。课时教案则是教师根据课程标准、参考教材，结合不同学校、不同班级的具体情况，用不同的方法实现课程标准要求的教学运行方案。历史课时教案起着将课程标准要求和历史教科书具体结构转变为历史认知结构桥梁的作用。对学生来说，课程标准要求、教科书所体现的知识结构，在理解和掌握上都是有一定难度的，要使这样的知识变成学生所能接受的内容，就必须根据课程标准和教材所涉及的范围，将有关知识作必要的重组和充实，而这一点只有通过历史课时教案的编写来实现。

历史课时教案可分为详细教案和简单教案两种。详细课时教案是把每一节课要讲的每一句话都思考好用文字呈现出来；把所要做的每件事都明白地写出来；把每部分拟定所用的教学时间和教学方法都标示出来。简单课时教案也有完整的结构，但具体教学内容只写一些教学要点即讲授提纲。在实际的教学中，详细的历史课时教案使用起来比较方便，对保证历史教学质量更大一些，所以，我们鼓励历史教师，特别是青年历史教师应多写详细课时教案，在教师已经有了一定的体会和经验的情况下，再改写简单课时教案。不过，无论客观上工作如何紧张，我们主张历史教师在几年内，有计划地把所教年级的课时教案都写出来，这无疑是一个教师特别是新教师的基础性工作。有了这样的基础，就为今后研究和改进中学历史教学工作打下了坚实的基础。

二、如何编写历史课时教案

目前，还没有统一规定或大家公认的中学历史教学课时教案格式和标准。但一般说来，它包括如下一些主要项目：

（一）授课日期及班级

这一项目主要写明所教历史课的年级、班次，如初二年级 3 班；授课日期，如 2009 年 5 月 8 日第 12 周。

（二）单元、课的题目

这一项目主要写明所要讲授的某一课的题目，如"第一课　祖国境内的远古居民"。

（三）教学目标

教学目标是一节课的方向，这对选择教学内容和教学方法起着决定性作用。教学目标一项应写明通过本课教学，所要达到的基础知识目标、能力目标、情感态度价值观目标。

（四）教学的重点、难点

教学重点指教学内容的核心问题，教学难点指教学内容中学生不易理解的部分。教学重点和难点有时一致，有时不一致，难点不一定就是重点。历史课时教案应对此进行注明和分析。

（五）选择课型、教法

选择课型、教法是指教师进行课堂教学所采取的组织形式和教学手段。历史课常用的课型有：综合课、讲授新知识课、培养技能技巧课、测验检查课等。历史课常用的教学方法有"讲述法、谈话法、阅读指导法、指导练习法、图文示意法、表解法及使用多媒体的方法（使用投影、录像、计算机等的方法）等。上述课型和教法应在一节历史课中选择使用。所以，这一项目应写明某一节历史课是什么类型的课，主要用什么教学方法授课。

（六）教学媒体的选择

教学媒体包括传统教学媒体和现代教学媒体。传统教学媒体是指传统的直观教具，常用的如教科书、黑板、模型、图表等。现代教学媒体是指电化教学媒体（电化教具），包括软件（电教材）和硬件（设备），常用的如投影、幻灯、录音、录像、电影、计算机等。各种媒体都有其不同的特征和使用功效。因此，根据教学内容和教学目标的需要，选择恰当的媒体将其有机结合起来，形成多媒体组合教学的各种模式并运用在教学中，把教学信息转化为对学习者的感官作最有效的刺激，以达到优化的教学效果，是历史课堂教学中十分必要的。

【资料链接与拓展】

随着科学技术的进步，教学媒体愈来愈多。由于分类标准不同，媒体有多种分类方法。根据印刷与否，可分为印刷媒体和非印刷媒体；根据信息传播过程中信息流动的相互性，可分为单向传播媒体（影视、广播、幻灯、投影等）和双向传播媒体（计算机）；根据工具的先进程度，教学媒体也可分为传统教学媒体（教科书、黑板、粉笔、标本、模型、图表、实物和教具等）和现代教学媒体（幻灯、投影、录音、录像和计算机等）。

——皮连生主编：《教学设计——心理学的理论与技术》，162 页

（七）编写板书提纲

编写一节课的板书提纲，不要完全脱离单元、课的知识结构和单元、课、目的框架。但要体现一节课的教学主线，必须突出教学重点，突破教学难点，使教学内容由难变易；必须保证历史教师能在 45 分钟之内完成历史教学目标和任务。同时，提纲还要体现一节课教学内容的内在逻辑联系；标题要层次分明，语言精确、简练。

（八）呈现课堂教学过程顺序

课堂教学过程顺序就是指这些基本要素之间的有机联系，是这些要素统一协调运动所构成的。传统的历史课堂教学的具体过程可以分解为复习提问、导入新课、讲授新课、课堂小结、布置作业 5 个基本环节。教师根据教学目标和教学内容，结合学生的实际水平和具体条件，把课堂教学系统的基本要素科学、合理地组合成发挥最佳功能的课堂教学结构，并排列出它们的先后顺序。在此意义上，教学课程设计实际就是优化教学过程结构。

历史课堂教学过程顺序不可囿于固定的模式，但下列教学环节是必不可少的：

1. 导入新课。一节成功的历史课，取决于多种因素，如精心设计导言，由旧课导入新课等。导入新课有多种方式，常见的有：提问上节课内容、用故事、典故导入；用引言、史料导入；用诗句、谜语、名言导入；用影视、广告导入；用图案、图片导入；用情境、史论导入；用复习提问、设置悬念导入，等等。这里特别要注意，初高中历史教科书每一单元、课前都有一段言简意赅、立论贴切的"引言"（或称之为"导言"）。这些"引言"是教科书的有机组成部分，"引言"博大精深的内容，有利于学生从宏观上学习历史；"引言"对历史扼要概述，有利于学生归纳能力的培养；"引言"对历史准确的论断，有利于学生思维能力和表达能力的提高。因此，每单元、课开篇，要用"引言"导入新课，以激发学生学史兴趣。

2. 讲授新课。讲授新课的具体要求是：运用手段、方法突出教学重点，突破教学难点；选择典型史实阐发新的概念；发展学生能力，培养技能技巧、对学生进行思想教育。这一环节花时最多，备课最难，应花大力气。

3. 课堂小结。一堂精彩的演出要有好戏压轴，课堂教学也是如此。历史教师若能在备课中根据教学内容、学生的知识水平和年龄特征，精心设计出行之有效、生动有趣的课堂小结，将为一节成功的历史课锦上添花。

但是，在实际的中学历史教师的准备工作中，课堂小结往往不被重视，被当作可有可无的点缀，在备课或上课环节中或轻描淡写地一带而过，或干脆就没有安排加以省略，或者游离于课堂教学目标之外，这是不应有的失误，应予以纠正。

每一节历史课都要有课堂小结，但如何进行小结，要根据所讲的内容、知识重点及学生实际来确定。课堂总结的方式很多，常用的有：讲授式总结，即以教师讲解为主的总结方式；讨论式总结，即以教师指导下师生双边活动的一种总结方式，这种总结方式通常用于综合性强或者有争论的问题设计上；表解式总结，即通过表格的形式，总结所学知识的一种方式；答对式小结，即以师生问答方式来完成的一种总结方式。上述课堂总结方式，教师可以有选择地使用，并在课时计划中注明。

4. 布置作业。这一环节包括课堂练习和布置一定量的家庭作业，应写明作业的方式、题目及注意事项，同时要考虑如何指导学生完成作业和练习。课堂练习和家庭作业能使教师调控教学内容，更好地帮助学生理解、巩固新知识，并使知识转化为技能、技巧，发展学生的智力和创造才能。

以上4个教学基本环节组合的教学构成顺序。但是，倘若每一节历史课都如此，必有僵化之嫌。特别是学生每天如此学历史势必缺乏新鲜感和兴趣。因此，历史课堂教学过程中，各个环节之间可以适当调整位置，根据需要随时组合成各种关系，从而实现动态的结构呈现。

第一，充分发挥教师的传递、引领作用。历史教师不但是课堂教学过程的设计者，而且是设计的实施者。因此，在教学过程中教师的传递、引领作用，可以通过明确教学目标、激发学习动机、提供典型史实、引导学生思考、组织学生观察、归纳概括和总结、指导解疑记忆、促进知识迁移等活动来体现。

第二，搭建科学的知识结构。设计一节历史课的教学过程结构，虽然没有固定的结构模式，但必须根据历史课程各种课型的教学特征组织教学内容，做到知识结构清晰明确，符合逻辑体系。避免单纯的知识罗列，应充分利用各种媒体，使历史课堂教学既突出重点又突破难点，使学生能较顺利地理解和掌握教学内容。

第三，充分调动学生主体的思维。学生理解和掌握历史知识主要靠学生自己的智力活动。因此，历史教师要在充分了解学生思维特点和认识能力的基础上，创设学习和获取新知识的情境，以充分发挥学生学的积极性，真正实现学生以动脑为核心，以动手、动口为辅助的活动，使学生掌握学习历史的主动权，从而提高学生在教学中的主体地位。学生参与活动主要有阅读思考、重复描述、讨论争辩、分析比较、归纳总结、练习设计、观察模仿、实际操作等。

第四，合理运用教学媒体。教学媒体的合理运用，直接影响课堂教学效果。历史课堂教学中，根据历史教学的规律和特点，在强调使用现代教学媒体的同时，不能忽视传统的教学媒体使用，应发挥其特有功效。做到现代教学媒体与传统教学媒体合理组合，适时适量，有效灵活运用，才能达到最佳的功效，最优的教学效果，因此，历史教师必须认真地进行媒体运用的设计。

根据以上四个原则，对课堂教学结构进行动态的构建，教师是关键。因为，教师要设计如何组织教学内容，设计如何引导学生的活动，设计制作和运用教学媒体等。因此，充分发挥教师的积极性和创造性，才能提高历史教学的质量。

（九）教学后记

教学后记亦称"课后总结"，是指教师在上完一节课后，对该节课教学任务的完成情况、存在的问题及教后的心得体会进行记录，对教学设计及实施进行总结，将成功的经验和失败的教训记录在教案上，以利于日后教学借鉴，促进教学水平不断改进和提高。认真进行课后反思，写好教学后记，是教师备好课的重要一环。它既能帮助教师及时总结经验教训，加深教师对教材的深入理解，又有助于实现"轻负担、高质量、高素质"的现代教育目标；既有利于教师提高自身的教学水平，又有利于对整个教学过程的监控和合理调整教学布局。正如优秀的教练员、运动员每天要写"训练日记"一样，每个历史教师应写好教学后记。具体说来，可从以下两方面着手。

1. 教师方面。一是总结自己成功的经验。教学方法、学法指导、教学用具都有独到的设计。教学中，往往会出现一些精彩难忘的片断，如有趣的导言、简洁明了的板书、直观的演示、巧妙的设问以及对突如其来的问题的处理，等等，这些都是教学成功的要素。历史教师课后将课上点滴花絮记录下来，日后进行归类整理，长此以往，经验就会越来越丰富，教法就会越来越广，教学就会完成由量向质的飞跃。二是查找自己失败的原因。历史教师上完一节课后，有时总会感到有些不尽如人意的地方或存在这样、那样的问题，有的历史课甚至以失败各终。究其原因有多方面的。如果课后不及时总结，冷静思考，仔细查找不足和失误，分析原因，寻求解决的办法并记录在案，那么在下次的教学过程中就有可能故态重演，重蹈覆辙。"教然后知困"，通过写教学后记，就能使教师吃一堑，长一智，达到"教学相长"的效果。三是自己今后改进教学的设想和建议。历史教师在上完一节历史课后，必然有许多体会和想法，这实际上是教中的灵感，教后的收获，是实践的结果，是宝贵的财富。若及时记载下来，就会成为"法宝"，反之就会成为过眼的烟云。四是自己对教材处理意见和教法探讨。历史教师课后将教材内容的编排是否合理、适度，教材体系安排是否合理，教材的科学性、知识性、思想性和育人性是否兼顾，及教材出现的问题和错误，特别是对教材编写、安排的建议等，将教学过程中的最佳教学思维、教学手段的创新，以"后记"的形式写下来，就能积水成渊、积土成山，此外，对随堂听课的其他教师和领导的意见也要如实记录下来，写在"后记"中，作为今后改进教学的依据。

2. 学生方面。如实记录学生对教学反馈的情况，包括学生对本节课学习内容的兴趣和爱好；学生对教师教学方法、教学手段和教学效果的评价；学生对教材内容的接受程度，所提的意见、建议、希望和要求；学生在某个问题上发表的独特见解等，一定能成为历史教师日后教学参考的第一手借鉴材料。

写教学后记没有固定不变的模式，贵在重视，贵在落实，贵在及时，贵在坚持，长此以往就能收到事半功倍的效果，教师的整体素质就会稳步提高，教书育人的目的就能如期实现。

编写完历史课时教案，中学历史教学课前准备工作就算完成了。从以上的论述可以得知，编写历史课时教案只是教师进行教学准备工作中一个环节的一项具体任务，然而它是一种艰苦的创造性劳动，非下工夫不可。

附录：历史课时教案示例

案例一：《开辟文明交往的航线》教学设计

本课教学设计由浙江省桐乡高级中学的沈叶芳老师提供。

一、教学目标

引导学生观察新航路开辟史实的图片、研读文字材料，"走进"迪亚士、哥伦布航海的历史现场，展开多视角、多维度的联想，进一步理解和认识地理大发现对世界市场形成的意义；同时体悟身边小事物背后的大故事（体悟蝴蝶效应），体会探险家们的探索精神和勇于进取的人生态度。

二、教学重点和难点

新航路开辟对世界市场形成的意义。

三、教学主题

小玉米见证大历史。

【导入】从"由于种种原因，玉米会使整个世界肃然起敬"的一个历史"小"线索，引起学生的兴趣和最初思考，再引申出哥伦布及其地理大发现。

【新课】

一、新航路开辟史实——玉米见证了世界的发现

1. 活动一：教师对哥伦布发现美洲的叙述。

材料：（1）哥伦布珍藏的保罗·托斯卡内里绘制的世界地图——一个美丽的错误；（2）哥伦布 1492 年 10 月 10 日《航海日记》——成功有时就只有一步之遥；（3）哥伦布的总结——《预言集·序言》节选——坚信梦想；（4）航海家开启了"the age of discovery"。

目的：让学生在倾听中感受航海英雄的激情。

2. 活动二：学生观察和表述，让学生结合新航路开辟的史实辨认、排序并说出理由。

材料：1459 年《弗拉毛罗地图》、1489 年《马尔特鲁斯地图》、1507 年《瓦德西穆勒地图》、1570 年《Abraham Ortelius 世界地图》。

目的：让学生巩固对迪亚士、哥伦布、达伽马、麦哲伦的航海史实，同时提升运用基础知识观察和表述的能力。

3. 小结与过渡：玉米以自己的被发现见证了世界被发现的过程。

二、新航路开辟的意义——玉米见证了世界的联系与世界市场通道的链接

1. 活动一：学生结合所知进行联想，为"哥伦布等人与印第安人相遇"这一画面取一题目。

材料：（1）图片：教材中的《印第安人接济哥伦布》；（2）哥伦布传记中西班牙人和印第安人的第一次亲密接触的情景；（3）他人概括："两种文明的相遇""最先遇到哥伦布的美洲人，等于遇到厄运"；（4）玉米的扩散。

目的：首先，让学生在活动中领悟玉米见证了新航路开辟的意义："从此，以国别和种族为主的地域性历史开始逐渐演变为相互交流、影响和融合的世界历史。"其次，让学生在联想中活跃思维，并在思维中获得认识，最后用自己的语言来表达这种认识。

2. 过渡：对"玉米的扩散"材料再思考：玉米伴随着什么而扩散？引导学生思考玉米扩散背后更深层次的世界变化。

3. 活动二：在阅读教材的基础上对墨西哥的《阿卡普尔科》版画进行联想。

材料：（1）图片：16世纪版画《墨西哥的阿卡普尔科》；（2）"马尼拉大帆船"；（3）图片：1400－1800全球贸易的航线；（4）对资本主义世界市场的描述。

解释：商业革命：商品的种类、商贸的中心、商贸的组织、商贸范围的变化

价格革命：美洲白银流向欧洲，引起物价飞涨，推动欧洲新兴资产阶级崛起。

目的：首先让学生借助对版画的联想来掌握教材的两个重要概念：商业革命和价格革命，并结合全球贸易路线图来直观感受世界市场通道的链接，这也正是玉米见证的又一个新航路开辟的深层影响；其次让学生在阅读和联想中提升概念解释的能力。

【本课小结】玉米见证了新航路开辟的史实，玉米也见证了新航路开辟推动了世界的巨大变化：文明交往和世界市场通道的链接，玉米确实让人肃然起敬！希望大家能对身边的所有事物都保持一种历史的好奇，去发现更多的故事。

案例二：中国近代民族工业的发展

北京市西城区教育研修学院　张逸红

教学背景分析

课程标准：讲述张謇兴办实业的故事，了解近代民族工业曲折发展的状况。

教学内容分析：本课属于"第六单元经济和社会生活"。学生前面学习过"侵略与反抗""近代化的探索""新民主主义革命""抗日战争""解放战争"等单元主题内容。本课的主题在于使学生对于从洋务运动开始至民国结束中国近代民族工业发展的阶段、原因、特征和影响有比较全面而清晰的了解。与前面所学有联系的是资本主义的经济侵略、中国人在经济近代化方面的探索，时间延伸至抗日战争和解放战争时期。

本课教材包含两个子目"状元实业家张謇"和"中国近代民族工业的曲折发展"。前者介绍了张謇创建大生纱厂等一系列企业的背景、概况和结局，使学生对民族工业的发展有一感性了解；后者介绍了从洋务运动开始出现的民族工业萌芽，至民国结束民族工业曲折发展的阶段、原因和特征，使学生对旧中国民族工业的发展有一定理性认识。教材这样编写有一定合理性，但是在教学中容易出现重复现象，应进行整合。

学情分析：初一学生对近代的政治变迁已有所了解，但是对民族工业的发展没有太多的知识储备。

设计思路：今年是世博年，参与世博会的过程从另一个侧面反映了一个国家的发展历程。因此本课利用世博会做线索，从导入、中国民族工业各发展阶段、小结等环节，串联起近代中国民族工业的发展，带有鲜明的历史感和时代气息。

板书设计　　　　　　　　　　　　　　　　　　　　　　　　　副板书

第 19 课　中国近代民族工业的发展

阶段	特征	阻碍	
洋务运动至清末：	萌芽	封建主义	张謇
民国初年：	"黄金时代"		
"一战"后：	萧条	帝国主义	荣氏兄弟
国民政府前期：	迅速		
抗日、解放战争：	陷入绝境	官僚资本主义	范旭东

教学目标　重点难点

教学目标

一、知识与能力

知道张謇办实业的故事，了解中国近代民族工业发展的阶段特征和发展速度不一的原因，提高归纳历史发展阶段和分析历史问题的能力。

二、过程与方法

通过探究张謇办实业的经历和中国近代民族工业曲折发展的原因，掌握分析中国近代民族工业发展影响因素的方法。

三、情感态度与价值观

认识到中国近代民族工业发展的艰难历程，感受中国社会的深刻变革，体会民族工业艰苦创业、积极竞争，形成振兴祖国、自强自立的民族认同感。

●教学重点："一战"期间民族工业发展的特征及原因。

●教学难点：综合分析影响民族工业发展的因素。

教学环节	教师活动	学生活动	设计意图
导　入	出示"上海世博会会徽"，世界博览会被称为"经济、科技与文化的奥林匹克盛会"。图案以汉字"世"为原形，表达了中国人民举办一届属于世界的博览盛会的强烈愿望。如果说世博会的举办体现了一个国家的综合国力，那么参与世博会的过程，从另一个侧面反映了一个国家的经济、科技发展历程。今天这节课，请同学们与我一起循着世博会的足迹，了解中国近代民族工业的发展状况，思考中国人在经济近代化方面的探索给我们留下哪些启示。	看图，思考，抄写笔记。	用上海世博会会徽导入，增强历史与现实的联系。
民族工业的发展历程	出图：《1851年英国伦敦万国工业博览会》。 　　讲述：在1851年英国伦敦第一届万国工业博览会上，一位来自上海的商人徐荣村将他所经营的"荣记湖丝"托运到伦敦，创造了中国产品首次在世界博览会上夺金奖的历史。 　　提问：这个故事反映出鸦片战争后，中国人对世界的看法较之前有何重大转变？ 　　讲述：洋务运动迈开了中国近代化的步伐，轰鸣的机器声使中国的古老经济开始了新的变化，中国民族工业在沿海地区诞生。	看图，读材料。 答：从闭关锁国到开眼看世界、主动走向世界。	按时间顺序分别讲述民族工业的发展历程，符合学生的认知规律。

| 民族工业的发展特征 | 讲述：我们来看19世纪90年代初，天津武举人李福明在北京开办一家机器面粉厂，使用外国进口蒸汽机磨。京城官府见面粉厂生意兴隆，就存心勒索……李福明不甘受压迫，到官府去讲理。结果官府给他扣上"私设磨坊""哄闹官署"等罪名，不仅革去他的功名，还交刑部治罪，机器面粉厂也被迫关闭。

提问：请同学们思考，哪些史实证明李福明办的是近代工业？当时中国民族工业的生存主要受到什么势力的阻碍？

过渡：中国官方首次正式组团参加世博会，是在1904年，倾注了大量心血推动中国利用世博会这个舞台的是著名的状元实业家张謇。

讲述：张謇，江苏南通人，16岁中秀才，32岁中举人，41岁考取状元。但张謇却表示："愿成一分一毫有用之事，不愿居可耻之官"。

出示材料解读：外洋富民强国之本实在于工。讲格致，通化学，用机器，精制造，化粗为精，化少为多，化贱为贵……此则养民之大经，富国之妙术，而御侮自在其中矣。《代鄂督条陈立国自强疏》（1895年）

分析：我们阅读史料，通常先确立其与什么历史事件相联系？这几个重大事件说明当时中国处于怎样的历史背景？这则材料的出处？字面上看，"代"是代替起草的意思，鄂督指湖广总督；条陈就是逐条陈述，陈述什么问题？

进一步深入分析题目背后的历史信息，当时湖广总督是谁？

提问：读材料第一句，张謇提出什么观点？

提问：读材料第二句，张謇认为工业能强国的原因是什么？

提问：在张謇看来，创办实业对于国家、人民有何重要意义？西方"工业立国"，对当时的中国而言，就是"实业救国"。 | 阅读故事
答：用机器生产；
答：封建主义。
1895年，中国甲午战争战败、签订丧权辱国的《马关条约》、"公车上书"；民族危机空前严重。
答："立国自强"问题。
答：洋务派代表张之洞，创办汉阳铁厂等企业。
答："工业立国"是西方富民强国的根本所在。工业"讲格致，通化学，用机器，精制造"，能"化粗为精，化少为多，化贱为贵"地创造财富。
答：养民富国之术、御侮之道。
答：允许外国人投资办厂，中国民族工业受到严重摧残。学生看书，归纳张謇的主要事迹：（1）利用状元身份为自己的企业谋专利，经营得法； | 这段史料极为重要，除了掌握张謇的主张，还应培养学生上下联系、左右贯通的读史料习惯。充分利用教材资源，引导学生归纳张謇的实践及其创新之处。 |

| 民族工业的发展特征 | 提问：张謇此时提出"实业救国"与《马关条约》的签订有何直接关系？

过渡：甲午中日战争之后，面对民族危机，康有为、梁启超等维新派提出变法图强，而42岁的穷状元张謇走上了一条不一样的"实业救国"之路。我们看课本第100页小字，他在实践中有哪些创新的做法？

补充材料：(《厂约》)一是实行明确的责任制；二是详细规定部门负责人的成绩考核和奖惩制度；三是制订每天汇报的制度；四是制订奖勤罚懒的分配制度(《中国近代经济思想资料选辑》，中华书局1982年版)提问：张謇在管理手段上有何突出特点？

提问：为什么要办这些企业？这与大生纱厂的经营运作有何联系？

提问：张謇一生办了70多所学校，几乎都在他的家乡南通。这样做对于大生纱厂、对于南通，有何好处？

小结：可见，张謇不仅积极利用有利因素，而且努力创造条件，营造良好的经营环境。

出图：

讲述：1903年，张謇考察日本人举办的博览会，看到了中国与世界的差距，也看到了参加世博会、加速中国发展的必要性。他回国后积极推动清政府制订《出洋赛会通行简章》，从而揭开了中国政府正式组团参加世博会的序幕。

出示《1912—1949中国的工业生产指数》。

提问：1912—1949年，即中华民国时期，中国的工业生产，哪些时期发展较为迅速？除了企业家实业救国的因素外，还有什么新的内部因素加速其发展？ | (2)建立了垦牧公司、轮船公司、面粉厂、油料厂、冶铁厂；(3)兴办文化教育机构。
答：建立了一套完善的管理制度。
答：办垦牧公司增加棉花来源；办轮船公司解决原料和产品的运输问题等。
答：提高国民素质，技术工人。
答：民国初年和国民党政府统治前期。
答：辛亥革命成功，冲击了封建制度。 | 除了大生纱厂外，学生还应简单了解张謇的其他事迹，体会实业家迎难而上的勇气和开拓精神。
掌握分析原因的方法是本课的目标，不同的材料要引出不同的分析方法。
近代经济的发展与政治斗争相联系。 |

| 民族工业的发展特征 | 出示文字讲述：孙中山刚一听到武昌起义的消息，就提出今后"当以工商业为竞点，为新中国开一新局面。"南京临时政府成立后，特设实业部，并令各省设实业公司，还制订并颁行了一系列保护工商业发展的章程、则例。1915 年巴拿马世界博览会在美国旧金山举行，中国政府倾力参加，共有 10 万件展品漂洋过海，所获奖项计 1211 枚。

提问：这些对工业的态度和具体的政策措施，对中国民族工业的发展起了什么作用？

出示《抵制洋货的宣传品》图：群众性的反帝斗争此起彼伏，抵制洋货，提倡国货运动，这为民族工业的发展提供了什么有利条件？

提问："黄金时代"的出现与哪些国际因素有关？

出示图表《1912—1915 年中国进口额》。

提问：这属于主观条件还是客观条件？主观条件包括哪些？

过渡：这些影响民族工业发展的因素，还可以分为长期和短期因素，以上哪个是短期因素？因此，也有人把"一战"期间中国民族工业迅速发展的现象称为"短暂的春天"。

出示材料：迨欧战告终，出口之粉渐少，外粉又复侵销……国内战祸不已铁路推广无期，运费增高。……此后粉业又入盛极而衰时期。——《荣家企业史料》

解释："荣家企业"为近代中国资力最雄厚、规模最宏大的民族企业集团。"一战"期间，抓住机遇发展面粉业和纺织业，成为"面粉大王""纺织大王"。

提问：这则材料表明"一战"后中国面粉业发展状况如何？是什么原因造成的？

提问："国内战祸"指什么？以上制约因素，哪个是内部、哪个是外部因素？

出图：这幅图形象地反映了当时民族工业所受压迫。中国民族工业怎样才能健康发展？ | 学生看图、读材料，讨论归纳各方面的原因。
答：明显的促进作用。
答：国内市场。
答：第一次世界大战，帝国主义忙于"一战"，暂时放松了对中国的经济侵略。
答：客观条件；主观上是中国企业家抓住机遇，政府政策鼓励和民众的积极支持共同推动的。
读材料，归纳出民族工业陷入萧条的状况，以及帝国主义卷土重来。 | 分析实业家的精神遗产，对学生进行价值观教育。强调侵略方式，形成整体认识。
引出体现不同阶段，政府所起到的不同作用。有助于学生理解官僚资本主义的压迫。 |

民族工业的发展特征	过渡：我们看课本101～102页小字，了解荣氏企业20世纪30年代以后的遭遇。概括出日本帝国主义采用了哪些侵略方式？ 补充：如果说，帝国主义的侵略本质不会改变，那么当时我们的政府能否保障国民利益，清除特权以促进社会均衡发展？ 讲述：20世纪30年代，荣氏企业陷入困境之时，国民政府实业部乘荣氏借贷无门，以救济的名义，策划吞并申新企业。 抗战胜利后，荣氏企业冀盼重振雄风，却是花费了巨款才得以从国民党敌伪物资接收机关中赎回部分被日军强占的工厂。1946年国民党军警官员勾结土匪绑架荣德生勒索巨款。 讲述：国民政府统治后期的中国，可谓是"穷庙富方丈"，政权的掌握者形成了独特的官僚资本——国民党统治集团中的四大家族，通过发行公债、苛捐杂税、商业投机、通货膨胀等手段巧取豪夺而建立起来的工商企业。 提问：在荣氏企业的发展过程中，南京国民政府分别起到了什么作用？	答：封建军阀割据混战，归到封建主义。 答：封建军阀、帝国主义。 答："打倒列强除军阀"。 答：科学研究对振兴民族工业的重要性。 答：经济侵略和军事掠夺。 答：前期推动，后期阻碍。
民族工业的发展特征	出图：《中国近代民族工业分布》。 提问：从多个角度概括出中国近代民族工业发展的主要特征。 强调：横向比，欧美已完成第二次工业革命；但作为一种新的生产方式，与中国以前比，农业、手工业的中国，有相当大的进步，推动了中国的近代化进程，给社会带来新气息。 提问：从空间分布上看？ 提问：从行业上看？从发展历程看？	答：总体比较落后、主要以轻工业为主、集中在沿海沿江地区、发展艰难曲折。 答：总体来说比较落后。 答：主要以轻工业为主。	在前面分说阶段特征的基础上，归纳总体发展特征。 引导学生注意比较的角度。

续　表

民族工业的发展特征	讲述：各时期影响中国民族工业发展的具体因素各不相同，总体来说就是三座大山的压迫：帝国主义、封建主义和官僚资本主义。 　　小结：我们今天采用了哪些分析原因的方法？	答：主要集中在沿海沿江地区，地域分布不平衡。 答：艰难曲折。 答：总体、具体；推动、阻碍；主观、客观；内部、外部；长期、短期。	
小结	出图：1982年，中国重返世博会，它表明一个曾经屡弱的国家，在经历了战争风雨、政治斗争的沧桑之后，向世界表明了开放图强的梦想。从一个中国人的世博会，到中国举办一届世博会。一百多年的世博之路告诉我们：在近代，中华民族逐步走向沉沦之时，"拼将十万头颅血，誓把乾坤力挽回"的政治革命固然令人敬佩，而那些在"实业救国"的口号下，艰苦创业、积极竞争的民族企业，以张謇、荣氏兄弟、范旭东、侯德榜为代表的一大批知名的近代实业家，同样感动中国。	看图、思考	回扣主题，小结、升华
作业	为本课著名实业家设计奖项，撰写颁奖词。		以新颖的形式检测学生的学习效果。

思考与练习

1. 说一说历史教师教学准备工作的意义和作用。

2. 历史教师教学准备工作有哪些步骤？

3. 任选一课，设计、编制一个完整的历史课时计划。

第六章
中学历史学习评价

　　历史教学测量与评价是历史教育中的重要环节。但是，长期以来，我国学者少有论及。20世纪90年代，我国的一些历史教育学书籍开始介绍历史教学评价。历史教学评价与历史考试之间既有联系又有区别，二者不能等同。系统、全面地了解历史教学测量与评价，对于中学历史教师来说，是非常重要的。本章侧重对历史教学测量和评价的作用（包括测量与评价的概念、测量与评价的区别与联系）、历史教学测量和评价的方式方法、进行历史教学测量与评价应注意问题的探讨。

第一节　历史学习评价的意义

中学生历史学习评价是根据中学历史课程标准，运用科学的方法，对中学生的历史学习情况进行定性和定量的价值判断。学习评价是历史教学环节的重要组成部分，对改进历史教学、提高教学质量具有重要的意义。它与中学历史考试或测量既有区别，又有联系。

一、测量、评价与考试

测量通常是指人们对客观事物进行某种数量化的测定。例如，用尺子测定物体的长宽，用温度计测定气温等。测量的结果一般用数量的形式来描述。没有数量来表示结果，如说这个物体是重的，这个人学习好，这些都不能称为测量。教学测量就是对学生的学习能力，学业成绩等进行数量化的测定。评价通常指人们对客观事物的属性进行价值判断。例如，说这件家用电器质量很好，这个学生品质优秀等。学习评价则专指根据教学目的对学生预期的学习结果给予价值上的判断，为改进教学，选拔人才等提供依据。

测量与评价是两个不同层次的概念，它们之间的区别是非常明显的：测量主要是收集被测者的信息资料，而评价则是根据各种信息资料对被评价者作出价值判断；测量只能收集可以数量化的信息，而评价不仅需要数量化的信息，还需要各种非数量化的、定性描述的信息；测量主要采用书面测验的形式来收集信息，而评价收集信息的形式多种多样，如观察、访谈、问卷调查等。二者的联系也很密切：评价需要测量为它提供数量化的信息，离开测量，评价就无法获得被评价者的各种数量化资料，从而无法对被评价者作出准确的价值判断。测量也离不开评价，测量获得的数据，只有通过评价才变得有意义。

例如，当我们用数量表示一个学生的社会学科的知识、学术能力倾向或历史成绩时，我们也就是在进行测量。测量一个学生的可观察的行为的样本告诉我们某种品质在数量上的多少（例如一项阅读理解测验有40分）。这个总数的价值是什么，则完全是另一个问题，即评价问题。评价是我们把价值同某些东西联系起来的过程。在评价过程中，我们断定：是否应当认为某学生的成绩已很好了，是否要给某学生作出改进学习的建议，是否某个班级做得很差，是否某所学校已达到了优秀的水平，如此等等。测量给予我们的是数字，人的判断、考虑和解释要把那些数字转化为评价①。

【资料链接与拓展】

评价对于历史教育改革来说具有极其重要的作用，建立符合素质教育思想的历史课程与教学评价机制，是全面推进素质教育的一项重要改革任务。评价具有激励功能、质量监控功能、管理功能、导向功能、甄别功能。它是各科课程标准的基本构成部分之一。对教师而言，评价能促进学生的全面发展；对家长而言，评价能使家长了解孩子的发展潜能；对历史教材编订者来说，评价能使之不断完善教材的体系。

——白月桥著：《历史教学问题探讨》，229～230 页

从理论上讲，考试属于评价的一种。先用试卷收集学生学习的数量化信息，然后根据信息对学生的学习情况作出评价。考试从历史发展的角度可以分为传统考试和标准化考试；从教学过程的角度可以分为高考、会考、期末考试、期中考试、单元测验，等等。

（一）传统考试

传统考试分笔试和口试两种。笔试又有开卷和闭卷两种。闭卷笔试主要考察学生对所学知识的记忆、理解和熟练运用程度。命题形式有填空题、名词解释、填图、判断、列举题、简答题、问答题等。开卷笔试可以携带各种参考书，主要考查学生综合运用知识的能力，尤其是创造性思维能力。历史论文实际上就属于开卷考试。口试由于工作量太大，花费时间过多，在历史课中较少使用。传统考试的优点是不仅能测试学生历史知识的掌握水平，而且可以考查学生的分析综合能力、比较概括能力、文字表达能力等。缺点是命题不能广泛取样，试题少，知识的覆盖面有限，难以反映对学生的全面要求。而且传统考试的评分主观性太大，对某一个问题的正确答案，常常是因阅卷教师而异，容易产生误差。另外，传统考试的阅卷工作量大，效率低，制约了它的应用。标准化考试则克服了上述缺点。

---

① ［美］盖奇·伯利纳：《测量和评价的基本概念》，载陈玉琨等选编：《教育学文集·教育评价》，118、120 页，北京，人民教育出版社，1989。

（二）标准化考试

标准化考试是根据一定的教学目的、目标对学生学习后的行为样本进行客观的和标准化的间接测量的一种考试，其题型主要是客观选择题，包括单选题、双选题和多选题等。所谓"标准"包括了试题编制、实施过程、阅卷评分、分数解释等方面的标准化。标准化考试的过程包括试题设计、考试实施、评分记分、分数转换等基本环节。标准化考试的优点是：由于它的每个环节都按系统程序进行，有科学具体的要求和标准，所以可以排除或减少无关因素对考试目的的影响，能比较客观地反映学生对知识掌握的真实情况；标准化考试试题的选题取样范围广，题量大，覆盖面宽，因此能较全面地反映学生的知识掌握状况，具有较大的效度和信度；标准化考试的试题难易适中，有较大的鉴别考生水平的区分度；标准化考试的评分标准简单明了，能用计算机评阅，不仅保证了评分的客观性，而且大大提高了评阅效率。标准化考试也有其缺点，主要是不能测试学生的语言表达能力。

（三）历史学科的会考

会考与高考性质不同，它是一种国家承认的省级（直辖市）历史学科毕业水平考试。目的是给学生评定历史学习成绩，考查的内容是历史学科知识体系中最基本、最重要的知识要素。它要求使大多数学生经过努力能达到合格水平。

（四）历史学科的期末考试、期中考试和单元测验

期末考试是学期或学年结束时总结性的考试，考查的内容覆盖一个学期或一学年所学的历史内容。期中考试在每学期期中进行，考察内容仅限于前半学期所学内容的掌握情况。单元测验在一个教学单元结束后进行，测验内容仅限于一个教学单元。这三种考试是为了检查学生对历史知识的掌握程度，以便找出不足，及时弥补。在实施过程中应避免用它们给学生分等级，排名次。

考试主要使用纸笔测验学生知识的掌握情况，对于学生的学习能力、情感态度价值观等还需要其他方式来测量和评价，所以 21 世纪初的课程改革提倡采用多种方式，全面发挥评价的功能。

考试是学校教育中对学生学习进行评价最常用的形式，有着悠久的历史，发挥着多种作用。尽管目前提倡评价形式多元化，考试仍然是最主要

的一种，所以我们先了解一下考试的意义。

首先，它具有教学作用。教学是一个系统的过程，完整的教学过程应该包括以下几个环节：确定教学目标，并根据教学目标选择组织教学内容（也就是备课、写教案）；组织教学（包括上课、布置作业、批改作业、课外辅导）；学业成绩的考查评定。缺少考试，教学环节就不完整，就会影响教学效果。一般认为，在教学中运用考试，可以帮助和督促学生勤奋学习，使学生能按时完成作业；可以帮助学生正确及时地了解自己在学习中有哪些不足，今后将如何改进。对教师来说，通过考试成绩可以反映出教学工作的优缺点，从中分析总结经验教训，改进教学方法。对学校领导来说，可以通过学生的考试成绩来检查教师教学的质量，及时指导、改进学校的教学工作。总之，考试是教学过程中不可缺少的一环。

其次，考试还具有社会作用。它可以为各种社会政治经济组织选拔人才提供一定的依据；为组织中的人才结构合理化提供判断的参考；通过考试，还可以使青年一代接受和拥护党与政府的思想意识和行为方式。在我国，始终把马列主义、毛泽东思想、邓小平理论等作为考试内容，就体现了考试的这一作用。

再次，考试还具有文化保存和创新作用。通过考试内容的选择、确定，可以对文化的选择起到一定的定向和强化作用；可以检测人们对上代人传递下来的文化掌握的牢固程度，促进文化的保存。考试通过加强对学生创新能力的测量、甄别，可以引导教师加强对学生创新能力的培养。

不过，考试是学习评价的一种，主要用来考查学生知识掌握的程度，并加以量化。考试只有与其他学习评价方式配合使用，才能实现对学生的全面评价。只有进一步了解学习评价的作用，才能避免把考试当作评价的唯一方式，用考试分数作为评价的唯一标准。

【资料链接与拓展】

不只是升学考试，如高考，存在明显的弊端，一般性考试也不是只有积极作用而毫无弊病的。下面所列举的是一些可能的消极方面，亦非必然发生的，或者说通过某些努力也还有可能防止或减少其消极影响的。（1）容易形成学生被动围着考试转的局面；（2）容易造成偏于机械记忆和形式化倾向；（3）容易造成"时冷时热"的不均衡学习状况，平时与考时差异过大；（4）如果还有其他处置不当，还容易造成学生患得患失的一些不健康心理……

——张楚廷著：《教学论纲》，高等教育出版社，323页，北京，1999

二、中学历史学习评价的意义

历史学习评价的作用主要有以下几种：

第一，导向作用。引导师生达到教育教学的各项目标。历史学习评价的一项最主要任务是确定历史教学目标的达到程度，评价过程实际上是引导师生向历史教学目标接近的过程。历史学习评价可以防止历史教学偏离教育目标，当然其前提是评价目标必须定的科学合理，体现全面发展的教育观。

第二，鉴定、选拔作用。历史学习评价与其他学科的评价一起完成对学生的学历资格认定及人才选拔功能，判定学生是否达到历史教育教学的各项目标，是否具备升入高一年级或高一级学校深造的历史知识。

第三，调控作用。通过评价发现历史教学活动中存在的问题，促使教师改进教学方案、教学方法，学生改进学习方法。

第四，激励作用。评价是对成绩的好坏作出判断，这种价值判断能鼓励人们努力争取好成绩。评价能激励教师和学生从事历史教学和学习的热情；评价能使被评者了解他与同伴间的差距，激发他们奋起直追的信念。

第五，为教学研究提供数据。从事教学研究需要依据学习评价得出的结论。可以说，学习评价是进行教学研究的一种手段。

总之，学习评价有多方面的意义和作用。考试只是学习评价的一种形式，不能用它取代学习评价。混淆二者的界限，就容易对教育教学产生误导，影响学生的全面发展。

【资料链接与拓展】

……历史教育课程与教学的评价，要注意做到以下几个方面的根本变革：1. 评价目的要从"甄别选拔"转为"育人为本"；2. 评价主体要由"单一化"走向"多元化"，由"他评为主"走向"自评为主"；3. 评价对象要从"唯知识"转向"重能力"，从"重产出"转向"重效率"；4. 评价时空观要从"课堂教学"转变为"全方位学习"，从注重"书本知识"转变为注重"实践活动"，从"固定课程表"转变为"弹性课时约定"；5. 评价标准要从注重"相对标准"转移到注重"绝对标准"与"个体标准"的相互结合；6. 评价方法与类别要从定性与定量的"分离"走向定性与定量的有机"结合"，从"常模参照测试"为主走向多种方法的"综合运用"；7. 评价的反馈与解释要从"主观臆断"走向"辩证全面"，从"盖棺论定"转向"终身学习"；8. 关于情意目标的评价方法。

——白月桥著：《历史教学问题探讨》，230～239 页

第二节 历史学习评价的分类

根据不同的分类标准，历史学习评价可以分为不同的类型。

一、按照评价的功能分类

按评价的功能分类，学习评价可以分为形成性评价、诊断性评价和终结性评价三种。

（一）形成性评价

形成性评价是在教学过程中使用的一种学习评价，主要用于监控、调节教学过程，提高教学质量。它强调的是改进教学，而不是给学生评定等级。这种评价的基本特征是把一个学年或学期的教学过程看作由一系列连续的教学单元所组成的整体，在每个重要的教学单元结束后，对学生的掌握情况进行适时的评价。评价的工具以单元测验为主，评价对象是全体学生。通常教师可以根据历史史实来划分单元，例如以章或节来分单元。每一章或一节的历史教学结束后，进行一次单元测验。测验的评分工作最好是在教师的指导下，当堂由学生互相交换评分，最后由教师抽样检查。这样既可以调动学生学习的积极性，当场强化单元教学的重点，又可以减轻教师的批阅负担。

（二）诊断性评价

诊断性评价主要用来探察学生进行新内容学习前的知识、能力准备情况，以便制定合适的教学方案；或者用来探察教学过程中存在的问题，以便及时改进教学。诊断性评价强调的是问题的针对性和诊断的清晰程度。诊断性评价既可以面向全体学生，也可以面向少数学习不好的学生，有时也用来寻找许多学生中共同存在的问题。诊断性评价所用的收集信息的手段是多样的。可以是各种书面测验，也可以是家访、座谈、聊天等。诊断性评价能使教师更具体、准确地了解教学过程中存在的问题，从而确定解决问题的方法，做到因材施教。

（三）终结性评价

终结性评价是在系统的历史教学过程结束之后，对学生的学习结果进行的评价。通常的期末考试、毕业考试或会考都属于终结性评价。终结性评价的基本功能是评定学生的学业等级，展示学生最终的学习成果。终结性评价的测验一般采用百分制。

诊断性评价、形成性评价和终结性评价比较表

类型内容	诊断性评价	形成性评价	终结性评价
实施时间	主要在教学之前	教学过程中	教学之后
评价目的	摸清学生底细，以便制订教学方案	了解学习进程，调整教学方案	检验学习结果
评价方法	观察、调查、测验	测验、作业分析、日常观察	考试
作用	查明学习准备情况	了解学习效果	评定学业成绩

二、按照评价的基准分类

学习评价按照评价基准可以分为相对评价、绝对评价和个体内差异评价。

（一）相对评价

相对评价是在被评价对象的集合中选取一个或几个作为基准，然后把各评价对象与基准进行比较，或者是用某种方法把所有评价对象排出先后顺序。相对评价考察的是被评个体在被评总体中的相对位置。高考就属于相对评价。它要根据招生比例在考生的成绩中确定一个或几个录取分数线，这些录取分数线就是相对评价标准。拿这个录取分数线去对照每个考生的成绩，凡是达到录取分数线的，就可以被高校录取。

（二）绝对评价

绝对评价是在被评对象的集合之外确定一个标准，这种标准被称为客观标准。在评价时，要把评价对象与客观标准进行比较。绝对评价主要考查的是被评个体实际达到目标的程度。会考就属于绝对评价。评价标准是考试大纲，评价尺度是分数。评价时我们假定试题囊括了考试大纲的基本

内容，并设定了合格标准。比如我们可以规定答对 60% 就算合格。如果满分是 100 分，那么凡是 60 分或 60 分以上者都算合格。

(三) 个体内差异评价

个体内差异评价是把被评集合总体中的各个元素的过去和现在相比较，或者一个元素的若干侧面相互比较。个体内差异评价主要反映个体自身的变化情况。比如，我们可以把一名学生第一个学期的成绩和第二个学期的成绩作比较，看他的学习是进步了还是退步了。

一般来说，相对评价多用于终结性评价，如期末考试、高考等。个体内差异评价主要用于形成性评价。绝对评价则可以用于多种学习评价中。这些评价方法都有其特定的功能，可以配合使用。

第三节　历史学习评价的方式

一、历史学习评价的基本步骤

中学历史教学是实现历史教育目标的一系列活动，衡量历史教学效果实际上就是衡量历史教学目标的实现程度，故而历史教学目标在历史学习评价中占有十分重要的地位。历史学习评价的第一步就是要把历史教学目标具体化，使它能成为历史学习评价的依据。这可以参照泰勒的二维分析法①及布卢姆的教育目标分类学②。第二步是选择历史学习评价的方法和用具。不同的评价侧面有与之相应的评价方法和用具。它们各有所长，可以配合使用③。第三步是用所选用的方法和用具收集评价所需信息，并对所获信息进行分析处理，提出改进教学的建议。学习评价需要用多种方法收

---

① 泰勒认为应该"用有助于选择学习经验和指导教学的方式陈述教育目标"，这种陈述应该是清晰的。最有效的陈述目标的形式是：既指出要使学生养成的那种行为；又言明这种行为能在其中运用的生活领域或内容。由于这种目标陈述具有两个维度——行为方面和内容方面，因此可称为二维分析法。参见泰勒著：《课程与教学基本原理》，施良方译，34～48 页，北京，人民教育出版社，1994。

② 在布卢姆等人的《教育目标分类学》中，把学习内容划分为三个基本领域：认知、情感、动作技能。这为我们分析历史教育目标提供了一条思路。

③ "和评价侧面相适应的评价方法"及"各评价方法的方法论特点"两表参见 [日] 田睿一著：《教育评价》，163、164 页，长春，吉林教育出版社，1988。

集信息。这主要包括：测量、行动观察记录、自我诊断测验、问卷法、谈话法、创作，作品分析、实验报告、研究报告，作品，以及其他业绩之分析、个案研究①。在什么情况下用什么方法要根据具体需要而定。例如对学生的学力进行评价主要用考试和测验，但是也可以视具体情况采用行动观察记录、自我诊断测验；对学生思想品德的评价则多用行动观察记录、问卷法、谈话法，也可以用自我诊断测验、个案研究等。也就是说，一种评价可以采用多种信息收集方法，一种信息收集方法也可以用于多种不同的评价。在历史教学中，对学生学业的评价，主要使用测量来收集信息。

表1　和评价侧面相适应的评价方法

评价侧面／评价方法	兴趣关心	知识理解	思考力逻辑思维能力	态度	技能
标准测验		◎	○	○	
教师的测验	◎	◎		○	
问卷法	◎				
问答法	◎	◎	◎	○	
观察法	○	○		○	◎
报告法	◎	○	◎	◎	○
小制作物法				○	○

表2　各评价方法的方法论特点

特点／评价方法	把握实态的深度	评价的客观性
标准测验	×	○
教师的测验	×	○
问卷法	×	○
问答法	○	
观察法	○	×
报告法	○	×
小制作物法	○	×

◎表示适应　○表示有可能适应　○表示其特长　×表示其不足

二、历史学习主要评价方法介绍

《历史课程标准》在评价建议中指出，对学生历史学习业绩的评判应该灵活采用各种评价方法，避免以笔试作为主要的甚至是唯一的评价方法。《全日制义务教育历史课程标准》（实验稿）建议在对学生学习进行评价时可以综合采用以下方法。

（一）测验法

测验法就是通常所说的考试，是历史教学中最常使用的一种评价形式，

---

① 李聪明著：《教育评价的理论与方法》，59～61页，台北，幼狮书店，1972。

包括口试和笔试。测验法可以评价学生对一个教学单元、一个学期或一个学年历史教学目标的达成情况。测验的试卷可以把历史知识和历史能力有机地结合起来加以考查,既要考查学生再认、再现历史知识的能力,又要考查学生综合运用所学知识分析解决历史和实际问题的能力。测验的形式可以多样化。在形成性评价中,测验可以由学生自己命题、组织测验,对测验结果进行分析总结。

(二)个人代表作品档案法

个人代表作品档案法是指收集学生个人的历史学习作品,建立档案,对学生的历史学习进行评价。收集的每件作品最好有教师、家长、同学和自己的评语,评语应该突出学生历史学习的特长和优点。师生在建立此类档案时应确定起止时间,一般按一个单元或一个学习主题为单位收集历史作品。档案可以保留在相应的文件夹或档案袋内。学生本人是建立档案的主要参与者,教师应提出要求并给予适当指导,师生通过协商来确定档案内容,并让学生自己管理档案。学生以评价对象和评价者的双重身份参与评价过程,充分发挥学生的主体作用。还可以让家长参与评价过程,调动家长的积极性。

(三)观察法

观察法是通过有目的、有计划地观察学生在日常学习中的表现并加以记录,对学生历史学习的成效作出较为全面的评价。观察法有自然观察、选择观察和实验观察等几种。观察记录也有各种方法,如设计观察表格来记录整个学习过程中学生在知识、技能、行为和情感等方面的表现。

(四)活动法

活动法是通过设计活动来评价学生学习效果的方法。在教学过程中,可根据学习内容、学生特点和教学条件等,以学生自主活动、直接体验为基本形式进行活动,如历史知识竞赛、制作历史图表、参观考察、社会调查等。通过活动考查学生综合运用历史知识分析和解决实际问题的能力,从而提高学生历史学习的兴趣,加强学生的综合能力以及发展学生的良好个性。

(五)学生自我评价法

学生在教师指导下,对自己的历史学习成绩进行评价。学生在历史学习过程中，对自己的进步、成果以及不足等加以记录，通过自我评价，对自己历史学习的特长及不足等状况有较为清楚的了解，可以加深学生对自己作为学习者的理解，有助于学生认识学习目标以及控制学习进程，增强历史学习的责任感。

总之，要综合采用多种评价方法对学生的历史学习作出全面的评价，使评价不仅能了解学生历史学习各方面的发展水平以及发展中存在的问题，而且能激发学生学习历史的主动性和创造性。

第四节　历史学习评价须注意的问题

一、正确区分测量、考试与评价，处理好它们之间的关系

前面已经提到，测量只能提供可以数量化的信息，这些信息并不能涵盖被评价对象的所有方面，据此作出的判断是有局限性的。但是在学习评价概念被正式提出来之前，考试实际上发挥着评价的作用。而在一些人的眼中，考试又往往与测量是同一个意思。其结果，测量与评价也就没有什么区别了。

通常所说的考试，依其应用范围而相应带来的内涵和外延的变化分为三个层次：第一层，考试是测定人的能力、知识、技能、性格等有无和程度的方法，也就是说，是一种测量。第二层，考试是收集、利用多种测量信息，根据一定教育目的、目标，进行判断评价的过程。第三层，考试是利用多种信息进行合格与否的判断，对通过者，授予一定资格和地位①。这里所说考试的三层意义中的后两层实际上就是教育评价。

可以说，在现实生活中人们所说的考试都包含了评价的成分。例如学校中的期中、期末考试，会考、高考，以及社会上的律师资格考试，等等。考试必然要出成绩、必然要确定成绩是否合格。成绩是按一定标准给的，是否合格也是按一定标准给的。按一定标准进行判定不就是评价吗？人们正是用考试来对学生的学习成果进行评价的，也正是用考试来选拔人才的。但是考试的功能毕竟是有限的，它不可能对教育教学的全部成果都进行有效的测量。把考试当作评价必然会对教育产生误导，造成不良的影响。正如刘凡所言："历史学科考试所追求的目的是测量学生对历史知识的掌握和历史思维的水

---

① 　贾非：《考试与教学》，2～3页，长春，吉林教育出版社，1994。

平，题型的设置与改造要服从这一目的，考试内容的设计更要体现这一目的。"① 历史教学的三大任务：知识传授，能力培养和思想品德教育，通过考试能比较准确测量的只有知识传授的效果，能力和思想品德教育的效果，有一部分只能近似地测量，大部分则无法用书面考试来测量。如果用考试代替学习评价，就会在教学过程中产生很多问题。这在历史教学中特别突出。例如，它会影响历史教学目标的确定。虽然从学校领导到历史教师在理论上都知道历史教学的功能，而实际上大都把考出好成绩即获得高分作为历史教学的具体目标。因此，不少教师在教学中主要是强调和突出知识点，无论哪个年级几乎都仿照高三文科班历史课的模式进行教学，教师把主要精力用于指导学生"勾书"、做符号，要求学生记住这个时间地点，那个原因意义，花很多时间在课内做练习，缺乏历史教学应有的生动形象、寓教育于史实的叙述之中等特点。这种教学方法无疑会影响学生学习历史的积极性②。目前考试中存在的问题主要有两个方面，第一是考试的内容和形式有局限性，无法测量出教育教学的全部成果；第二是对考试的滥用，例如用分数来决定一切。这两个方面的问题不解决，必然会使历史教学误入歧途。要克服考试的局限性，就必须改革考试的内容和形式；要防止考试被滥用，就必须发展和完善历史学习评价。

虽然目前我国的历史考试改革已经取得很大成就，但是也不能因此用考试来代替评价。"学校对学生的评估是分阶段、分方面进行的，评估的要求是国家教育标准。因此教育的评估方法是全方位的，是相对参照的。高等学校入学考试的内容就没有那么宽泛，它仅能就文化知识与能力方面对考生进行甄别，而这种甄别又与学校考试不同，它必须具有明确的选拔意图。"③ 通常将考试等同于评价，有以下危害：用单一的形式取代丰富的生动活泼的形式，难以取得合理的信息反馈，对教学造成损失；学生难以接受，产生厌烦心理，达不到训练的目的；容易形成思维定式，一旦考试的形式发生变化，学生便不知所措。④ 既然考试容易产生一些弊端和负面影响，那么我们应如何对待它呢？

目前针对考试，主要有三种观点：一种认为考试的实施弊大于利，主张

① 刘凡：《历史事实与历史思维》，《历史教学》，1997（11）。

② 冯一下：《考试改革——历史教学改革的一个急迫问题》，《中学历史教学参考》，1996（8）。

③ 刘凡：《现代教育测量启示》，《历史教学》，1998（11）。

④ 同上。

取消考试；另一种坚持考试，认为没有考试教学过程就不完整，但是对于考试带来的问题提不出解决的办法；还有一种意见主张把考试仅作为测评的手段，对学生实行全面评价。考试是评价的信息源，评价是考试的综合，考试的社会功能，例如升级、升学、奖学金授予等功能由评价实现，考试仅仅是技术性测评。这样考试中心变成评价中心，评价是全面的，多方的，全过程的，这样就有利于抑制考试的弊端。

最后一种观点就是要用评价来取代传统考试的功能或作用。用评价来取代考试这一主张早在20世纪三四十年代就由美国著名的评价专家泰勒提出来了，但是现在考试在学校教育中仍占有重要位置。这说明考试有考试的功能，评价有评价的功能，二者不能简单地用一个取代另一个，而是应该区分二者的概念，明确各自的功能，使二者互相配合，共同为学校教育服务。

二、考试的内容、形式要多样化，以便收集到比较全面的信息

这主要体现在两个方面。首先，要由单一考试向"复合"考试转化。如有些地区采用笔试、口试、听试等多种手段，采用了开卷与闭卷、平时考试与统一考试相结合的综合考试方法。其次，考试要由鼓励记忆向发展个性转化。传统的考试以考书本上死记硬背的知识为主，目前正由此逐渐转向以考学生的才能、智慧、技能为主。如英国的"无限制考试"，试题有许多答案，鼓励学生发挥自己的聪明才智写出尽量多的答案。美国的"多伦斯创作思想测验"目的在于测定学生的思维力、想象力、创造力和知识面。比如让学生根据对一幅画的观察，尽情地联想；或给学生指定一个物体，要求设想出尽可能多的用途等①。就历史学科来说，从20世纪90年代以来，我国的历史考试有了巨大的变化。广州市初中历史考试命题改革就是一例。从1996年开始，广州市教研部门从改变试题内容结构及表现形式等方面入手，在考试命题中努力体现历史学科素质教育的要求。在试题中加强了情感教育的因素，使历史学科的德育功能得到更明显的体现；加强了学科思维能力的考查，使初中历史考试具有渐次发展能力的导向作用，重点考查学生理解、应用和创新的能力；考试命题注意联系社会现实中的问题，较好地体现历史教育的实用价值；既考查客观史实，又能反映学生的主观感受。通过考试命题的改革，

---

① 贾非：《考试与教学》，205～206页，长春，吉林教育出版社，1994。

通过考试的导向作用，在一定程度上更新了教师的教学观念①。

【资料链接与拓展】

以往的考试，大都是闭卷的笔试，一张试卷一份标准答案，统一要求。试题和答案也出自课本。死记硬背也就成为学生应付考试的主要办法。随着教学改革的开展，考试的方法也需要改革。1996 年 12 月几位任初一历史课的青年教师把初一历史期末考试的考场搬到了中国历史博物馆，采用开卷考试的方法，试题着重于考察学生的观察能力和解决问题的能力。例如有一道题要求学生根据所展出的北魏时期的文物资料，说明当时的民族关系。课本上讲过在北魏出现了民族大融合的趋势，但是没有文物资料的佐证。现在要求学生仔细观察所展出的文物资料，并能够解释、说明这些生活用品、服饰、家畜等文物，然后得出北魏时期出现民族大融合的结论。

——李奕强：《历史教学和考试改革的尝试》，《北京一六一中学教育教学论文集》

考试内容、形式的多样化无疑会使测量能收集到更丰富的信息，有利于全面评价一个学生的水平，因此成为考试改革的主要趋势。

三、用于学习评价的教学目标要明确具体

历史学科教学目标同时也是学习评价的目标，经过适当的定性和定量分析，可以用一定的数据表示学生在某个方面的发展水平，以此来衡量学校教学工作的质量。它既是学校历史教学活动的出发点和归宿，又是对历史教学效果进行评价的标准、依据。要保证历史教学工作取得预期的效果，首先必须提出明确而切实的历史教学目标，并围绕目标开展教学活动。评价历史教学，就是看教学活动是否达到预定的历史教学目标。要使历史教学目标便于测量、评价，就必须以可观察、可测量的行为详细描述学生的学习。这就要求教学目标的表述应当包含下列五项要素：

1. （谁）要完成这项所欲的行为 [例如，（学生）或（学习者）]。

2. 用来证实熟达目标的（实际行为）[例如（写出）或（说出）]。

3. 用来评价以确定目标是否熟达的行为（结果）[例如，（一篇文章）或（演说）]。

---

① 何琼：《考试如何体现素质教育的新观念》，《历史教学》，1999（8）。

4. 完成行为的（有关条件）[例如，（在一个小时的平时测验中）或（在全班的面前）]。

5. 用来评价结果或行为表现成功的（标准）[例如（答对百分之九十）或（答对百分之四）][1]。

例如：学生能写出一篇 600 字的小论文，以爱迪生等发明家的发明为例，说明科技对人类社会生活的重大影响。论述中应该至少运用三项史实，史料的运用应能够说明自己的观点。

思考与练习

1. 举例说明测量与评价的区别与联系。

2. 根据你所掌握的评价理论与技术，设计一套历史单元测验题，并说明你的设计意图。

3. 假设你要进行形成性评价，你打算采用哪些评价用具来收集信息？选用哪些评价方法来进行评价？

---

① 黄光雄编译：《教学目标与评价》，36 页，高雄，复文图书出版社，1985。

第七章
中学历史教师的继续教育和教学研究

　　中学历史教师的继续教育是一项经常性的重要工作，它对不断提高教师的教学水平，推动历史教育、教学的进步与发展，具有重要意义。这项工作的具体内容和方式、方法有很多，需要根据实际情况，灵活掌握，但一定要讲求实效。中学历史教师开展教学研究也是一项重要的工作。作为一名历史教师只有教学与科研并重，教学与科研相长，才能更好地适应未来历史教育、教学发展的需要。但是，教师开展教学研究不同于专门的研究工作者，教师要将自己的研究融入教学之中，结合教学的经验和体会，写出高质量的文章来。

第一节　历史教师的继续教育

一、历史教师继续教育的意义和基本要求

在 21 世纪到来的时候，中国的教育改革也进入了一个新的阶段。推动和落实以培养学生健全人格和创新意识为核心的素质教育，已经成为时代发展的要求。目前，我国在全面实施素质教育过程中，需要解决很多方面的问题，如，基础教育课程和教材的改革，教学方式、方法的改革，教学测量与评价的改革等。但是这些改革能否顺利进行，是否能够达到预期的目标，教师是关键。因为教师是整个教育活动中不可缺少的要素和条件，只有一支高素质、高水平的教师队伍，才能适应教育改革的需要，使素质教育得以推行，真正落到实处。

【资料链接与拓展】

在信息化和全球化时代，教师在职进修或继续教育成为教师教育的重要组成部分。各国政府都十分重视教师的继续教育管理。美国各州和地方学区把教师进修作为教师教育的重要组成部分，加强对教师继续教育管理。英国政府在 20 世纪 70 年代就提出了三段教师教育……日本向来重视教师在职进修……法国把教师的职前教育的机构和教师在职培训机构合并成为大学级教师教育学院，以此促进教师的终身教育。1993 年中国在《教师法》中规定各级人民政府和有关部门要重视教师的培养和培训，各级教师进修学校和有条件的非师范院校要承担中小学教师的培养和培训任务。

——黄葳著：《教师教育体制国际比较研究》，141 页，广州，广东高等教育出版社，2003

"历史"作为中学教育的一门重要的课程，在提高学生的综合素质方面起着不可替代的作用。但历史课要真正发挥出自身的作用，始终是离不开历史教师的。当前，随着中学历史教育改革不断深入发展，在历史教学中不断出现许多新的问题，亟须历史教师在自己的教学工作中妥善处理和解决。但是，如果教师自身的认识水平和实践能力不高，就无法适应历史教育形势急剧发展的需要，从而成为历史教师队伍中的落伍者。因此，作为一名历史教师必须不断地接受继续教育。

（一）历史教师自身发展的需要

教育是一个永远变化着的矛盾运动过程。无论是对初登讲台的年轻教师，还是已具有一定教龄和教学经验的教师来说，在自己参与的具体历史教育、教学活动过程中，都会遇到许许多多新的事物，需要教师随时给予正确的处理。而要做到这一点，仅凭刚刚学来的知识或已往的经验是远远不够的。因此，作为一名初登讲台的历史教师，正如英国教育科学部在一份年度报告中所指出的："教师不能只希望自己在学院学到的全部知识足够将来教中小学生之用"。国内外师资培训的经验也一再证明：师范院校历史系的毕业生走上教学工作岗位时，其大多数只能达到基本合格的要求。新教师要经过一段时间的教学实践，并通过在职进修，才能逐渐提高水平，成为一名完全合格的历史教师。而随着时间的推移，教育的不断发展，今天是"完全合格"的历史教师，到了明天又需要再提高，否则，就将成为历史教师中的落伍者。可以预见，在未来的社会中，随着历史教学在中学教育中的地位不断发展、变化，对历史教师的要求不仅会不断变化，而且也会越来越高。作为历史教师队伍中的一员，如果不及时参加继续教育，不断进修、学习，就很难适应历史教育、教学的需要，而不可避免地成为落伍者。

（二）教育变革、发展的需要

进入 20 世纪 90 年代以后，我国的基础教育发展越来越迅速，水平也越来越高。特别是"素质教育"所包含的新观念、新思想，不仅需要中学历史教师深入的学习和领会，更需要他们把这些新观念、新思想贯彻、落实到历史教育、教学实践中去，这是我国历史教育、教学能否实现真正发展的关键所在。基础教育的根本目的，是实现学生身心全面、可持续的发展。具体到历史教育、教学中，我们要以培养学生的健全人格和创新意识，全面提高学生的综合素质为目标。而我们的祖先在创造人类文明艰辛、曲折的历程中，留下了无数可歌可泣的光辉业绩，在今天，这些内容就成为我们历史教学培养学生健全、完善人格的丰富素材。如历史上有许多具有杰出人格的政治家、思想家、改革家、革命志士、发明家，对这些人物生动事迹的介绍，可以极大地感染和熏陶学生，从而培养学生高尚的道德情操。在教学中，正确引导学生用各种探究的方法去学习和理解历史问题，有利于培养学生的探索精神和创新意识。但要做到这些，首先就需要历史教师对教育具有相应水准的认识。否则，在实践中，很难达到上述要求。

（三）历史课程内容不断更新、调整的需要

在教学实践中，作为历史课程主要内容的历史学科知识，不是一成不变的。随着史学的发展、进步，历史课程的内容也不断更新、调整。当前，历史学的发展十分迅速，大批的史学新成果不断涌现，从历史教学的角度来看，这些成果大致可以分为三类：一是考古学和古人类学方面的成果。如，近年来对北京人化石距今年代的重新认证；在造纸术问题上，1986 年在甘肃天水放马滩通过考古发掘发现了迄今中国最早的纸。二是理论、认识方面的成果。如，关于中国近代史与现代史的分期，以前人们是以 1919 年五四运动为分期标志，现在随着史学研究的深入，大多数人都认为应以 1949 年中华人民共和国的成立作为中国现代史的开端；对洋务运动、保路运动的重新评价等。三是史料考订方面的成果。如果历史教师不能及时了解和掌握史学的新成果，对历史课程内容的更新、调整缺乏足够的认识，在教学中把握不好，势必会造成教学的失误。

（四）不断提高教育、教学能力的需要

传统的教育观念过于注重书本上的"死知识"，认为教师只要具有丰富的历史知识，就自然会把知识变为学生的财富。因此，传统的历史师资培训主要侧重于给教师增补新的历史专业知识。而现代教育观念则要求教师引导学生学习"活的历史知识"，并在获取新知识的同时提高历史能力。这种转变，就要求历史教师的在职培训，应在补充学科专业的新知识、新观点的同时，还要注重于教师的教育理论素养和教育教学能力的提高。特别是培养教师广泛吸收国内外先进的历史教学经验，熟练掌握各种现代教学手段，能够灵活运用并创造教学方式。只有这样的教师，才能适应未来历史教育、教学发展的要求。

（五）现代教育技术日益普及的需要

现代教育技术进入课堂，是对传统教学方式的一次革命，大大提高了教学的效率和质量。由于历史知识具有信息量大、涉及面广和一度性等诸多特点，而以计算机为代表的现代教育技术手段，则具有庞大的信息容量和可以生动、形象地再现历史情境，缩短时空差距的优点。在历史教学中，利用各种媒体可以使学生更深刻地感知、理解历史知识，大大增强教学效

果。因此，继续教育应注重帮助教师掌握运用各种现代教学手段的技能，学会制作必要的音像、软件教学材料，并为教师及时提供在历史教学中运用现代教育技术手段的实例和经验。

二、历史教师继续教育的基本内容

随着人们对继续教育重要意义认识的不断加深，各地都十分重视中学历史教师继续教育的工作。在开展工作的同时进行了深入的探索。如，上海市在 1991 年就颁布和实施了《初、高中历史学科教师职务培训方案》，为历史教师的继续教育提供了可以借鉴的模式。1999 年，北京市进行了中学教师的"九五"继续教育的课题研究，针对历史教师继续教育的目标和课程设置问题，提出了一些新思路。在课程方面，北京市的中学历史教师继续教育一共开设了 40 门课。包括：教师职业道德、教育政策法规、历史教学论与教学实践研究、中学历史学习方法指导、历史研究方法、历史研究动态与新成果、考古新发现、史迹考察、北京史、北京民俗专题、中国古都、中国民族与民族关系、中国社会生活史、中国历代社会改革、中国文物与历史、近代中国民族经济、近代历史人物分析、中华人民共和国史、当代台湾、中葡关系和澳门问题、战后国际关系史专题、战后资本主义的发展变化、战后社会主义的曲折发展、战后国际局部冲突、中国与周边国家关系、儒学与中国社会、佛教文化研究、当代伊斯兰教、基督教与西方文化、中学历史教材难点研究、历史教学研究、历史教材讲授方法、历史课教学设计、优秀历史教师教育思想教学艺术评价、历史课外活动组织与指导、历史课现代教育技术、计算机辅助历史教学、计算机基础、现代科技新成果介绍、中国文学史。

中学历史教师继续教育的具体内容有很多，而且随着教育的发展，继续教育的具体内容还会不断发生变化。但从大的方面来看，这些具体内容主要包括政治思想素质、历史专业水平、教育教学的理论和技能几个部分。

（一）政治思想素质方面

教师肩负着传播文明，开发人类智慧，塑造人类灵魂的神圣使命。如果一个教师缺乏正确的理想信念和高尚的道德情操，是难以肩负起这一使命的。因此，加强教师的政治理论学习，提高师德修养，是新时期中学历史教师继续教育的一项重要任务。因此，有必要在继续教育中开设"新时期教师修养""素质教育与师德修养""中外教育思想流派专题讲座"等课程。

　　此外，为了使历史教师了解有关的教育政策和法规，维护自身的合法利益，并依法执教，继续教育有必要开设"教育政策与法规"课。

（二）历史专业方面

　　结合中学历史教学，继续加深对中国通史和世界通史的学习。一名教师在大学期间所学的专业知识毕竟是有限的，有必要在工作岗位上继续充实和提高。历史教师可结合实际教学工作，择要学习有关史著，特别是阅读一些通史著作。如，白寿彝主编的《中国通史》、翦伯赞主编的《中国历史纲要》、范文澜主编的《中国通史简编》、吴于廑和齐世荣主编的《世界史》等。历史教师对通史的学习，主要是采用自学的方式进行。

　　除了通史学习，历史教师还要学习有关断代史、国别史、专门史的内容，以加深和扩大自己的历史专业知识面。如，可阅读王仲荦的《魏晋南北朝史》、杨生茂等主编的《美国史纲》、龚书铎的《中国近代文化概论》等。另外，继续教育在这方面可以开设的课程有很多，如"中国文物与历史"，这门课通过对出土文物以及历史文化遗迹等内容的介绍和分析，理解历史文物的史料价值，引导历史教师更好地利用文物资料，以增进历史课教学的形象性；再如"中国社会生活史"，结合中学历史教材，重点介绍中国古代人们的衣食住行和优秀的传统文化；而"战后世界格局的演变"专题讲座，则是介绍战后世界形势的发展和变化。

　　及时了解史学的研究发展动态也是十分必要的。历史教师应该经常阅览《历史研究》《中国史研究动态》《世界史研究动态》《历史教学》等刊物，以及时获取最新的史学研究动态。继续教育的课程还可以开设"历史研究方法"等课，重点介绍史学研究的资料搜集、整理，选题、论证、论文撰写的基本方法；开设"史学研究动态"介绍当前史学界的最新研究成果。这样做，有助于中学历史教师开阔视野，更新知识，从而有利于教学水平的提高。

（三）历史教育教学理论和教学技能训练方面

　　近年来，各国的历史教师培训都比较重视理论与技能训练相结合的原则，提倡师资培训的内容应是教师非常关心和感兴趣的，是从教育教学中提炼出来的，具有专业性强且有应用价值的理论和经验，使教师通过进修，既能够提高认识，又可以学以致用。因此，在历史教师培训过程中，历史教育、教学理论的学习，应该力求实用性，注重指导教师运用学到的理论解决教学中的疑难问题。这方面的课程包括："中学历史教学论""中学历史教材专题讲座""中学历史教学实践研究""中学历史教学方法概论"等。通过介绍历史教学理论，包括教学目标、教学内容、教学方法、教学技术等方面的最新研究成果，并结合历史教学的实践，帮助教师提高历史教学的理论水平和教学的基本技能。

为了扩大历史教师的视野，适当了解世界一些国家的历史教育发展情况是十分必要的。在这方面可以开设如"中外历史教育比较"等课程，通过对各国中学历史教育、教学现状的介绍，并与我国的历史教育、教学进行比较，探讨其在教学目标、教学大纲、教学方法、教学内容等方面的异同点，从而达到取长补短的作用，促进我国历史教育、教学改革的进程。

为了了解和认识学生学习历史的心理特点，更好地解决历史教育、教学中的一些心理学问题，适当开设"中学生历史学习心理研究专题"等课程，以集中探讨历史教育、教学中的一些心理学问题，如历史教学中的智力因素和非智力因素的问题、历史思维能力的培养问题、中学生历史学习的动机和兴趣问题、历史学习中学生的个性品质养成问题等，也是十分必要的。

熟练运用计算机进行历史课的多媒体教学，这是实现历史教育现代化的重要内容之一。为此，"计算机辅助历史教学""计算机历史教学软件的制作与运用"应该成为历史教师培训的重要内容，这样的课主要介绍计算机在历史教学中的应用。包括多媒体教学软件的设计、制作和使用，优秀历史教学软件的展示，应用计算机进行历史教学测量与评估的方法，网上查寻和使用历史资料、教学资料的手段，等等。

（四）其他相关内容方面

作为教育加速实现现代化过渡时期的一名历史教师，不仅要具有深厚广博的历史专业知识，还应了解其他相关学科的基本知识。如现代高科技的一些知识，生物技术，空间技术，新能源，新材料等方面的一些最新成果；人类所面临的一些全球性问题，如环境、人口、资源等问题；必要的美学知识等。以便在本学科的教学中，对学生进行全面的、可持续性发展的教育。在这方面，可以开设如"世界高科技前沿简介""困扰人类的全球性问题""艺术鉴赏"等选修课程，以满足历史教师扩大知识面的需求。

三、历史教师继续教育的基本途径与方式

我国中学师资的培养，主要有职前教育、职后准备、职后培训三个阶段。职前教育是指学校教育，职后准备是指新教师的实习期，职后培训是教师的继续教育阶段。

中学历史教师继续教育根据不同层次的教师进修的特点，一般采取自学、函授、定期培训等方式进行，并结合历史教学的实际，真正达到提高教师综合素质的目的。

（一）在岗培训

历史教师所在任职学校，通过组织教师学习政治与业务，开展以老带新、研究备课、观摩教学、教学研究、专题讲座、自学辅导等多种岗位培训，以提高在职教师的思想道德修养和业务能力，这是继续教育最基本、最普遍、最常用的方式。

（二）脱产进修

历史教师的脱产进修一般是短期的。全国各地的教育学院、教师进修学校根据不同层次教师进修的需要，定期组织初级、中级、高级历史教师的继续教育班，进行全员培训，从而使历史教师达到更新专业知识和提高教育教学能力的目的。为了培养一批具有较高理论水平与实践能力，相对年轻的学科带头人，高一级的教育学院历史系还定期举办跨世纪骨干历史教师继续教育班。另外，根据教学实际需要，不定期举办新教材教学研讨班和特级教师讲习班等。

（三）函授学习

这是教师不脱离工作岗位，在完成工作任务的同时，通过函授进行系统学习的进修方式。全国各地的高等师范院校历史系承担着培训中学历史教师的函授教学任务，以专科、本科和硕士研究生的学历补偿教育为主。函授教学包括自学、面授、辅导、答疑、作业、实验、实习、考试、毕业设计及答辩等环节，以有计划、有组织、有指导的自学为主，并组织系统的集中面授。函授生学完教学计划规定的全部课程，达到教学大纲的要求，考试考查的成绩合格，并通过思想政治鉴定者，由学校发给毕业证书，国家承认其学历。按照学位授予的有关规定，对符合条件的函授生授予相应

的学位。目前，为了进一步提高中学历史教师的学历层次，国家还批准设立了教育硕士专业学位，该学位包括历史教育的方向。目前全国一些师范院校的历史系已具有招生权。此外，一些师范院校还开办了历史课程与教学论硕士研究生课程进修班，采取面授和自学相结合的方式，学习成绩合格者发给结业证书。

（四）自学

自学，是历史教师最主要、最经常的进修学习方式。首先，历史教师可以结合自己的教学工作，通过查阅书籍、资料，独立研究有关的历史教学问题，从而不断地提高自己的业务水平。其次，还可以通过自学，参加全国高等教育自学考试、全国各地的高等师范教育自学考试，或者接受电视大学、夜大等各种形式的教育，通过这些途径所获得的毕业证书或合格证书，国家均承认其学历。因此，自学也是历史教师继续教育的一个重要方式。

【资料链接与拓展】

由于高中课改实验在各省推进模式的不同，各地高中教师培训将从不同培训对象（教师、校长、教研员、行政人员）、不同学习领域（学科、模块）、不同地区的需求出发，开展集中与分散相结合，国家与地方、学校相结合，培训与服务相结合的多种研修活动。培训的内容应覆盖三部分：课程理念通识培训——主要是使教师从对国内外高中课程发展中理解高中新课程的指导思想、改革目标，高中新课程的内容、结构与实施策略等，使教师整体认识高中课程的教育价值和创新点、难点，作好实践的思想准备。各学科标准培训——使教师从各学科课程改革中理解各学习领域的教育意义，力求在行动中体现出课标的教育理念。教材培训——是为教师创造性地开发和使用教材提供指导。

——钟启泉等主编：《普通高中新课程方案导读》，468～469页，上海，华东师范大学出版社，2003

四、中学历史教师继续教育的保障

（一）转变观念，树立终身教育的思想

英国教育学家詹姆斯·波特曾从终身教育的理论出发，提出现代师范

教育应分为三个阶段，即个人教育阶段（职前教育阶段）、准备教育阶段（试用阶段）、在职教育阶段（继续教育阶段）。并率先阐发了职前培养与职后培训一体化的思想，提出师资培养逐步向终身化发展。随着我国基础教育改革的不断深入，加强教师的继续教育，全面提高在职教师的素质，已成为迫切的需要。因此，历史教师也应适应这一趋势，尽快树立终身教育的思想，从过去只注重补偿学历的教育，转变到不断提高教育教学水平的继续教育上来，把继续教育作为全面提高自身素质的重要途径，以适应现代教育对历史教师提出的更高要求。

（二）加强教育培训机构的建设，扩大培训渠道

加强培训机构的建设，是中学历史教师继续教育得以顺利进行的重要保障。首先，要重视提高培训者的素质。培训院校的历史教师，不仅要有丰富的历史专业知识，还要有较高的教育教学理论素养，并能够针对具体的教学过程，把优秀历史教师的教学经验和体会提高到理论高度进行分析。因此，有必要对培训院校的历史教师进行教育理论的硕士或博士课程的专门培训，提高其教育理论的素养，以适应新时期教师继续教育的需要。其次，各级教育培训院校的历史系还应该与各地教育部门的历史教研室、电教馆等教育机构加强合作，理顺关系，共同为继续教育服务，使教育资源得以发挥充分的效用，为中学历史教师的继续教育创造一个良好的环境。此外，还应扩大历史教师的培训渠道，例如进行卫星电视教育、计算机远程教育等，使更多的教师都能接受良好的继续教育。

（三）教师培训的制度化、规范化

教师培训的制度化、规范化，是许多发达国家教师培训的共同经验。如，1992 年，英国政府发布的教育白皮书，就明确规定，新任教师要有 1/5 的时间进修，正式教师每七年轮流脱产进修一次，力求在任何时间内，有 3％的教师能够带薪进修。在我国，除了一些经济、文化较为发达的地区，相当多的地区由于学校领导和历史教师的继续教育观念淡漠，以及工学矛盾等原因，在历史教师继续教育的过程中，普遍存在生源不足、学员纪律松懈等问题，直接影响了继续教育的顺利进行。为了使我国中学教师继续教育方式和管理进一步规范化和制度化，应尽快全面推行继续教育证书制度，并与教师的工资、聘任和职称评定等挂钩，使继续教育成为广大教师的自觉需要。也只有这样，历史教师的继续教育才能走上健康发展的轨道。

第二节　历史教师的教学研究

一、历史教师教学研究的意义

（一）有利于提高理论水平和教学实践能力

历史教学科研与历史教学实践是相互渗透的。中学历史教师只有积极参与历史教学的科研活动，才能不断地提高自己的全面素质，更好地从事历史教学工作。如有的历史教师参加了关于中学历史教学与素质教育的研究课题，在教学实践中就会很好地贯彻素质教育的理论和原则；有的教师经常进行乡土史教学研究，就为在乡土史教学中出色地完成教学任务打下了基础。可见，历史教师从事教学科研，可以不断更新观念，改进教学方法，为历史教学不断地注入活力，提高教学质量。

（二）有利于增强科研意识，向"学者型"教师转变

素质教育的全面实施，历史教学的不断改革，对教师的教学能力和教学质量提出了更高的要求。历史教师不仅要成为教育、教学的骨干，具有实践能力和创新精神；而且还应对教育、教学工作具有一定的科研能力，从而更加自觉地按照教育科学的理念来指导自己的教学实践，使教学工作逐步走向规范化、科学化，不断地提高历史教学的水平和质量。因此，历史教师积极参与教学科研的探索，增强科研能力，逐步由"经验型"的教师向"学者型"的教师转变，这是新时期对中学历史教师提出的更高标准和要求。

（三）有利于促进历史教学的改革，实施素质教育

随着我国基础教育改革的不断深入和发展，中学历史教师参加教学科研，可以更新教育观念，提高其实施素质教育的自觉性。要使教学工作具有开拓性和创造性，就需要教师具有开拓性和创造性，开展教学科研可以不断提高教师的素质和能力。一些具有丰富教学实践经验的历史教师，积极参与某些历史教学改革理论与实践的研究，如历史课程和教材的改革建议、注重能力培养的历史教学实验研究、考查学生综合素质的历史教学评价体系的建构等，他们就会提出一些很有价值的教学改革的思路，成为推进素质教育的主力军。

二、历史教学研究的基本方法

历史教学作为一门科学，既要遵循科学的研究方法，又要体现历史学科的特点，遵循历史教学的规律。一般来讲，进行历史教学科研的方法是多种多样的，按照研究的途径和手段可分为：观察法、调查法、实验法、文献法、经验总结法等。

（一）观察法

观察法就是人们有目的、有计划地通过自己的感官去反映自然状态下的事物和现象的一种研究方法。观察法在实际应用中，根据观察的不同方式可分为直接观察和间接观察。直接观察法是直接通过观察者的感官考察被研究者活动（观察者和被研究者之间没有任何中介）的方法；间接观察是指观察者借助一定的仪器、设备（课堂教学监视录像、录音、单向观察屏等）考察研究活动的方法。当然，在具体的教育实践和研究工作中，二者往往是互相结合，共同发挥作用的，以取得更好的观察结果。

在历史教学科研中，观察对象主要是对历史教学过程的观察和历史学习过程的观察。对历史教学过程的观察，例如要了解一位优秀教师的教学方法和教学风格，可以直接随堂听课，也可以观看教学录像，从而观察任课教师的教学组织过程、教具使用（包括挂图、教学媒体）、课堂教学进程的控制、学生信息反馈等情况，然后从中获取信息，进行分析研究。对学生学习过程的观察，例如，观察学生听讲、回答问题、参与讨论等学习活动，观察学生的学习方法、活动方法等。

（二）调查法

调查法是根据课题的需要，通过问卷、访谈、测验、个案分析等方式，收集被试对象的有关资料，从而对有关教学问题作出科学分析和判断的一种研究方法。常用的调查方法有问卷调查、采访调查、测试调查等。问卷调查是研究者根据课题研究的需要，设计问卷，在特定范围内进行调查；采访调查是研究者通过与调查对象面对面谈话来了解情况，搜集资料；测试调查是研究者采用试题的形式对调查对象进行某方面能力或素质的诊断。

例如，为了研究本地区学生历史学习的状况，可以采用问卷调查的形式，进行"中学生历史学习状况的调查"。在调查研究过程中，需要注意以下几点：

1. 要设计好问卷。为了统计的方便和提高回收率，应以单项选择题为主，问题简洁、明确，不要模棱两可。

2. 调查对象的选取要具有代表性。调查对象要有一定的普遍性，有重点中学的学生，也要有普通中学的学生；有高中生，也有初中生；有男生，也有女生；有城市的学生，也有农村的学生。

3. 作好统计分析。最简单的方法是利用比例进行分析，但是为了避免在抽样过程中可能出现的误差，提高统计的准确性，对于某些问题，例如比较重点中学的学生与普通中学的学生在学习方法上的某些差异，最好采用运用科学的统计方法，如比率的显著性检验。

（三）实验法

实验法是指根据教学研究的目的和理论设想，给教学施加一定的影响因素，然后对其进行追踪研究，根据所获得的资料和数据，分析影响因素与教学对象之间关系的教学研究方法。

在中学历史教学实验中，常用的实验形式有单组实验和等组实验。单组实验是对一个组的学生（一个小组，一个班，或一个年级），分期施以不同的实验因素（例如两种不同的教学方法），然后通过被试自身的前后比较，对不同实验因素的效果加以测量和比较；等组实验是选取两个情况相同或相似的组（班或年级）进行实验，一组施加实验因素，叫实验组；另一组不施加实验因素，叫控制组或对照组，最后将两组所得结果进行比较，以判断实验因素所起的效应。

教学实验的一般程序是：选定研究问题，提出实验假设；选择被试并形成被试组；实施前测；引进实验因素进行实验处理；选择适当的测量方法确定控制无关因素的措施；进行后测；比较前后测差异，分析资料数据；验证假设、撰写实验报告。

下面介绍的是一个运用"阅读指导法"提高学生历史学科阅读理解能力的教学实验实例的具体环节：

1. 实验目的

阅读理解能力是历史学科能力的基础，培养学生的阅读理解能力是发展学生历史思维能力的关键之一。然而在已往的历史教学中，对这一能力的培养未能给予足够的重视。为此，我们在某中学进行了"历史学科阅读理解能力"的专项调查。调查结果发现，在历史教学过程中普遍存在着一些问题，如对学生的阅读方法缺乏指导，学生的"概括提炼文字信息"等方面的能力比较薄弱等。针对以上出现的这些问题，我们尝试运用"阅读指导法"进行历史教学，以期达到提高学生历史阅读理解能力的目的。

2. 实验对象

我们以北京某中学高二学生为研究对象。在实验过程中，采用"阅读指导法"。授课内容为高中《中国近现代史》下册。

3. 教学方法（教学措施）

在实验中，我们采取了以下方式，以加强学生的阅读训练。

(1) 扩大学生的阅读量，加强学法指导

以《日本侵华和红军的战略转移》一课为例。在课堂教学过程中，学生独立阅读课文并思考问题，教师重在方法指导和解答疑难。整个过程注重及时准确地获取反馈信息，然后利用反馈信息对教学进行调控，充分体现教师的主导作用和学生的主体作用。教学程序如下：

① 阅读思考题：（写在小黑板上）

a. 日本帝国主义大举侵华的原因是什么？

b. 蒋介石为什么实行不抵抗政策？（读课本第 15 页上的史料）

c. 遵义会议为什么是中共走向成熟的标志？

② 指导学生带着问题，运用方法阅读课文：

a. 教师要求学生根据思考题阅读课文。

b. 教师介绍历史教科书的行文特点——"史论结合"，要求学生根据课文内容找出哪些是叙述史实，哪些是得出的结论，并找出它们的因果关系。

c. 阅读史料时，教师先介绍史料的功能和作用，并教给学生阅读史料的技巧。

d. 指导学生用不同的符号对课本内容进行圈点批画。

③ 检查学生阅读和思考的结果。采用提问和个别抽查的方式，亦有学生间的适当议论，教师收集各种意见，获得反馈信息。然后教师对这些信息进行评判、诱导和讲解，学生补充完善自己的阅读答案。

(2) 加强学生"概括提炼文字信息"能力的训练

针对专项调查中学生"概括提炼文字信息"能力比较弱的问题，我们在教学中有意识地加大这方面的训练力度。这主要通过教师提出问题，学生根据问题阅读课文，进行归纳和总结，然后教师检查学生的阅读效果，对其答案中不完善的地方加以引导，从而得出正确的答案。以第一章的教学内容为例：

① 阅读第 15 页史料，概述蒋介石实行不抵抗政策的原因。

② 阅读第 23 页史料，概述日军在政治、经济、军事三方面侵略华北的意图。

③ 概括第二次国共合作实现的重要步骤。

④ 概述国民党反动独裁统治的措施。

⑤ 概括中国共产党为巩固抗日根据地制定和采取的政策及措施。

4. 后测

经过一学期的教学实验，学生阅读能力的发展水平发生了较显著变化，这初步表明，在历史教学中运用"阅读指导法"有利于促进学生阅读理解能力的提高。

5. 结果分析

(1) 在历史教学中，运用"阅读指导法"，能充分发挥学生的主体作用和教师的主导作用，对培养和提高学生的阅读理解能力是有利的。

(2) 在"阅读指导法"中，教师重在方法传授，学生通过掌握阅读方法，从而得到获取知识的本领。

(3) 在"阅读指导法"中，学生积极参与教学，在阅读中思考，不仅培养了阅读理解能力，而且也开发了智力。

（四）文 献 法

文献法是指通过文献资料（包括各种图书资料、档案资料、录音录像资料、计算机储存资料等）的查阅、整理、分析，从中找出历史教学现象、本质和规律的方法。历史教师可以根据所占有的文献资料，进行教学研究，例如，可根据所占有的录音录像资料和计算机储存资料进行计算机多媒体的课堂教学设计；利用国外有关历史教育的图书资料，进行中外历史教育的对比研究等。

（五）经 验 总 结 法

经验总结法是指研究者通过对教学经验进行分析、整理和加工，最后上升到理性认识的一种研究方法。经验总结法的步骤大致可分为：确定总结课题和对象；搜集资料；进行分析综合；总结研究成果。例如，一名历史教师想总结历史课的导入方法，就可以根据自己和他人的教学经验，并查阅有关的资料，进行分析和概括，最后总结出历史课导入的功能、方法、技巧和原则，从而把历史课的导入方法上升到理性认识，使之具有普遍意义。

三、历史教学科研成果的主要呈现方式

(一) 历史教学科研论文写作的基本要求

　　要实践性与理论性相结合。广大的中学历史教师在教学第一线上工作，实践经验比较丰富，所撰写的科研论文具有实践性强的特点。但是，教学的实践经验只有上升到理论认识，才能起到指导教学实践的作用，才更具有实用价值。可见，科研论文还必须具有一定的理论性。理论性要求历史教师从事的教学研究不能只停留在教学经验的总结上，或只是对教学过程进行一般叙述，而必须对历史教学现象进行深入思考和理性的分析、综合，从个别到一般，从具体到抽象，逐步上升到历史教育、教学规律性的认识。因此，科研论文只有将理论和实践有机地结合起来，才能增强文章的可读性和实用性。

　　要新颖性与科学性相结合。创新是科研的生命。历史教学科研论文的新颖性主要表现在以下几个方面：所提出的问题在历史教育教学领域具有一定的前瞻性；用较新的理论、方法提出解决历史教学问题的策略和思路；用新发现的材料（史料、数据、事实等）来论证已证明过的观点；虽然是别人研究过的问题，但作者从新的角度提出具有启发性的结论等。当然，文章的新颖性并不是凭主观臆想得来的，而应该是建立在科学研究的基础上，因此还必须具有较强的科学性。科研论文的科学性，首先表现在立论上要科学，基本观点必须从具体材料的分析研究中产生，能够客观地反映教育教学规律。其次，论据的选取要科学，史料、引文、数据和教学事例的选择一定要实事求是，尽可能收集真实可信、具有说服力的第一手材料。可见，科研论文只有在科学、求实的基础上有所创新，才能提高其科学研究的价值。

(二) 历史教学科研论文写作的准备

　　1. 理论准备。对于一个有志于从事教学科研的历史教师来说，首先应该熟悉有关历史教育学、教学法基本知识和一般的教育教学原理。这需要历史教师认真、系统地研读教育学、心理学、比较教育学和历史教育学等方面的书籍，还应经常阅读《历史教学》《历史教学问题》《中学历史教学》等有关历史教学的杂志，了解历史教学的最新研究动态。其次，作为历史教师，还应具备一定史学理论、史料学等方面的知识，可以阅读一些有关

历史理论方面的书著。当然，一名历史教师要想提高自己的理论水平，仅靠读几本教育理论、史学理论方面的书是不够的，还必须把所学的理论与自己的教学工作联系起来，深入思考，学以致用，只有通过这样长期的积累，才能使自己的理论素养不断提高。

2. 论文题目的确定。中学历史教学需要研究的领域是非常广泛的，主要包括以下几个方面：（1）历史教学基础理论的研究，涉及教学大纲、课程设置、教学原则、教学组织形式、教材编写、教学评价、教学内容改革等，这些研究具有宏观指导意义。这方面的选题有很多，例如《中学历史教科书改革刍议》《面向 21 世纪中学历史教育改革与展望》等。（2）历史教学的应用研究，这是对教学实践具体问题的研究，例如，课堂教学设计、教案编写、教法改革、试题分析、历史课外活动组织等。由于历史教师身处教学第一线，教学经验丰富，应用研究最有发言权，在这一研究领域大有可为。（3）对历史教学技术的研究，这是指对电教手段，包括计算机、投影、录像等技术的应用，以及电教资料如影视资料、幻灯片、教学软件等的开发研究。随着电教手段的普及，历史教学在这方面的研究亟待加强，有条件的教师可以进行深入的研究。历史教师可以结合自己历史教学的实际，寻找适合自己研究的教学问题。

对于广大中学历史教师来说，在选择研究课题的同时，了解有关问题的研究成果，在他人研究的基础上，进行更深入的研究是十分必要的。这样，可以从中受到启发，得到借鉴，避免重复研究，从而提高研究效率。特别要关注那些研究中解决的不甚圆满的问题，并试图通过新的角度、新的方法加以探索，得出令人满意的结论。因此，检索有关的历史教学论文和论著是写作前的一项重要工作。论文的检索可查找有关历史教学的期刊，如《历史教学》《中学历史教学》《历史教学问题》、《课程·教材·教法》等。如果时间和资料有限，最方便的方法是查阅人大复印报刊资料《中学历史、地理教学》的索引目录。

3. 收集、整理和选取资料。论据是否真实可信，是否具有说服力，在一定程度上取决于收集的资料。因此，详尽地占有资料，是论文写作前的一项实实在在的重要工作。这方面的资料包括与论题有关的历史资料、教学资料、统计资料、典型案例，以及教师在教学实践中取得的感性材料和切身体会等，这是论文提出论点、形成论据的基础。收集好资料之后，须把这些所收集的资料进行归类，可大致分为理论类和证据类。理论类包括经典作家的有关论述、有关历史教育教学的概念和定义、学术论文的观点等；证据类包括历史教学事例、各种统计数据和图表、论文作者的片段论述等。在对大量材料进行整理、提炼的基础上，还要围绕研究课题精选出最有价值、最典型的材料，力求材料和观点的统一，以增强论文的说服力和研究价值。

（三）历史教学科研论文的写作格式

历史教学科研论文的基本结构，应该包括论文题目、作者、摘要、关键词、正文、注释、参考文献等几部分。

1. 题目。论文的题目要能够简明扼要地阐明论文的研究内容。题目的字数一般不超过 20 个。题目要求选用简洁、醒目、准确的词句表述。表述形式可以是直接表述科研内容的，如"试论新课程背景下历史形象思维能力的培养""关于历史教育心理几个问题的思考"等；也可以是提出或回答一定问题的，如"如何进行史料教学""在历史教学中如何培养学生的创造性思维"等；还可以直接阐述中心论点，如"个性·创造性——中学历史教育的核心""历史教育应重视人格培养"等。

2. 作者。论文撰写者的姓名、工作单位，位于标题下正中位置。

3. 摘要。用简明扼要的文字对论文的主要内容加以介绍。字数一般不超过 500 字，放在论文的开始。

4. 关键词。反映论文的名词性术语，其作用主要是为了方便读者从计算机检索系统中检索有关资料。字数一般不超过 15 个。关键词是对主题词的分别排列，不是一句完整的语句。如《论中学历史教学中的史料教学》这一论文题目，关键词可列为"中学 历史教学 史料教学"。

5. 正文。论文最重要的部分，是对研究问题进行论述并得出结论的过程。按照论文的层次结构划分，主要分本论、分论和结论三部分。本论部分是提出论文要解决的问题，或者要阐述的问题，也是提出论点的部分，论点的提出要鲜明有力；分论部分是具体阐述观点或证明论点的部分，分论部分要求论据充分，层次分明；结论部分是对整个论述结果的概括，力求语言准确、客观、简洁。

6. 注释。是论文的附加部分，其作用是说明论文中的引文出处。加注的方式主要有尾注、脚注，可根据论文的长短和表达的需要而定，但在同一篇论文中，加注的方式必须统一。在注明引文出处时，除认真核对原文外，还要符合下列格式（包括标点符号）：

（1）期刊类

包括：注号、作者、篇名、刊名、年份、期号。

（2）著作类

包括：注号、作者、书名、出版地、出版者、出版年份、页码。

7. 参考文献。是将论文所引用借鉴的文章、论著、资料罗列出来。每一条参考文献也应按照注释的格式（除页码）依次书写。

历史教育、教学论文的撰写是一项艰苦的工作，不仅需要作者花费大量的时间和精力，还需要具有持之以恒的信心。实践证明，历史教学论文质量的提高不是一蹴而就的事情，需要有一个磨炼过程。特别是初写者，不能因为开始的几篇文章水平不高，便心灰意懒，掷笔封稿。此外，一线的教师日常的教育、教学工作都很繁重，工作之外，再加码写作，就特别需要处理好工作、写作、身体、生活等诸多方面的关系。

思考与练习

1. 中学历史教师继续教育的基本要求是什么？

2. 中学历史教师继续教育主要有哪些内容？主要通过什么方式进行？

3. 中学历史教师进行科学研究有哪些基本方法？

4. 撰写一篇历史教学研究论文。

第八章
高等师范院校历史专业师范生的教育见习与实习

教育实习，国外称作"实地练习"，我国亦称之为"实事授业"或"实事练习"。虽然古今中外称谓不同，但其实质是相同的，都是指高等师范院校对即将毕业的学生所进行的初步的教育教学工作的专业训练和培养，使学生尽快实现由学生向教师角色的变换。因此，教育实习成为我国高等师范院校课程计划中的一门必修课程，是实现高等师范院校培养目标，体现师范性特点的一个重要实践环节。

第一节　历史教育见习与实习的意义

历史教育实习是实现高等师范院校历史系培养目标的重要一环，意义和作用重大，我们务必有充分的认识。

一、历史教育实习是一门重要的专业实践课

目前，高等师范院校历史学教育专业主干课程由专业基础课、教育理论课、公共必修课和历史教育实习四部分构成。其中，历史教育实习已成为高等师范院校历史学教育专业一门重要的专业实践课，是学科教育学的特殊组织形式。

在上述主干课程中，从性质上说，专业基础课、教育理论课、公共必修课属于理论性质，而历史教育实习则属于实践课性质。诚然，理论是重要的，它能帮助我们认识客观世界的规律性，能够指导人们改造客观世界和主观世界。但是，如果只把理论空谈一阵，束之高阁，并不实行，那么，这种理论再好也是没有意义的。历史教育实习是组织历史学教育专业学生进行初步的教育、教学工作实践，目的在于使学生了解和熟悉中学历史教育、教学情况，增强感性认识，在历史教育实践中巩固和运用所学专业理论知识，从而能初步掌握从事历史教育、教学和管理工作的知识和方法，形成独立工作能力，巩固学生忠诚人民教育事业的思想。可以这样说，没有历史教育实习，历史学教育专业学生所掌握的知识是不完全的知识。

就教学形式而言，历史教育实习是与一般课堂教学不同的一种特殊组织形式。从教育者来看，在历史教育实习过程中，教育者包括高师院校和实习学校两方面的指导教师，由他们共同对实习生负责。他们各有所长，互相配合，有利于历史教育实习任务的完成。从教育内容来看，历史教育实习是指在教育学、心理学及学科教育学理论的指导下组织实习生进行专业实践和综合训练，着重对他们进行未来教师实际能力的培养，这与高师院校的课堂教学系统传授历史学知识与培养一般能力不同。从受教育者来看，他们已不是单纯的受教育者了，在实习学校学生面前，他们是老师，肩负着教书育人的重任，接受指导教师的帮助和教育的自觉性与主动性必然提高。总之，历史教育实习是高师院校历史系一种特殊的教学形式，它在高师院校的教学过程中具有特殊作用。

二、历史教育实习是加强与中学历史教育联系的重要渠道

目前，我国高师院校历史学教育与中学历史教育存在严重脱节现象。要改变这种状况，除努力提高培养中学历史教师的高师教师素质外，更重要的是贯彻理论联系实际的原则，加强与中学历史教育的联系。而历史教育实习正是与中学历史教育沟通，贯彻理论联系实际的重要渠道。

在历史教育实习过程中，随着各项实习活动的开展，实习师生必将了解实习学校的全面情况，这样不仅可以从整体上了解实习学校的管理，而且由于广泛接触实习学校师生，对实习科目——历史学教育教学改革中的经验和问题，学生学习历史中的主要障碍以及学生的生理、心理特征、兴趣、爱好等都可以做到较全面的了解，这就为高师院校历史学教育专业更好地联系中学历史教育实际，实现其培养目标提供了丰富的材料和可靠的依据。

教育学原理告诉我们，理论联系实际的原则是指在教学过程中，教育者在讲清基本理论和揭示客观规律的同时，要紧密联系实际，启发诱导受教育者在有关理论指导下，从事实践活动的锻炼，以加深对理论的吸收和理解，使他们既懂得理论，又会运用于实际。从这个意义上来理解，历史教育实习的确是高师院校历史学教育专业理论联系实际的重要渠道。这是因为：

第一，在高师院校历史学教育的教学过程中，广大教师，特别是历史教育理论课教师可以通过历史教育实习中了解到的情况，来阐述或印证学科教育学有关理论，使该门课的讲授生动有趣，具有很强的说服力。

第二，历史教育实习是高师院校历史学教育专业学生走上工作岗位前的一种起步性实践，他们在历史教育实习中能够得到多方面的实践和锻炼。例如，他们要运用所学的历史专业理论来钻研和研究历史教材，正确地组织和处理历史教材，根据实习学校的设备情况，制作必要的教具或进行多媒体教学；运用教育学、心理学和学科教育学知识，正确地贯彻教学原则，恰当地选择教学方法，及时掌握学生历史学习心理状态，运用优美的语言与美观的板书，准确而生动地传授知识、培养能力；在班主任工作和历史课外活动的实习中，实习生要深入了解学生，研究学生，掌握每个学生的思想、心理、性格、感情、兴趣与爱好等各方面的情况，并进行有的放矢的教育，特别要在掌握班级特征的基础上，运用自己的组织能力，有效地发挥学生的主体作用和学生群体的教育作用，这样必然要综合运用所学的

教育学、心理学及学科教育学理论。此外，在历史课讲评、社会调查、历史教育实习总结、历史教育论文的撰写等工作中，也将综合运用所学的有关基本理论。由此看来，历史教育实习的过程是高师院校历史学教育专业学生的实践综合运用所学基本理论的过程，在运用中必然加深对所学理论知识的理解，并提高运用理论知识解决实际问题的能力。

三、历史教育实习能尽快地实现实习生到教师角色的变换

角色变换是由个体所处情境条件的变化而引起的，是指个体在社会生活舞台上由一个角色到另一个角色的变换。例如，社会位置和地位的改变，职业和场所的更换，都可能导致角色变换。高等师范院校历史学教育专业的实习生和教师虽然存在内在的联系，但由于所处情境条件的不同，他们能享受的权利和应尽的义务有较大的差别，两者的行为模式和规范要求也不尽相同，因而决定了他们在社会系统中扮演的两个截然不同的角色。这样，从实习生到教师的变换，就是一个重大的角色变换，那么，怎样才能尽快地实现由实习生到教师角色的变换呢？历史教育实习就是实习生成长为合格教师的必由之路。这是因为：历史教育实习是实习生明确教师的角色期望，形成教师的角色技能的重要环节。

所谓角色期望，是指社会和他人对自己所扮演的新角色所抱有的期望。对于历史教育实习中即将向教师角色转变的实习生来说，对教师角色期望的了解越是具体、明确、清晰，其行为，就越可能与教师的规范相吻合，和教师的角色期望相一致。就我国而言，社会和他人期望教师能够成为名副其实的人类灵魂的工程师，具体说有以下几个方面：

1．学生学习的组织者和领导者，即能够富有成效地组织和指导学生进行创造性学习，从而帮助他们顺利地完成学习任务。

2．教育科学的研究者和实践者，即能够根据教育规律和学生的身心特点，因材施教，因势利导，有针对性地培养学生的智力和能力。

3．学者专家，即不仅具有广博的科学文化知识和一定的文学艺术修养，而且具有所教学科精深的专业知识。

4．演员、艺术家，即具有演员般的教育教学技巧和艺术家的风度，从而有效地激发学生的学习兴趣，吸引学生的注意力。

5．学生的表率、楷模，即能够严于律己，以身作则，为人师表。

6．家长的代理人，学生的知己和朋友，既像严父又像慈母，关心和爱护每一个学生的成长。

7. 人际关系的艺术家，即能够协调好学校内部的各种关系，特别是师生关系，保证学生能在轻松和谐的气氛中学习。

8. 组织纪律的监督者和执行者，即能够一视同仁，不分彼此，严格地要求每一个学生。对于高等师范院校历史学教育专业的实习生来说，若能对教师的角色期望了解的比较清晰、明确，就能在历史教育实习中很好地扮演教师角色，顺利地完成由实习生到教师角色的变换任务。

所谓角色技能，是指个体所拥有的能产生有效和令人信服的角色"扮演"的特征。实践表明，教师角色技能的多少和高低，对其角色任务完成的影响是显而易见的。一般说来，教师角色技能较多、较高的人，就能够比较顺利地完成历史教育、教学任务；反之，"心有余而力不足，就难以完成教师的角色任务。在历史教育实习中，实习生所扮演的教师角色，应该说是具有一定的角色技能的，特别是与此有关的认知技能。但仅此而已，是难以完成教师角色任务的。21世纪的历史教育、教学实践对教师的角色技能提出了越来越高的要求，除了必须具备一定的认知技能外，还必须具备多种活动技能，如了解学生的能力，分析教材的能力，组织工作的能力，语言表达的能力，运用现代多媒体教学的能力，等等。对于上述种种教师的角色技能，要全面掌握它，实非一日之功，然而没有它又难以胜任历史教育教学工作。这就要求实习生在历史教育实习、扮演教师角色的实践中，必须自觉、有意识地逐步掌握和不断提高教师的角色技能。为此，在历史教育实习中，首先，需要不耻下问，向实习学校的教师虚心求教；其次，要敢于实践，勇于探索，自觉地调节和控制教师的角色行为。"纸上得来终觉浅，绝知此事要躬行。"任何一种角色技能的真正获得，离开了亲身的实践活动，是难以真正领会和掌握的。实习生只有在历史教育实习期间，急中学历史教学之所急，想中学历史教师之所想，努力调节和控制自己的一举一动，才能使自己符合教师角色的全部要求和基本规范，乃至于在毕业前夕达到比较娴熟的程度。

《学记》里说："虽有嘉肴，弗食不知其旨也。"历史教育实习对高等师范院校历史学教育专业的学生成为合格的教师起着重要的作用，正如临床实习对医科院校学生成长为合格医师一样，是不可缺少的学习过程。因此，历史学教育专业的学生要高度重视历史教育实习，积极参加历史教育实习的实践，在实践中提高认识，增长才干，为今后从事历史教育事业打下良好的基础。

第二节 历史教育实习的基本要求

历史教育实习旨在综合培养高等师范院校历史学教育专业学生的德、才、学、识，全面检查高等师范院校的教育质量，就需要进行一定的实践活动，确定相应的实习任务。一般来说，历史教育实习的主要任务是：教学工作实习、班主任工作实习、社会调查与研究。现就历史教育实习三项任务的基本要求作如下论述。

一、历史教学工作实习的基本要求

历史教学工作实习包括备课、编写教案、试讲、上课等主要教学环节，以及辅导、批改作业、讲评、成绩考核、组织历史课外活动等辅助教学工作，历史教学工作实习的基本要求是：

1. 备课。在掌握历史教材内容及其重点、难点、教学目标的基础上，实习生应认真备课，对课堂的时间分配，板书设计，提问的内容和方式，作业布置以及采用教具等都要作周密考虑。

2. 编写教案。在备好课的基础上，每位实习生应写出详细教案，并请原任课教师审批，经签字同意后方能上课。在实习阶段，本科生至少完成4～6个新教案。

3. 试讲。实习生在上课前应在实习学校指导教师主持下再次进行试讲，试讲不合格者不能上课。

4. 上课。实习生在上课中应讲练结合，突出重点，突破难点，讲究科学性、逻辑性和教学方法，教态自然大方，语言准确、流畅，文字规范、板书整齐有序。实习生要尽可能地学习历史课堂教学中各种类型的课程（如讲授课、复习课、练习课、考核与讲评课等），并在上课后虚心听取指导教师及参加听课的实习同学的意见，加以改进。

5. 作业批改与辅导答疑。实习生安排课内外作业的分量应适当、难易应适度。对作业批语要严肃、认真，及时进行作业讲评，参加早、晚自习和课堂自习，针对不同类型学生学习历史的基础，有的放矢地进行辅导、答疑，进行历史考试与成绩评定。

6. 开展历史课外活动。实习学校原有的课外活动组织，是实习生进行课外活动实习的基础。应根据教育、教学的需要和实习生的自身特长开展历史课外活动。如举办历史专题讲座、历史知识竞赛、历史文娱晚会等。

通过历史课外活动的实习，使实习生了解中等学校开展历史课外活动的地位与意义、内容与形式、组织与指导方法，以培养实习生开展历史课外活动的组织管理能力。

此外，实习生在历史教学工作实习中，要独立进行历史教学评估，包括对自己的以及对他人的。实习小组要充分发挥集体作用，重视集体备课和相互听课，每位实习生在实习期间至少听其他实习同学 4～6 节课，并做好听课记录。

二、班主任工作实习的基本要求

班主任工作是学校教育工作极其重要的组成部分。班主任工作实习与历史教学工作实习是相辅相成、相互促进的。一方面，搞好历史教学工作实习能促进班主任工作实习；另一方面，搞好班主任工作实习是搞好历史教学工作实习的前提条件：因为只有了解全班学生的学习、思想状况，才能做到因材施教；只有关心、帮助学生，才能得到他们的信任；只有成为他们心中的表率，才能有效地进行历史教育中的情感交流与思想教育。所以在班主任工作实习中，实习生应尽力学习优秀班主任的先进经验，认真做好班主任工作，通过班主任工作实践逐步达到独立从事班主任工作的能力。

班主任工作实习的基本内容是：

1. 听取班主任工作经验介绍，在原班主任老师指导下制定班主任工作计划。

2. 做好班级日常工作，如检查广播操、辅导自学、组织大扫除、召开班（队）干部会议、批阅周记或班级日记等。

3. 至少组织主持一次主题班会或其他形式的班级活动。

4. 开展有目的、有意义的课外活动。

5. 熟悉该班学生情况，注意做个别学生的教育工作，重点抓好后进生的转化工作。

6. 进行必要的家庭访问，共同研究教育学生的措施。

班主任工作实习的基本要求是：

1. 实习生必须固定在一个班，最好在任课班进行班主任工作实习，了解该班学生生活、思想情况，开展经常性的教育活动。

2. 在原班主任老师指导下，运用所学教育科学理论指导班主任工作实践，了解班主任工作的意义、基本内容与一般规律，学习班主任工作基本方法，培养从事班主任工作的能力。

3. 实习生应结合班主任工作写好"班主任工作实习日记"，其目的在于使实习生养成注意积累资料、归纳和总结班主任工作的经验和体会的良好习惯，为班主任工作实习总结作好必要的准备。

三、社会调查与研究工作的基本要求

历史教育实习期间，实习生在实习指导教师指导下进行社会调查与研究，是对高等师范院校历史学教育专业学生教育科研能力的培养，是历史教育实习工作的重要内容之一。

历史教育实习期间，实习生进行社会调查与研究工作的重点题目大致有：中等学校的基本情况、历史与现状；优秀历史教师的先进事迹、教书育人经验、教学方法与教改经验；教学对象的心理、生理特点、学习态度与方法，知识结构、智能水平与政治思想品德状况；历史教育实习形式的改革；历史教学重点、难点、疑点的处理；新世纪历史课程、教材改革的进展情况；中学生学习动因和学习方法的研究；对班主任工作重要性的认识和对工作内容及工作方法的体会；历史教学实习和试作班主任工作的主要收获和存在的问题；班集体良好班风的调查及其形成的条件分析；中学生学业负担的调查及减轻学生负担的对策；历史教育实习与合格师范生的培养；历史课外活动与人才的成长；中学历史教师不稳定因素的调查与改进意见；实习学校师生对历史教育实习的看法和意见调查；对历史教育实习的计划、内容、要求、准备工作、时间安排等方面的意见和建议，等等。

历史教育实习期间，实习生进行社会调查与研究工作的方法有：座谈（即与师生座谈）、访问（即访问中学校长、优秀历史教师及熟悉中学教育的同志）、参观（即参观实习学校和班级以总结教育、教学经验及历史教育改革情况和历史教育中存在的问题，提出自己的看法）、无记名问卷（即向调查对象发出调查表，要求他们作答），等等。

对实习生进行社会调查与研究工作的基本要求是：通过历史教育实习期间的社会调查与研究工作，使实习生更深入地了解中学历史教育、教学改革的现状及发展趋势，写出切合实际的调查报告；掌握调查与研究的基本内容与方法，培养进行历史教育调查与研究的综合能力，为今后从事历史教育研究打下坚实的基础。特别强调的是，历史教育调查报告的内容应真实，要有观点、有典型、有分析，文字要简明扼要。

四、历史教育实习成绩考评的基本要求

历史教育实习的考核与评定是一项重要而严肃的工作，必须在学习学校的领导下，经双方指导教师根据分项评分、综合评定的方法进行评议。

（一）实习成绩考核的内容

历史教育实习成绩考核主要分为四项："思想政治表现考核""教学工作实习成绩""班主任工作实习成绩""思想政治表现考核""社会调查与研究考核"，分别采取评语与评定成绩相结合的方法，或采用百分制，或采用优秀、良好、中等、及格、不及格的等级分制。

1. 思想政治方面考核的内容是：贯彻教育方针的情况，为人师表、教书育人的情况以及在历史教育实习中的精神面貌，包括实习期间的组织性、纪律性、积极性和团结互助精神等。

2. 教学工作实习方面考核的内容是：备课试教等课前准备情况，教案质量；教学中教学原则的贯彻、教学内容的思想性、科学性；教学方法的运用，双边活动的开展；语言板书；对学生智能的培养，教学的效果，以及听课评议、作业批改、课外辅导，工作态度等。

3. 班主任工作实习方面考核的内容是：熟悉学生情况、班主任工作准备情况；对班主任日常工作内容和工作方法的了解情况；主动开展班级工作及完成所分配的任务情况；班主任行为表率等。

4. 社会调查与研究方面的考核内容是：根据实习的具体情况，写出切合实际历史教育的调查报告；运用历史学教育专业知识和教育学、心理学原理进行历史教学研究；结合毕业论文的撰写，进行选题、调查、素材收集，完成毕业论文的初稿等。

（二）实习成绩的评定方法

为了更好地搞好历史教育实习评定工作，将"教学工作实习成绩考核评估表"和"班主任实习成绩考核评估表"，一式两份，分别由实习学校的指导教师和系指导教师评定，再由双方指导教师在"教育实习成绩鉴定表"相应栏上填写评语和实习成绩；实习学校领导小组对实习成绩进行统一审核，并加盖实习学校公章；系实习领导小组复审和向实习生公布成绩并归档，对评选出的优秀实习生，应填写"优秀实习生登记表"。

五、历史教育实习总结工作的基本要求

在紧张而有意义的历史教育实习工作中，人人都取得了一定的成绩，无论思想、学习和工作都有不同程度的收获。但在历史教育实习结束阶段不认真总结，提炼升华，一旦时过境迁，收获便将烟消云灭，再想捕捉也来不及了。历史的经验告诉我们，抓好历史教育实习总结，是巩固和扩大历史教育实习成果的最好方法。历史教育实习总结可分为实习生个人总结、系指导教师总结、系教育实习工作总结等。

（一）实习生个人总结

历史教育实习结束时，每位实习生要根据实习目的、完成实习任务的情况认真进行书面的自我分析与总结（包含实习中的收获体会、经验教训和存在的问题、今后改进教学与实习的意见等），并填写"教育实习成绩鉴定表"，某一方面表现比较突出的实习生可做专题性总结，如怎样备好历史课，怎样讲好一堂历史课，怎样开好主题班会等。专题性总结来自实践又高于实践，一般均能反映历史教育、教学工作中带有规律性的东西，可进一步撰写为毕业论文。进行专题性总结的好处甚多，可以巩固实习中的收获，提高分析综合能力，养成教学工作中注意积累资料，回顾工作的良好习惯。一份好的实习生个人总结应该做到：实事求是、突出重点、内容充实、有说服力，篇幅不要冗长，一般以三千字左右为宜。在实习生个人总结的基础上，实习小组、实习学校任课教师和班主任工作指导教师、系指导教师应分别就实习生在实习期间的政治表现、工作成绩、组织纪律等方面的实际情况写出评语。实习生个人总结、小组评语和实习学校鉴定，一般在实习生返校前完成。

（二）系实习指导教师总结

系实习指导教师在实习结束一周内应写出指导实习工作总结。总结内容包括：（1）对历史教育实习质量的分析与评价；（2）个人对指导实习工作的收获与体会；（3）对今后历史教学改革、教育实习工作的意见和建议等。

（三）系教育实习工作总结

该总结是在各指导教师汇报的基础上，由系教育实习领导小组负责写

成的。其基本内容包括：（1）本系教育实习工作的基本情况；（2）本系教育实习工作中的质量分析与评估；（3）本系教育实习存在的问题；（4）对学校及历史学教育专业教学工作的改革意见及今后组织历史教育实习工作的建议、意见等。

在系教育实习工作总结的基础上，一方面，应及时召开系实习总结表彰（汇报）会，并要求下一届学生参加。另一方面，应及时向学校教务处报优秀指导教师、优秀实习生、优秀实习小组名单；选送实习生的优秀教案、实习工作总结、调查报告等，并同时交系指导教师、系书面工作总结。

学校教务处在各系总结的基础上，将总结全校的教育实习工作，定期召开全校教育实习工作总结或研讨会，按学年编辑包括历史教育实习在内的《教育实习经验选编》。

综上所述，历史教育实习是历史学教育专业学生向教师角色转换的必由之路，是师资培训中相当重要的环节。要使历史教育实习取得最佳效果，一方面，必须采用分散与集中相结合的办法，变一次性的短时集中实习为多层次、连续性的实习，包括参观、见习、实习以及实习后的实习成果巩固活动。另一方面，必须进行综合性的实习，诸如教学工作、班主任工作、教育调查与研究乃至学校行政管理，都应成为实习的任务。历史教育实习的内容应包括教育、教学工作各环节在内的全过程。高等师范院校历史教育实习只有让实习生经受全面的锻炼，才能较好地培养实习生的历史教育教学能力、教育教学技能、教育科研能力，以提高实习效率，达到历史教育实习的目的和基本要求。

第三节　历史教育见习与实习的基本过程

历史教育实习的基本过程是高等师范院校历史学教育专业学生综合运用知识进行历史教育实践的过程。它包括以下三个基本环节：

一、历史教育实习前的准备

"凡事预则立，不预则废"，良好的开端是成功的一半。历史教育实习也是这样，要想历史教育实习能够顺利地进行并达到预期的目标，首先要抓好校内准备工作。历史教育实习的校内准备工作是多方面的，但主要涉及以下几个方面。

（一）组建领导机构，确定实习学校

历史教育实习是在主管教学工作的校（院）长的统一领导下进行的，具体日常工作一般由校教务处实习科负责。各系设实习领导小组，由负责教学工作的系主任、专业课教师、学科教育学老师和学生年级辅导员等组成，全面负责历史教育实习工作。

由于中学历史课程的总课时不多，因此，每所中学能容纳的实习生也不多。应选择与确定校风好、规模较大、平行班级多、教师指导力量较强的作为实习学校。近年来，一些高等师范院校建立了一批比较稳定的教育实习基地，使各系的教育实习走向规范化、正规化、制度化。高等师范院校应与教育实习基地保持经常的联系，做到互助互利，互相促进。这样，才能够保障教育实习工作的经常性和连贯性，从而积累指导实习的经验，提高实习工作的质量。

（二）拟订实习计划，进行实习动员

按照学校对教育实习的统一要求，结合各系的实际情况，由系教育实习领导小组拟订好历史教育实习计划，对实习生与实习地区、实习学校、实习班级和教学实习的内容进行编组，指定实习组长，选派实习指导教师和领队教师。对参加实习的全体师生作实习动员，宣布实习纪律和"实习生守则"，布置学习《教育实习纲要》和实习的有关规定，如教育实习成绩评分标准等，使实习生明确历史教育实习的目的、任务、要求、职责和纪律，从而自觉养成良好的师德和严肃认真的工作态度，集中全部精力，搞好实习。

（三）抓教师职业技能训练，实习生过"三关"

在校内准备工作阶段，每个实习生必须在系指导老师的指导下过"三关"，即：备课关、编写教案关和试讲评议关。

备课是教师在上课前的准备工作。实习生备课是在系指导老师指导下进行的。备课一般包括"备教材""备教法""备学生"。掌握了"三备"，就算过了"备课关"。

教案，即历史课时计划，是教师经过备课，以课时为单位设计的具体方案。编写教案是备课工作最为深入、具体、落实的一步，它对保证历史教学质量起着重要作用。系指导教师在审批实习生的教案时，主要从教学目标是否正确，教学环节安排是否恰当，教学时间分配是否合理，重点、难点是否突出，教学原则、教学方法是否符合本课时课的类型和内容，在整个历史教学设计过程中是否以启发式教学为指导思想，提问的数量是否恰当，是否讲究了科学性，板书设计是否合理等方面进行审批。系指导教师主要进行宏观指导，提出具体的修改意见，让实习生自己完成改写教案工作。系指导教师在修改时要保护实习生的自尊心，既要提出修改意见和理由，又要肯定教案中好的方面，以资鼓励。这样，经过实习生反复修改并被系指导教师确定通过的教案，就算过了"编写教案关"。

所谓试讲，就是指实习前的课前试讲，是实习生进入教师角色，进行演习的阶段。实习生在上课前是否经过严格的试讲和评议，与上课效果的好坏有直接的关系。每个实习生应针对历史教学实习内容，深入钻研历史教学大纲《课程标准》、教学参考资料和历史教材，在认真备课和编写教案的基础上进行试讲。

根据试讲是否安排课堂环境，试讲可分为"独自式"和"模拟式"两种。"独自式试讲"是指没有旁听，自己讲自己听的方式。这种方式不受时间、场所、人力的限制，试讲的时间可长可短，所讲的内容可以是一节完整的历史课，也可以是其中一个或几个教学环节。讲课场所可以在教室里，着重训练板书和语言表达能力；也可以在寝室或野外矫正口型和教态；还可以对着录音机进行普通话训练，纠正发音、语调和讲课的速度。由于这种方法简单易行，在正式上课前应多次进行。

所谓"模拟式"试讲，是指试讲者像正式上课一样，把正式试教的课先讲一遍，这相当于演出之前的"彩排"，参加听课的有系指导教师、实习生或部分学生等，整个上课程序按照正规程序进行，内容应该是一堂完整的历史课，时间以上课正规时间（40 分钟或 45 分钟）为准。这种试讲是在一种严肃的气氛中进行的，可以使实习生得到初步锻炼，有助于他们克服上课时的怯场情绪。因有学生在场，实习生可以学会观察学生的表情，从学生回答问题的情况中获得反馈信息，作出教学效果的判断，随时调整教学；还可以训练实习生灵活使用教案和随机应变的能力；系指导教师还可以发现从教案中不易发现的问题，如教态、语言、板书、提问、突出重点和突破难点、教师与学生双边互动的开展情况等，发现的问题可以及时纠正。这种试讲较"独自式"试讲有更强的"实战"性，是一个严格的"练兵"过程，发现的问题也较"独自式"为多，通过它可以避免很多在正式上课时容易出现的错误，对保证历史教学质量有较大的作用。但这种试讲方式受到时间、地点、情境的限制，一般来说每个实习生在校内试讲只能进行一至两次的模拟式试讲，对那些胆小的和对教案不熟悉的实习生应提供更多的模拟式试讲机会，这两种试讲方式各有其长处和不足，可以相互配合，选择使用，以达到提高历史教学效果的目的。

实习生在试教过程中，系指导教师要组织听课的学生就一堂历史课进行评议。在评议中，应从实习生在试教中的教态、板书、语言、提问及教学目标、重点和难点、教学方法、教学效果等方面指出其存在的不足，并提出改进意见，严格把好质量关；同时，又要善于发现试讲时的优点，加以鼓励。实习生应保持良好的心理状态，对所提意见，本着"有则改之，无则加勉"的原则，多考虑别人意见的实质，不要计较提意见者的语言和态度。听后最好简要地写好"改进意见，以发扬成绩，改正错误，顺利通过"试讲评议关。

此外，校内准备还应该作好生活方面和实习用具方面的各项准备，特别是作好教学大纲（课程标准）、教材（课程内容）、教参（教学参考资料）的准备。同时联系好交通车辆，使实习生按时安全地到达实习学校。

二、历史教育实习的基本过程

按照现有的高等师范院校的课程计划，历史教育实习时间一般为 6～7 周。以 6 周为例，大致的时间安排是：第 1 周校内准备，第 2 周到实习学校见习，第 3 至第 5 周在实习学校试教、开展班主任实习工作及进行社会调查与研究；最后一周（即第 6 周）小结和结束实习工作。

（一）见习

见习，亦称观察实习。时间 1 周，必要时可缩短或延长。主要指实习生进驻实习学校后有计划、有组织、有目的地观摩原任课教师或班主任工作情况，印证教育理论，学习教育、教学方法的一种教育实习形式。我国最早的一部教育学——《学记》中有这样一段话："良冶之子，必学为裘；良弓之子，必学为箕。始驾马者反之，车在马前，君子察于此三者，可以有志于学矣"。这段说的意思是：善于冶炼的人，必先学缝皮袄；善于制弓箭的人，必先学编柳筐；初学驾车的小马，与老马相反，必先在马车后跟着马车走。懂得这三层道理，然后可以从事教育工作了。见习犹如"始驾马者反之，车在马前"，是历史教育实习的前奏曲，意义十分重大，实习学校要派经验丰富、教艺较高的教师和班主任主讲、示范。实习生一定要笔记、效法、模仿、心领神会。

历史教育实习期间，见习工作的主要内容与基本要求是：（1）听取实习学校领导介绍学校的基本情况和规章制度，按实习学校提出的各项要求严格要求自己，积极参加学校组织的各项活动；（2）听取原班主任老师的工作经验介绍，参加班务活动，同实习班的学生广泛接触，了解该班学生的思想、生活和身体健康情况；在原班主任教师的指导下，制订班主任工作实习计划；（3）听取原任课教师教学方法的介绍，见习课堂教学，参加作业批改、课外辅导等教学活动，了解该班学生的学习情况；在原任课教师的指导下认真备课、写好教案、进行试讲。

（二）实习

实习，就是亲身实践。时间3周，必要时可适当延长，主要进行历史教学工作实习和班主任工作实习，以历史教学实习为主。

历史教育实习一般有以下几种形式：

第一种：集中实习。即实习生组成历史学教育专业实习队（组），由系派出实习指导教师带领，分赴各实习学校，在实习学校领导下进行历史教育实习。

第二种：委托实习。即具有一定独立工作能力的实习生到指导力量较强的实习学校或实习基地实习时，历史系可不指派指导教师，把实习生完全委托给实习学校，由实习学校全面负责实习生的实习。

第三种：定向实习。即实习和分配挂钩，征得学生所在地方教育行政部门的同意后，实习生可回原地区进行定向实习，由当地教育行政部门具体安排实习学校，全面负责实习工作。历史教育实习采用委托、定向实习时，应安排教师专门负责与实习学校的联系工作，了解实习生实习情况，协助实习学校作好实习生的思想政治工作。

第四种：小助教实习。即少数成绩优秀的学生，在集中实习期间，可留在校内担任低年级的"小助教"，实习。历史教育采用这种形式实习时，应严格控制人数，加强指导与管理。

目前，我国高等师范院校历史教育实习主要采用集中实习和委托实习两种方式。无论采用哪种形式进行历史教育实习，其重点应放在对未来历史教师创新能力的培养上。

（三）调研

历史教育实习中的调研即社会调查与研究，贯穿于历史教育实习始终，是高等师范院校历史学教育专业学生知识深化的一个过程，也是培养学生科研能力的一种形式。

目前，我们的历史教育实习，存在着一些缺陷，特别是没有认真地进行社会调查与研究。实习生在这方面没有很好地得到锻炼，乃至于他们走上工作岗位后难以胜任"教师角色"。这是我们应当注意的。历史教育实习中的调研，关系到新世纪教师的培养问题。我们要把这件事做好，就必须要有一个正确的教育思想作主导，切实加强历史教育实习中的调查研究的工作。只有在历史教育实习中调研工作做得扎实，才能培养历史学教育专业学生教育科研能力和综合运用知识的能力。基于此，实习指导教师必须帮助实习生搞好社会调查与研究，为今后从事历史教育研究打下坚实的基础。

（四）小结

历史教育实习小结的时间一般为 3 天，根据情况可穿插安排在最后一周内进行。主要是实习生个人小结、小组意见、实习学校评语、实习成绩评定，主动听取实习学校领导和师生的批评、建议，归还借用的一切物品等工作。

三、巩固历史教育实习成果

历史教育实习结束后，在认真总结的基础上，做好历史教育实习成绩的考核与评定工作，实事求是地评选出优秀实习指导教师、优秀实习生、优秀实习小组；尽快完成历史教育实习总结，并写出书面总结报告，召开实习总结表彰会；收集历史教育实习中的优秀教案、典型教案、先进事迹、调查报告等；针对实习生在历史教育实习中反映的问题和获得的反馈信息，采取补课措施，加强师范性；指导学生撰写研究中等教育、教学问题的毕业论文，开设关于历史教育、教学研究的选修课与专题讲座等，以巩固历史教育实习成果。

参考文献

廖哲勋、田慧生. 课程新论. 北京，教育科学出版社，2003

张楚廷. 教学论纲. 北京，高等教育出版社，1999

王策三. 教学论稿. 北京，人民出版社，1985

孙喜亭. 教育原理. 北京，北京师范大学出版社，1993

全日制义务教育历史课程标准（实验稿）. 北京，北京师范大学出版社，2001

普通高中历史课程标准（实验）. 北京，人民出版社，2003

北京师范大学历史系教学法组等. 宋毓真的中学历史教学. 北京，北京师范大学出版社，1981

北京师范大学历史系教学法教研室等. 时宗本中学历史课堂教学. 北京，北京师范大学出版社，1986

陈毓秀. 怎样教好历史课. 北京，北京师范学院出版社，1985

臧嵘. 历史教材纵横谈. 北京，人民教育出版社，1999

姜义华、瞿林东、赵吉惠. 史学导论. 上海，复旦大学出版社，2003

马卫东. 历史学理论与方法. 北京，北京师范大学出版社，2009